KB249226

탈주자학적 실학사상의 선구자

박 세 당

탈주자학적 실학사상의 선구자

박 세 당

이희재 지음

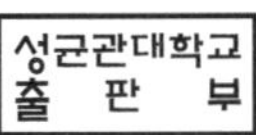

성균관대학교
출 판 부

| 머리말 |

    조선후기 탈주자학(脫朱子學)의 태동과 실학(實學)의 등장은 시대적 추이이자 요구였다. 오랜 세월 동안 민중들에게 삶의 이치와 사회생활에서 도덕적 질서의 바탕이 되어온 주자학은 그 본래의 순수성을 상실해가면서 권위주의가 되었기 때문에 이를 극복하고 그 벽을 넘는 데에는 스스로 한계가 있었다. 주자학의 권위에 대한 도전은 탈주자학들의 사상적 승리에서라기보다는 임진왜란(壬辰倭亂), 병자호란(丙子胡亂) 그리고 중국의 명청(明淸) 교체기 등의 국제 정치적 변화에 의한 것이기도 하다. 긍정적으로 보자면 주자학적 모순을 갈파하여 우리 실정에 맞지 않은 사상적 약점을 극복하고 새로운 문화를 창조하려는 철학적 반성이기도 한 것이다. 물론 이러한 탈주자학의 경향은 사상적 주류인 주자학을 극복하기에는 역부족이었다. 만약 그런 비판 운동이 보수적 사상과 조화를 이루어 새로운 유교 해석이 가능했었다면 우리나라가 근대화를 강요당하는 굴욕을 면할 수 있었을지도 모른다. 스스로 중화사상(中華思想)과 주자학적 모순을 극복하지 못한 채 변화를 강요당한 상황 속에서 우리나라의 사상적 혼미는 가중되었던 것이다. 탈주자학적 사상은 말할 나위도 없이 오늘의 다원주의적 입장에서 볼 때 의미 있는 것이다.

17세기 탈주자학의 입장을 대변하는 서계(西溪) 박세당(朴世堂)은 서인(西人)들이 노론(老論)과 소론(小論)으로 분당되었을 때 소론의 대표적 인물 가운데 한 사람이다. 그는 문과에 장원급제한 후 관리로서 현종(顯宗) 때 10여 년 봉사하고 주로 재야에서 농사와 경전 연구에 종사했지만 그 영향력은 참신하고 독보적인 위치에 있던 사상가였다. 그는 권력을 떠나 초야에서 은인자중하고 살았으면서도 본인의 뜻과는 달리 노론의 보수적 학자들로부터 사문난적(斯文亂賊)으로 공격받기도 했고, 때로는 대의명분을 거스르는 요사한 다섯 인물 곧 오사(五邪)라고 낙인찍히기도 했다. 여기에서 공격을 한 입장이 오랜 춘추대의(春秋大義)에 입각한 주자학적 입장이라고 한다면, 박세당은 그 반대의 탈주자학적 비정통적인 인물로 공격당한 것이라고 볼 수 있다. 그가 이와 같은 가열찬 공격의 대상이 된 것은 비록 재야에 있었지만 그만큼 영향력을 가졌음을 반증하는 것이라고 할 수 있다.

실학의 개념은 조선후기 18세기로부터 시작되었다고 보지만, 그 전까지 금기시되었던 노장철학(老莊哲學)과 실제적인 농업기술을 연구하고 주자의 절대적 권위에 구애받지 않은 자유로운 경전 주석을 통한 학문 정신을 보여준 박세당은 이미 실학자라고 할 수 있다. 박세당의 탈주자학적 경학(經學)과 그것을 바탕으로 형성된 경세학(經世學)은 그가 18세기 조선후기 실학의 융성을 이끌어낸 선구적인 위치에 있도록 만들었다. 이러한 박세당에 관한 연구는 1966년 이병도(李丙燾) 박사의 『사변록(思辨錄)』 국역 작업을 비롯해

서계 가문이 보존해오던 『서계전서(西溪全書)』의 영인본 작업 등에 의해 시작되었다. 그 후 1972년 윤사순 교수의 「박세당의 실천사상」에 이어 1974년 「박세당의 실학사상에 관한 연구」를 통해 체계적인 정리가 진행되었다. 실학을 주로 연구한 이을호 교수도 저술 『한국개신유학사시론』에서 박세당의 위치를 중요하게 평가하고 있다. 1980년대에 이르러 박만규 교수의 「박세당의 정치사상」, 김홍규 교수의 「박세당의 시경론」 등 주목할 만한 연구 업적들이 이루어진다.

박세당의 주요 저서로는 『통서(通書)』라고 하는 경전 주석의 저술이 있는데, 이는 「사서(四書)」와 『상서(尙書)』, 『모시(毛詩)』의 주석서로 『사변록』이라고도 한다. 거기에 노장철학 연구서인 『도덕경신주(道德經新註)』, 『남화경주해산보(南華經註解刪補)』의 주석서와 그의 대표적인 실학적 저술인 『색경(穡經)』이 있다. 그리고 여러 상소문(上疏文)과 서간문(書簡文) 및 비문(碑文) 등을 수집 정리한 『서계전서(西溪全書)』가 있다.

박세당을 반주자학자(反朱子學者)로 보는 것은 적절하지 않다. 주자학 이외에도 다른 학문을 탐구하는 탈(脫)주자학적 사상가라고 하는 것이 타당할 것이다. 이 탈주자학의 배경은 본래의 유학 정신을 회복하는 데 초점을 맞추고 있다. 심지어 노장철학도 근본적으로는 원시유교의 가치와 배치되지 않는 것으로 보았으며, 농업기술도 치인(治人)의 유학 정신의 회복으로 볼 정도로 근본유학에 충실하려고 노력하였는데 이는 다름 아닌 실학의 입장이다.

　　그의 이러한 탈주자학적 입장은 어떤 선구자의 영향 아래에서 형성된 것이 아니라, 그가 체험한 생활현장에서 발견된 모순을 통해 스스로 터득한 것이다. 지식인이자 관리로서 박세당은 당시 국제 정세에 비교적 정통했다. 그가 생존한 시대 자체가 이미 숭명 사대적(崇明事大的) 명분론만으로 국란을 극복하기에는 너무도 많은 문제가 있었다. 더구나 이미 청(淸)나라의 세력이 너무도 컸음에도 불구하고 그 현실을 부정하는 데에서도 기존의 주자학적 가치관은 새로운 현실을 받아들이지 않고 있었다. 시대에 닥친 여러 가지 현실에 대한 그의 판단은 곧 민족의 생존을 위해 낡은 가치 체계를 수정하려는 시도를 하게 했던 것이다. 더구나 현실에 참여하는 관리에서 벗어나 재야학자로서 비교적 자유로운 입장에서 다양한 학문 세계와 접할 수 있었던 것도 그의 사상 형성에 중요한 역할을 했다. 만약 그가 단순히 권력의 주변에만 있었더라면 종래의 명분론을 벗어날 수 없었을지도 모른다. 과거와 달리 하나의 가치만이 독주하는 시대가 지나고 여러 가치가 혼돈과 갈등 속에서 무성하게 혼재하는 전환기적 상황을 그의 사상은 역력히 반영하고 있다.

　　박세당의 사상은 크게 경학과 경세학으로 구분된다. 그의 경학은 우선 주자학적 관념론에서 현실적 경험론으로 넘어오는 데서부터 시작된다. 예를 들자면 천(天)에 대한 견해는 관념적이고 형이상학적인 천리(天理)라는 이해로부터 벗어나 다양한 개념을 제시한다. 위로는 적극적인 상제적(上帝的) 절대자적 의미로의 해석에서부터 현실적 과학적 의미로, 그리고 거기에 부응하는 현실 존중과 민본적 사고 체계로 전위되는 특색을 엿볼 수 있다. 전통적인 철학의 주제였던 이기철학(理氣哲學)에서도 당연히 이(理)보다는 기(氣)를 중시하는 입장을 취하게 되며, 절대주의가 아닌 상대적 진리관은 노장철학에 대한 깊은 관심에서 유래된 경학관의 일면일 것이다.

그의 경세학은 『색경』 이외에는 특별한 저술이 없기는 하지만 상소문, 서간문, 비문 등에서 실학적 경세관을 읽을 수 있다. 봉건주의적 군주 중심에서 벗어나 민본사상을 주장하고, 신분의 평등과 노동의 중시 그리고 현실적 개혁을 주장하는 실학적 경향으로 맥락이 이어지고 있다. 현실에 대한 중시는 주자학에서 주장하는 왕도정치에 기본을 두는 것이지만, 인간의 욕망에 대해 부정하지 않고 그것을 자연스럽게 긍정하는 데에서도 찾아볼 수 있다. 실용적인 것을 존중하여 농업기술을 연구함은 물론, 여러 제조기술을 통한 과학 중시와 실무 중시의 실천적 가치 존중에서 그 특징이 잘 나타나고 있다.

국제적 현실 인식은 청나라에 대한 보다 적극적인 외교관계를 주장하는 그의 화이관(華夷觀)에서도 잘 나타난다. 과거 명(明)나라를 상징하는 '숭정(崇禎)'의 연호(年號)에 대한 집착을 버리고 실제 외교관계의 상대인 청나라에 맞게 연호를 고쳐야 한다는 그의 현실 인식은 부질없는 명분에만 집착하여 백성의 이익에 보탬이 되지 않는 보수적 사대주의 사상을 비현실적인 것으로 받아들이고 있다.

 이 책은 필자의 박사학위 논문 「박세당 연구」에 바탕을 두고 있다. 고(故) 배종호 교수의 권유로 석사학위 논문인 「박세당의 인식론」을 「박세당 연구」로 더 발전시켜 박사학위를 받았지만 너무 졸속이고 부족한 점이 많았다. 차츰 시간이 흐르면서 탈주자학이나 박세당에 대한 유교학계의 인식도 점차 변하여 지금은 많은 학문 분야에서 연구가 왕성하게 이루어지고 있다. 성균관대학교 출판부의 제의를 받고도 게으른 탓에 무려 5년의 세월이 흘러 이제야 원고를 마무리하게 되었지만, 연구해야 할 것들은 산더미처럼 남아 있는 상태이다.

|서 론|

박세당이 살았던 시대: 17세기 조선후기의 학풍

주자학적 교화 질서에 의해 안정을 누리던 조선왕조가 17세기에 들어서서 불협화음을 내기 시작한 것은 당시 국제 정세의 혼미와 왕조 자체 내의 모순이 드러나는 데에서 찾을 수 있다. 특히 중국 대륙에서 만주 여진족인 금(金)이 1627년(인조 5) 대거 내침한 정묘호란(丁卯胡亂)에 이은 1636년(인조 8) 병자호란의 삼전도(三田渡)에서의 항복은 조선이 건국한 이래 임진왜란에 이은 최대의 굴욕적 사건이었다. 중국에서 명(明)·청(淸)의 교체와 함께 기존 질서와 다른 새로운 왕조인 청조(淸朝)의 극심한 횡포가 바로 17세기의 상황을 잘 설명해주는 한 단면이다.

이미 16세기 말 임진왜란 이후부터 급속도로 붕괴해가고 있던 경제 상황과 더불어 열악한 국가 재정은 봉건사회 자체의 존속을 위태롭게 하고 있었다. 자영농민의 보호를 주안점으로 하여 집권 체제를 강화하려는 사회정책 내지 농업정책의 출현 등은 당연하고도 시급히 요청되는 일이었다. 이런 상황에서 기존의 주자학적 가치관은 이러한 미증유의 위기를 인식하지 못한 채 현실과 동떨어진 역할을 하였다. 즉 궁정 내의 복상(服喪) 문제나 세자 책립(冊立) 문제 등을 우선시하여 시급한 국정이나 민생 문제는 하찮게 보았고, 오랜 양반계급 내부의 당쟁 안목에서 벗어나지 못하고 있었다.

주자학이 이와 같이 현실과 유리되어 실학의 역할을 상실하고 당쟁의 도구로 탈바꿈하고 있었던 경향에 대하여, 주자학적 교양을 몸에 익힌 학자의 일부에서 내적 비판을 통해 현실의 문제를 해결하고 대안을 제시하려는 실학적 조류가 학문 연구로서 나타난 것은 당연한 현실 상황이었다.

그러나 이런 상황 인식은 통일된 것이 아니었다. 당시는 대외현실관에 있어 청(淸)에 대한 혐오와 복수심으로 무력 증강을 통한 북벌(北伐) 수행에 주력할 것이냐, 아니면 명·청의 교체라는 냉엄한 국제적 현실을 받아들여 이에 적응할 것이냐, 그렇지 않으면 신흥 청 세력을 당분간은 인정하되 민족 자존을 위한 장기적 개혁(改革)을 추구할 것이냐의 혼선된 정책이 나타나 대립해 있는 시기였기 때문이다.[1]

주자학적 교화 질서와 보수적 정책을 채택하려던 세력은 점차적인 대동법(大同法) 실시의 확대가 대토지 소유자인 귀족계급에게 타격을 주게 되었으므로, 경제적 자구책을 위하여 강력한 권력을 더욱 요청하게 되었다. 관권(官權)의 유지에 급급한 기성 귀족들은 그에 필요한 차별 원리를 기본으로 하는 주자학적 가치 체계의 강화를 주장하게 되었고, 기존의 보수적인 가치 체계에 도전하는 세력을 좌시하지 않았다.

박세당의 시대인 17세기는 이처럼 기존의 정치·사회질서 유지에 필요한 주자학적 통치이념을 시대의 요구와는 달리 오히려 강화하려는 보수파와 국민 대중의 생활 안정을 위한 새로운 질서 수립을 요구하는 탈주자학적 개혁파가 태동한 시기이기도 하였다.

---

1 金萬圭, 「西溪 朴世堂의 정치사상」, 『東方學誌』 19집, 『國學紀要』, p. 198 참조. 이 논문은 서계의 사상을 유학적 범주 안에서만 해석할 필요가 없다고 주장한다.

박세당의 초상화

박세당의 생애

박세당은 1629년에 아버지의 임지였던 전라도 남원에서 태어났다. 그의 집안은 전형적인 양반귀족 가문으로, 그의 할아버지 박동선(朴東善; 1562~1640)과 아버지 박정(朴炡; 1596~1632)은 함께 인조반정에 참여했다. 박동선에 대한 『조선왕조실록』의 평가는 다음과 같다.

> 좌참찬 박동선(朴東善)이 죽었다. 동선은 사람됨이 순후하고 근실하였는데, 비록 굽히지 않는 강직한 자태는 없었으나 조정에 선 지 50여 년이 되도록 하자가 있다는 말을 듣지 않았으며, 사람들도 이를 훌륭하게 여겼다.[2]

---

2 『조선왕조실록』 인조 18년 01/02(갑인) / 좌참찬 박동선의 졸기(卒記).

이처럼 박세당의 할아버지는 관직이 좌참찬(左參贊; 정2품)에 이르렀고, 아버지는 인조반정의 훈공을 받은 공신으로 남원부사(南原府使), 대사간(大司諫) 대사헌(大司憲), 이조참판(吏曹參判) 등을 역임하였다. 아버지 박정은 남원을 다스리던 당시에 창궐하던 도둑들을 엄히 다스리고 때로는 죽이기도 했다고 한다. 이로 인해 원망하는 사람들이 생기고 심지어 관사에 들어와 폭력을 가하는 사태가 발생하여 박정은 왼쪽 다리를 다쳤으며, 이 사건으로 인해 남원을 떠나게 되었다.[3] 서울로 돌아온 그는 부제학(副提學)으로 다시 기용되었으나, 불행하게도 37세의 젊은 나이에 세상을 떠났다.

『조선왕조실록』은 박정에 대해 다음과 같이 평가하고 있다.

> 금주군(錦洲君) 박정(朴炡)이 졸(卒)하였다. 박정은 위인이 강직하고 과단성이 있어 일찍이 혼조(昏朝; 광해군을 말함) 때 마음을 굳게 먹고 바른 도리를 지키며 영달을 구하지 않았다. 반정(反正) 때 정사공신(靖社功臣)에 들었고 벼슬이 이조참판에 이르렀다가 이번에 졸하니 나이가 37세이다. 다만 도량이 적어 사람들을 간혹 경시하였다.[4]

박정이 공신으로 나라에서 받을 사패지(賜牌地)로 서울의 동소문 인근 지역, 호남의 모처, 양주 수락산, 도봉산 일대가 거론되었는데, 동소문은 정치적 외풍을 타기 쉽고, 호남은 토지는 비옥하지만 자손들

---

3 『조선왕조실록』 인조 23년 08/10/14(기미) / 남원부사 박정이 도적에게 상처를 입어 목장흠으로 대체하다.
4 『조선왕조실록』 인조 26년 10/06/27(계사) / 금주군 박정의 졸기.

의 출세에 지장이 있다고 생각하여 양주의 도봉산, 수락산 일대로 정했다고 한다.[5] 이 장소가 바로 현재 서계 종가가 있는 의정부시이다.

박세당은 1629년(인조 7) 8월 19일 아버지 박정과 양주윤씨 사이에서 4형제 중 막내로 태어났다. 어머니 윤씨는 강원도 관찰사를 지낸 윤안국(尹安國; 1569~1629)의 딸이다. 박세당의 나이 3세인 유년기(인조 3, 1632)에 아버지는 세상을 떠났고, 8세에는 할머니와 어머니를 모시고 충청도, 경상도 등에서 병자호란으로 인한 피난살이를 전전해야 했다. 그로 인해 13세가 넘어서야 고모부인 정사무(鄭思武) 밑에서 안정적으로 공부를 하게 되었다.

명가의 자손으로 태어났으나 가난으로 고통받던 그는 17세에 의령 남씨와 혼인하여 약 10년 정도 처가살이를 하게 된다. 다름 아닌 남구만(南九萬; 1629~1711)[6]의 매형이 된 것이다. 그의 장인은 남일성(南一星; 1623~?)이고, 처숙부는 남이성(南二星; 1625~1683)으로 모두 학문을 좋아하는 가정 분위기였다. 이런 처덕(妻德)에 힘입어 그의 학문은 일취월장하게 된다. 학문과 토론에 즐거움을 맛보며 그야말로 해가

---

5 김학수, 「의정부 장암의 반남박씨 서계 박세당 가문의 가계와 인물」, 『서계 박세당의 학문과 고문서』, 의정부문화원, 2001, p. 75.

6 박세당의 처남인 남구만은 「論白軒晦谷西溪」, 『藥泉集』에서 서계 박세당에 대해 다음과 같이 논평했다. "형 같은 사람들이 어찌 일찍이 고금 천하에 있었는가, 고금 천하에는 오직 형 한 사람이라 말할지라도 또한 가하다. 또 서계 형이 당국자에게 죄를 얻은 것은 모두 백헌 비문 및 그 아들 태보의 문집에 이른바 『사변록』으로 말미암은 것이니, 이는 상자에 넣어 공개하지 아니한 초본(草本) 가운데 말에 불과한 것이다. 그러므로 그 죄를 얻은 근본은 본시 여기에 있지 아니하고 그중에 설혹 문자의 득실이 있을지라도 다 족히 말할 것이 못 된다…… 그러면 서계의 득실을 논한다면 다만 백헌 비문에서 정하는 것이 가할 것이다. 『사변록』은 공중에 지나가는 구름이니, 죄를 삼고자 하는 것은 여기에 있고 칭탁하여 말하는 것은 저기에 있다. 그러므로 참뜻은 동에 있고 말은 서에 있는 것이니, 마음과 입이 상응하지 못하는 것"이라고 평했다.

남구만의 초상화

지는 줄 날이 새는 줄 모르고 토론에 심취하였다고 한다.[7]

처남 남구만은 영의정까지 오른 인물이지만, 후일 그도 산림에 은거하면서 외로웠던 박세당에게 시를 보내기도 한다.

少年歡樂轉頭空　　소년 시절의 즐거움 점점 쓸쓸해지더니
隔歲乖離半夜同　　해를 넘길수록 어긋나 까만 밤 같구나
從此湖山更千里　　이 호수와 산에서 천 리나 지나 있으니

---

7 太『全書』上, p. 441 卷22, 附錄 年譜 乙酉 "辯論文義 或不相屈以至 窮日繼夜."

相思唯有夢魂通　　그리워도 오직 꿈속에서나 통하리라

江上靑山一帶賒　　강가 푸른 산은 한 줄기 띠처럼 멀고
玉流飛處是吾家　　옥 같은 물 떨어지는 곳이 바로 우리 집이라오
自從佳客題詩後　　아름다운 나그네를 따라 시를 지은 후
新長松枝映戶斜　　새로 자란 소나무 가지 비스듬히 문에 비치네

流年似水何曾住　　물처럼 흐르는 세월, 어찌 머물렀던 적 있으랴
浮世如雲不可期　　구름처럼 덧없는 세상, 기약할 수 없네
休怪吾廬還作客　　내 집에서 도리어 객이 되었다고 괴이치 마오
乾坤逆旅早能知　　온 세상이 객사임을 예전에 알았다오

新得伽倻水石洞　　새로 가야산 수석동을 얻어
將分一半許栽花　　반을 나누어 꽃을 심어야겠네
莫爲凍殺山頭雀　　산꼭대기 참새를 동사케 하지 마오
隨處謀生白有涯　　곳곳에서 생을 노보하여도 절로 한계가 있다오[8]

박세당은 24세에 정시(庭試)에 수석으로 합격하였고, 32세에 생원 초시에 차석으로, 그해 겨울 증광갑과(增廣甲科)에 수석으로 합격하여 일약 성균관 전적(典籍)으로 발탁되었다. 장원급제 시의 시제[9]가 현재

---

8 「廣津別墅 次西溪朴兄季肯 世堂 韻」, 박영민, 「약천 남구만 한시 연구」, 『한국인물사연구』 3호, 한국인물사연구소, 2005, p. 17 재인용.

9 '당동 평장사 양염 청천하재부진귀좌장(唐同平章事楊炎請天下財賦盡歸左藏)'이라고 한다. 당나라의 고사를 인용한 것으로, 당나라 평장사(平章事) 양염(楊炎)이 천하의 재산과 조세를 모두 좌장(左藏)으로 귀속시키자고 한 주장이다(안승준, 「서

도 남아 있다. 표문(表文) 형식으로 유려하게 작성한 답안이 그의 의정부 고가에 보존되어왔다. 39세에는 현종의 지시에 의해 『소학언해(小學諺解)』를 개정하였는데 오직 박세당만이 그 일을 충분히 소화할 능력이 있었으며, 후일 사이가 나빠진 송시열(宋時烈)도 당시에는 그 개정에 흡족함을 표했다고 한다.

그가 정치적으로 곤경에 처하게 된 것은 미묘한 국제 정세에서 청나라를 경원시한 김만균(金萬均; 1631~1676)을 비판했기 때문이다. 그 사건의 일단을 보면 1663년(현종 4) 11월 현종은 청나라 사신을 영접하기 위해 모화관으로 친행(親行)하는데, 김만균이 수행을 거부했다. 이로 인해 그에 대한 논쟁이 일어나는데 존주의리(尊周義理)를 중시한 송시열 계열은 김만균을 옹호했고, 반대편에서는 서필원(徐必遠)을 필두로 하여 그를 비난했다.

박세당은 서필원을 옹호했으며, 이로 인해 삼간오사(三奸五邪)로 지목된다. 소위 '세 사람의 간사한 인간'인 삼간(三奸)은 이경휘(李慶徽), 윤형성(尹衡聖), 유상운(柳尙運)을 말하고, '사특한 다섯 인간'인 오사(五邪)란 박세당 이외에 조원기(趙遠期), 박증휘(朴增輝), 오시수(吳始壽), 윤심(尹深)을 지칭한다. '간'이나 '사'라는 불명예스런 타이틀은 김만균을 옹호하는 쪽의 입장으로서 당파적으로 편향적인 것임은 물론이다.

17세기 당쟁의 당파적 입장에서 보자면 박세당은 소론의 인물에 속한다. 여기에는 사상적 대립도 있으려니와 당파 간에 인간관계도 복잡하게 얽혀 있다. 박세당과 가까운 윤순거(尹舜擧), 윤증(尹拯)의 집안은 윤휴(尹鑴)를 사문난적으로 취급하는 송시열과 갈등을 겪었다.

계 박세당 가문 소장 고문서의 내용과 성격」, 『서계 박세당의 학문과 고문서』, 의정부문화원, 2001, p. 12).

윤휴의 학설을 존중했던 윤순거의 입장이 윤증을 통해 그대로 이어졌고, 그것은 기본적으로 엄격하게 주자학과 중화사상을 수호해야 한다는 노론과 주자학적 명분론을 벗어나 현실적으로 유연성을 가져야 한다는 소론 사이의 학문적 대립을 가져왔다. 노론과 소론의 대립에서 박세당의 교유(交遊)와 가계는 소론에 속하게 되었으므로 매사 공격의 대상이 되었다. 후일 당시 노론을 대표했던 태산과 같은 송시열을 준열히 나무라고 이경석(李景奭)을 대변했던 것도 실상은 이런 오랜 인맥 간의 갈등에서 연유한 것임을 알 수 있다. 박세당과 가까이 지낸 인물들은 주로 소론이었고, 지금까지 전해진 편지 등에는 이탄(李坦), 심유경(沈有慶), 정하징(鄭夏徵), 김홍기(金弘基), 이유일(李惟一) 등 우인(友人) 및 문인들에게 보냈던 편지 초본들이 남아 있다.

친목계의 일을 기록해둔 『세강계첩(世講契帖)』을 보면 이 모임에는 박세당, 서문중(徐文重), 이만중을 중심으로 58명의 계원이 참여했다. 소위 소론 13가문 자제들의 모임이었던 것이다. 반남박씨 박세당 가문, 달성서씨 서문중 가문, 전주이씨 이경석, 이경직(李景稷) 가문, 경주김씨 김주신(金柱臣) 가문, 한산이씨 이현영(李顯英) 가문, 덕수이씨 이경증(李景曾) 가문, 능성구씨 구봉서(具鳳瑞) 가문, 나주임씨 임서(林㥠) 가문, 해평윤씨 윤훤(尹暄) 가문, 덕수장씨 장신(張紳) 가문 등 소론의 핵심 가문들이 계에 참여하고 있다고 한다.

박세당의 아들 가운데 박태보(朴泰輔; 1654~1689)는 자손이 없는 셋째형 박세후(朴世垕)의 양자로 보내져 명제(明齋) 윤증(尹拯; 1629~1714)의 조카가 되는데, 다름 아닌 윤선거(尹宣擧)의 딸이 박세당의 형수이다. 여기에서 우리는 그 인맥과 학문 교류 그리고 정치적 입장이 유사한 것을 알 수 있으며, 송시열과는 노소 대립의 출발과 과정을 파악할 수 있다.

박태보는 장희빈의 문제로 숙종(肅宗)에게 직언을 하다 죽음에 이른 충신이었다. 이 사건은 박세당의 인생에서 아주 슬픈 일이었다. 그의 뒤를 이어 문과에 급제한 박태보는 아버지와 마찬가지로 성격이 올곧아 바른말을 하는 성격이었다. 그는 숙종의 노여움에도 굴하지 않고 자신의 뜻을 주장하다 임금의 고문에 의해 세상을 떠나게 된다. 예사 사람 같으면 어전의 명에 기가 죽을 법하지만 그는 끝내 임금의 불찰을 지적하고 바른말을 했다. 당시 지식인들이나 민중들은 이런 박태보의 올곧은 모습에 감동했고, 후일 소설 『박태보전』이 등장할 정도로 조선의 충신으로 평가받았다. 아들을 죽음으로 몬 숙종은 후일 계속해서 박세당에게 벼슬을 권하지만 그는 항상 병을 핑계 삼아 거부하곤 했다.

그 거부하는 편지의 한 토막을 소개하면 다음과 같다.

> 지난해에 또 장성한 아들을 잃고는 억장이 무너지고 나머지 병이 더욱 위태로워져 병석에 누워서 몇 년을 보냈습니다. 신의 운명이 험악해서 세상에 살아 있는 동안 기쁜 일이 드물었으니, 한 가닥 숨이 아직 남아 있는 것도 대운(大運)이 궁박한 데 관계되는 것이라 생각됩니다. 이에 자신의 그림자를 돌아보며 슬퍼하니 눈물이 눈동자에 가득할 뿐입니다.[10]

박세당은 이렇게 총명한 두 아들을 잃었다. 그의 나이 58세에 맏아들 박태유(朴泰維)가 죽자 비통한 마음을 이렇게 표현했다.

---

10 『서계집』 권5, 부제학을 사직하는 소(무진년, 숙종 14).

目猶識物　　눈은 사물을 알아보나
不見汝形　　너의 모습 볼 수 없고
耳尙辨音　　귀는 소리를 듣지만
不聞汝聲　　너의 목소리 들을 수 없다
汝去何往　　너는 떠나 어디로 갔느냐
滅影息響　　그림자는 사라지고 소리도 그쳤는데
我悲不勝　　나는 슬픔을 이기지 못해
終竟此生　　이 세상 마지막까지

形念在目　　모습 생각하면 눈에 있는데
視之卽滅　　보려 하면 사라지고
聲念在耳　　목소리 생각하면 귀에 있는데
聽之卽息　　들으려 하면 그치니
呼天呼神　　하늘이여, 신이여
靡極靡因　　끝도 없고 원인도 없으니
我悲不勝　　니는 슬픔을 이기지 못해
終竟此生　　이 세상 마지막까지

不見曰昏　　볼 수 없으면 장님
靡我怨天　　나는 하늘을 원망치 않으며
不聞曰聵　　들을 수 없으면 귀머거리
靡我怨神　　나는 신을 원망치 않으리라
匪昏不見　　장님이 아닌데 보지 못하고
匪聵不聞　　귀머거리 아닌데 듣지 못하니
我悲不勝　　나는 슬픔을 이기지 못해

終竟此生　　　이 세상 마지막까지[11]

　　둘째아들 박태보는 1689년(숙종 15)에 섬으로 유배를 명 받았지만 이미 고문으로 인한 상처가 심해 길을 갈 수 없는 상태였다. 옥에서 나와 머물 곳도 없었는데, 신충익공(忠翼公)의 형제가 강가의 집을 소제하고 맞이하여 머무르도록 해주어 그곳에 빈소를 차리게 되었다. 신충익공의 형제가 번갈아 왕래하면서 살아 있을 때와 마찬가지로 주선하고 돌보아주니, 지나가는 행인들도 모두 그 의리에 감동하였다고 한다. 박세당은 그들의 은혜를 입은 채 갚지도 못하고 있다가 신충익공이 세상을 뜨자 그의 묘표(墓表)를 지으면서 그때의 감상을 기록하고 있다.

　　이에 붓을 져서 종이를 대하매 나도 모르게 눈물이 흐른다. 아, 이것
　　이 어찌 군의 의리에 만분의 일이나마 보답하는 것이 되겠는가.[12]

　　박세당은 당쟁의 중심인물은 아니었지만 그 영향력이 클 수밖에 없었다. 그가 세속적 명리를 초월한 채 청빈한 생활 속에서 학문을 탐구한 사상가였던 것은 사실이다. 그는 벼슬에 연연하지 않고 40 이후부터 경기도 양주(지금의 의정부) 수락산 기슭의 석촌동(石泉洞)에서 손수 농사일을 하며[13] 자연을 벗 삼아 안빈낙도하고 순수하게 학문

11　太『全書』上, 卷3, 述悲 三首. 최윤정, 「서계 박세당 문학의 연구」, 이화여자대학교 대학원 박사학위청구논문, pp. 16~17 번역 참조.
12　『서계집』 권14, 사복시 주부 신군(申君) 묘표.
13　太『全書』上, p. 166 卷9, 誌銘 亡繼室淑人光州鄭氏墓誌銘 "困苦勞動以不永長命之"라고 했던 점으로 볼 때, 부인(婦人)조차도 편안한 양반 아내의 생활을 누

에 전념하면서 강학(講學)도 하였다. 이것은 당시의 학계나 정계의 권력 지향적인 위인지학(爲人之學)에 휩쓸리지 않고 참된 자기 성찰의 위기지학(爲己之學)을 실현하려 한 의지의 일단이기도 하려니와 치열하게 권력의 주변에서 빌붙어 아첨하기 싫어하는 소박한 기질의 일면이라고 할 수 있다.

그는 수락산에서 유유자적 시인처럼 혹은 신선처럼 살고 싶어 했다.

> 봄에는 (동쪽) 동대에서 꽃을 감상하고, 여름에는 (남쪽) 남대에서 바람을 쐬며, 가을에는 (서쪽) 서대에서 달을 맞이하고, 겨울에는 (북쪽) 북대에서 눈을 감상한다. (봄에) 농염한 꽃잎이 눈에 보일 땐 그 예쁨을 즐기고, (여름에) 시원한 바람이 얼굴을 스칠 땐 그 맑음을 기뻐하며, (가을에) 달이 떠서 만물이 다 드러날 땐 그 밝음을 사랑하고, (겨울에) 눈이 내려 티끌조차 불지 않을 땐 그 깨끗함을 좋아한다. 꽃이 예쁘고 바람이 맑으며 달이 밝고 눈이 깨끗한 저 사철의 빼어난 경치를 (동서남북의) 사대가 하나씩 갖추고 있는데, 내가 이를 모아 소유(所有)하였기 때문에 ‘취승대’라 이름한 것이고, 이를 소유한 데다가 또 좋아하고 사랑하며 기뻐하고 즐기는 것을 늘 시로 읊기 때문에 ‘음대’라고도 이름한 것이다.[14]

그는 세속의 부귀에 빠져 한 번도 산수를 돌아보고자 하지 않는 세상 사람들을 결코 부러워하지 않았다. 그의 삶은 대쪽 같은 선비라기보다는 무위자연(無爲自然)을 지향하는 노장적(老莊的) 성향이 엿보

리지 못하고 농사일과 생활고(生活苦)에 시달리며 살았다고 볼 수 있다.
14 『서계집』 권8, 聚勝臺記.

인다. 불교나 노장철학을 이단시하였던 당시 시대 상황에서 보기 드
문 자주적 태도라 하겠다. 뿐만 아니라 이러한 자신의 생각을 저술로
표현하니 다름 아닌 『도덕경주(道德經註)』와 『남화경주(南華經註)』였다.
두 주석서에서 노장철학을 유학과 크게 다름이 없는 수기안인(修己安
人)의 사상이라고 재평가하며[15] 결코 허무주의의 가르침이 아니라고
주장하고 있다. 석천동에서 은거하며 김시습(金時習)의 사당을 건립하
고 석전제(釋奠祭)를 지낸 것을 볼 때[16] 이미 당시의 경직된 주자학풍
과는 다른 자유로운 일면을 엿볼 수 있다. 김시습에 대한 존경과 추
모 사업에 대해서는 다른 장에서 별도로 거론하기로 하겠다.

그는 많은 벼슬을 거절했지만 중국을 다녀오는 외교사절인 서장관
(書狀官)은 수락한다. 이경억(李慶億; 1620~1673)이 외교사절의 대표인
정사였으며, 정륜(鄭綸)이 부사였다.[17] 이들 일행은 돌아와 청나라가
생각보다는 안정되어 있어 가볍게 봐서는 안 될 것이라고 보고한다.

우리나라 사람들은 매번 저들의 사치가 이미 극에 달하였으니 반
드시 패망할 것이라고 말하는데, 이는 그렇지 않았습니다. 저들은
이미 전쟁도 없고 땅을 남쪽 끝까지 얻어서 물화(物貨)가 집중되어
편안히 부귀를 누리고 있었습니다. 정조(正朝) 때 그들을 보니 비
록 하급 관리라도 모두 흑초구(黑貂裘)를 입었고, 사용하는 기물은
화려하여 눈이 어지러울 정도였습니다. 우리나라의 가난하고 검소
한 눈으로 보았기 때문에 과도하다고 여기는 것이지, 이것은 결코

---

15 太『全書』上, p. 448 卷22, 年譜 辛酉 "其道雖不合聖人之法 其意亦欲 修身治人."
16 太『全書』上, p. 449 卷22, 年譜 丙寅 "梅月堂金公所去舊址在於水落山之東峰
    先生久欲營建司宇東峯之西 石林寺之傍."
17 현종 09/10/27(임진) / 동지정사 이경억 일행이 연경에 가다.

망할 조짐이 아닙니다.[18]

외교사절의 입장에서 본 청나라의 풍경은 우리나라와 비교할 수 없을 정도의 안정되고 화려했으므로 박세당은 이후 북벌론을 주장하는 사람들과는 달리 현실적으로 청나라를 인정하지 않으면 안 될 것이라고 생각한다. 사절단들이 연경에서 관등놀이에 참여하고 유희를 즐겼다는 명목으로 고발 당하기도 했던 것으로 보아 그의 여행은 즐거운 면도 있었던 듯하나, 그 즐거움을 기록하지는 않았다.[19] 그는 청나라에 다녀온 후 국제 정세와 조선의 위치를 자각하여 더욱 현실 정치를 혐오하게 되었고, 이후 벼슬에 대한 관심 없이 경전 연구를 통한 진리 탐구에 힘을 기울였다. 그의 청나라행에 대한 기록은 『서계연록』에 나오는데, 비교적 객관적인 시선을 유지하며 매일 도착한 곳의 특색이나 유래, 그곳에서 목격한 사건이나 만난 이들에 대해 간결하게 서술하는 방식으로 기록했다. 그는 지지(地誌)를 활용하여 도착한 지역의 명칭이나 위치에 관심을 보이고, 세간의 일설이 잘못된 경우에는 수성하기도 하였다.

1668년 12월 11일(을해)조에서 산해관 성의 누각에 '천하제일문(天下第一關)'이라 쓰여 있는 것이 이사(李斯)의 글씨라는 설은 시대가 맞지 않아 잘못된 것이라고 지적하고 시를 남기기도 했다.

---

18 현종 016 10/03/04(정유) / 동지사 이경억·정륭·박세당이 돌아와 청국의 정세를 보고하다.

19 현종 017 10/06/02(계해) 집의 신명규와 지평 조성보가 동지정사 이경억, 부사 정륭, 서장관 박세당 등이 사명을 받고 갔을 때 관등놀이와 잡다한 유희를 구경한 잘못을 논하여 파직시키기를 청하였는데, 여러 번 아뢰었으나 끝내 따르지 않았다.

長城初起處	만리장성이 처음 시작하는 곳
天下此關頭	천하는 이 관문이 첫머리
不雨雲霾堞	성마루에 비구름 내리지 않고
先明日射樓	먼저 밝은 햇빛이 누각을 비춘다
防屯通萬里	방어하는 진지는 만리에 통하고
控制壯千秋	말고삐를 제어함이 천추에 굳세었다
鎖鑰終虛設	지금 관문은 헛되이 서 있고
腥塵滿九州	냄새와 쓰레기만 구주에 가득하다

又

兵來謾說欲封泥	군대가 와서 문서 싼 상자로 속였으니
敵到那知未報鷄	적이 와도 어찌 알았으리
萬古玉關長對峙	만고의 옥관이 길게 마주하고
乾坤開閉戶東西	하늘과 땅이 열리고 닫히면서 동서를 지킨다[20]

또한 같은 해 12월 18일(임오)조에서는 어양교(漁陽橋)의 명칭이 비석에 영제교(永濟橋)로 되어 있는데, 명명에 오류가 있다고 하였다.[21] 서장관의 입장에서 담담하게 풍경과 자신의 감정을 기록하고 다른 정치적 견해 등에 대해서는 따로 말하지 않고 있지만, 한족(漢族)들의 탄식에도 불구하고 청나라가 안정되고 생각보다 화려하다는 사실을 경험한 것으로 보인다.

그의 생애에 있어 가장 굴욕적인 사건은 노론에 의해 공격 대상이

---

20 太『全書』卷1, 山海關 使燕錄 自戊申冬至己酉春 以節使書狀官 赴燕時作.
21 『서계연록』pp. 360, 368.

되었다는 점일 것이다. 그가 노령인 74세의 나이에 사문난적(斯文亂賊)으로 지탄의 대상이 되었던 것은 그의 저술이 주자를 모욕한다는 점 때문이었지만 사실은 이경석(李景奭)[22]의 비문(碑文)에서 송시열을

---

22 백헌 이경석은 인조가 청주(淸主)에게 항복한 것을 기념하는 삼전도비를 썼다. 그가 쓴 삼전도비의 명(銘)은 다음과 같다. 『仁祖實錄』 卷36, 16年 2월 갑진일, "하늘은 서리와 이슬을 내려 만물을 키워주기도 하거니 그 좋은 본보기를 황제는 따라 배워 위엄을 떨친 다음 은적을 다시 베풀었다. 황제가 군사를 몰아 동쪽으로 쳐들어올 때 그 위력이 무섭기로는 범과 같았고, 날래기로는 표범과 같았다. 불모의 지대인 서쪽 변경의 종족들과 북쪽에 있는 나라들이 깡그리 떨쳐 일어나 병장기를 손에 잡고 앞장서서 나오니 신비스러운 그 위력은 참말로 기세도 등등했다. 황제의 마음은 원래 인자한 관계로 은정을 흠뻑 담은 지시를 내렸는바, 몇 줄에 지나지 않는 그 사연을 내리 읽으면 엄하기도 하거니와 부드럽기란 비길 데 없었다. 처음에 멍청해서 깨닫지 못한 탓으로 제 몸을 제 스스로 언짢게 만들었지만, 황제가 명철하게 지시를 내려준 덕에 마치 깊은 잠 속에서 깨어난 사람과 같이 그

공격한 것이 화근이 되었다. 그 비문은 매우 신랄하고 과감한 비판이 있었는데, 내용 중 일부를 소개하면 다음과 같다.

행실이 거짓스럽고 그릇된 것에 순종하는 것으로 세상에 이름 있는 사람이다. 부엉이와 봉황은 성품이 판이하니 성내기도 하고 꾸짖기도 한다. 착하지 않은 자가 미워하는 것이야 군자에게 무슨 병이 되겠는가?[23]

또 내용 중 대체로 음흉하고 사나우면서 물건을 치기에 싫증을 느끼지 않는 것은 올빼미의 성품이며, 너그럽고 온화하여 위협을 당하고도 개의치 않는 것은 봉황의 덕이라고 하여 올빼미는 송시열의 인품이고, 봉황은 이경석의 인품임을 암시했다.

이 때문에 송시열의 제자들은 이를 두고 반격을 가해 비문은 폐기되었다. 그를 반대한 김창협(金昌協)과 성균관 유생 홍계적(洪啓迪) 등 180인은 박세당을 고발했는데, 거기에는 주자를 능멸하는 그의 저술

제야 비로소 우리 임금이 성의껏 복종해서 서로들 이끌고 쏠려가버렸다. 이는 위력에 제압되어 그렇게 되었다기보다는 덕 있는 쪽을 찾아 의지한 것이다. 황제는 가상히 여겼을 뿐만 아니라 혜택도 흡족하게 돌려주었고 대우도 훌륭히 해주었다. 반갑게 맞이하여 웃으며 이야기한 다음 창과 칼을 모두 거두어들였고, 날랜 말이며 가벼운 갖옷이랑 또한 선물로 주었으므로 수도에 살고 있는 남녀들이 노래도 부르고 흥타령도 하였다. 우리 임금이 수도로 돌아올 수 있었던 것은 바로 황제의 덕이었다. 황제가 모든 군사들을 이끌고 돌아간 것으로 하여 우리 백성들이 다시 살아났고, 거덜 난 우리 살림을 마음속으로 가긍히 여겨 농사일에 힘쓰도록 고무하였다. 온 나라의 강산은 전날의 그대로인데 오직 새로운 것은 푸른 단(壇)뿐이다. 다 마른 뼈다귀에 살이 돋아나고 시들어가던 나무가 새봄을 맞듯이 온 나라는 화기에 넘쳐 있다. 큰 강 언덕 위에 우뚝 솟은 이 비를 통해 삼한 땅은 만년토록 황제의 은덕으로 빛나리.”
23 『肅宗實錄』卷38, 29年 계미년 4월 임진일.

까지 들어가 있다. 이것이 곧 박세당의 저술 『사변록』이 반주자학이라고 단정된 근거이기도 하다. 비문 사건의 분쟁으로 인해 그는 주자를 모욕하는 사문난적으로 급거 전환된 것이다.

> 세당은 위로는 주자를 능멸하고 아래로는 송시열을 모욕함이 이와 같이 이르렀는데, 어찌 이른바 성인을 모욕하고 정의를 더럽힌 것이 아니겠습니까?[24]

숙종도 평가하기를 박세당의 『사변록』은 주자를 모욕하고 도리에 맞지 않는 것이 한둘이 아니어서 바로 보기 어려울 정도라고 개탄하며, 올바른 선비 송시열을 기탄없이 모욕한 것은 통탄할 일이라고 하면서 관작(官爵)을 삭탈(削奪)하고 책자를 비판하게 하고 소각하라는 명을 내렸다. 반대파의 기세가 대단하여 사헌부에서는 유배를 소청해 전라도 옥과로 귀양이 결정되었다.

박세당은 세상을 떠나면서 자녀들에게 삼년상식(三年上食)을 폐지하라고 유언하였다. 이런 점은 분명 혁신적이며 용기 있는 사람이 아니고서는 말하기 힘든 것이다. 박세당은 눈치를 보고 아부하면서 권력과 시속에 영합하는 인물이 아니라, 자신의 소신에 투철하고 잘못된 것을 잘못된 것이라 말하는 솔직한 인간이었다. 이것이 그의 탈주자학적 사상의 독창성이려니와 바로 이 점이 만년의 삶에 고통을 준 것이기도 하다.

박세당에 대한 징벌은 실시되지 않았다. 이러한 조치에 반발하여

---

24 『肅宗實錄』 卷38, 29年 4月 임진일 "世堂上蔑朱子 下辱時烈 至於如此 豈非所侮聖醜正者哉."

일각에서 그의 늙음과 고풍준절(高風峻絶) 그리고 아들 태보의 순절 등을 들어 신구(伸求)의 소를 올림으로써 유배는 면하게 했기 때문이다. 그러나 이런 복잡한 일에 얽혀 들어감에 따라 사서삼경의 주석서를 완성하고, 독서와 자연 속에서 즐겁게 만년을 보내려 한 그의 계획은 차질을 빚고 그는 세상을 떠나게 된다.

박세당의 삶과 예술

서 론

박세당은 문과에 급제하고 10년간 관직에 있기는 했지만, 40세 이후에는 부인이 묻힌 양주(지금의 의정부)의 수락산 석촌동에서 은거하면서 학문을 즐긴 인물이었다. 그는 권력과 금전에 집착하지 않고 유유자적하게 자연을 즐기면서 찾아오는 친구들, 제자들과 교유했다. 그러나 권력의 핵심에 참여하고 있던 두 아들의 죽음은 늘 그를 쓸쓸하게 한 사건이기도 했다. 말년에 사문난적으로 몰린 사건은 알고 보면 예상치 못한 수난이었음이 분명하다.

그 이전의 그의 삶은 자유롭게 학문을 사랑하고 시, 서, 화를 즐긴 전형적인 선비의 모습이었다. 이것을 말하지 않고서는 박세당의 인품을 이야기할 수 없다. 물론 그는 직업적인 시인도 서예가도 혹은 화가도 아니었지만, 삶 속에서 언제나 시를 통해 자신의 감정을 표현했고 또한 그것을 붓으로 기록했던 것이다. 그의 아들 박태보와 제자 이정신(李正臣; 1660~1727)이 그 시대를 대표하는 명필이었다는 점에서 그의 서예를 가늠할 수 있다.

유교가 단지 딱딱한 예만을 거론하는 메마른 사상이 아니라는 것은 음악을 듣고 거기에 감동하여 석 달간 고기 맛을 잊었다고 한 공자의 삶을 통해서도 알 수 있지만, 박세당 역시 학문만이 아니라 시, 서, 화의 예술을 사랑하고 즐긴 인물이었다.

그의 예술에 대해 주목할 만한 연구는 문학에 대한 것이다. 시와 문학에 대한 선행 연구로는 윤미길의 「박세당의 시론과 시세계」[1]가 있다. 이 논문에서는 박세당을 780수의 시를 남긴 시인이자 인간의 순수한 감정을 소중히 한 정서적인 인물로 보며, 시의 주제를 ① 죽음과 꿈, ② 한(恨)과 우수(憂愁), ③ 선(禪)적인 삶, ④ 한거(閑居)와 신선으로 나누어 소개하고 박세당에게 영향을 준 시인으로 도연명(陶淵明), 두보(杜甫), 김시습을 들고 있다.

다음으로 김영주의 「서계 박세당의 문학론 연구」[2]가 있는데, 이 논문에서는 박세당의 문장론에 대해 문(文)보다 질(質)을 중시했다고 하면서 지나치게 형식에 얽매인 문장을 비판했다고 분석하고 있다.[3]

김영주의 연구에서도 박세당에 대해 인간의 감정을 이성보다 열등한 것으로 보지 않고, 순수한 감정의 표현이 시가 되는 것이라고 하여 성리학적 이성주의의 입장이 아닌 순수한 인간의 감정을 중요시했다고 평하고 있다. 이 문학론은 종래 박세당의 탈주자학적 성향이 문학론에도 이어지고 있음을 확인하고 있다. 이런 선행 연구를 바탕으로 문학 관련 박사학위 논문을 쓴 최윤정은 「서계 박세당의 문학의 연구」[4]를 발표했다. 여기에서는 박세당의 발표 시를 정확히 779수로 파악하고 시의 내용을 시대별로 분석하고 있다.

박세당의 문학에 대해서는 이러한 선행 논문이 있지만, 그의 서예와 회화에 대해서는 이를 분석한 논문이 아직 없다. 다행스럽게도 그의 서예에 대한 자료는 『서계 박세당의 필첩』[5]과 『명가의 고문서』[6]가 이

---

1 윤미길, 「박세당의 시론과 시세계」, 『국어교육』, 104권, 한국어교육학회, 2001.
2 김영주, 「서계 박세당의 문학론 연구」, 『동방한문학』, 25집, 동방한문학회, 2003.
3 김영주, 앞의 논문, p. 221.
4 최윤정, 「서계 박세당의 문학의 연구」, 박사학위 청구논문, 이화여자대학교 대학원 국어국문학과, 2007.
5 한국정신문화연구원, 『서계 박세당의 필첩』, 이화문화사, 2003.
6 한국정신문화연구원 장서각 엮음, 『명가의 고문서』, 경인문화사, 2003.

미 출판된 관계로 이를 토대로 서예와 회화에 대한 그의 예술관의 일
단을 정리할 수 있게 되었다.

박세당의 시와 자연 예찬

박세당은 정치 일선에서 물러나 수락산에서 유유자적하게 살려고
한 시인이기도 했다. 이는 그가 남긴 779수[7]의 시가 대변하는 것이다.
『서계집』의 1권부터 4권까지 시로 구성되었다는 사실이 그것을 증명
할 것이다. 그에게 있어 시란 자신의 감정을 표현하는 삶의 한 과정이
었다. 보수적 성리학자들은 인간의 이성을 귀한 것으로 본 나머지 인
간의 순수한 감정은 부정적으로 보는 경향이 있었는데, 박세당은 인간
의 순수한 감정이야말로 시가 나올 수 있는 바탕이라고 말했다.

> 사람은 태어나서 감정을 가진다. 감정에는 기뻐하고 성내고 슬퍼
> 하고 즐거워함이 있는데, 이 감정들이 마음에 쌓이면 말로 나타나
> 지 않을 수 없다. 이 밑에 장단(長短)과 절주(節奏)가 있는 것을 시
> 라고 한다. 시는 본래 뜻을 그려내고 감정을 표현하는 것이니 감
> 정이 만족하고 뜻이 마땅한 데 그칠 뿐이지, 참으로 공교한 것을
> 일삼는 것은 아니다.[8]

---

7 최윤정, 앞의 논문, pp. 8~9에서 다음과 같이 분석해놓았다.
  東行拾囊 12제 14수, 潛稿 48제 53수, 北征錄 44제 55수, 使燕錄 23제 37수.
  　이상 『서계집』 권1.
  石泉錄 상 141제 204수 『서계집』 권2.
  石泉錄 중 50제 79수, 後北征錄 65수. 이상 『서계집』 권3.
  石泉錄 하 203수, 補遺錄 72수. 이상 『서계집』 권4.
8 『서계집』, p. 140. "人生而有情 情有爲喜爲慍爲哀爲樂 此數者藩乎心 不能不洩

시란 인간의 절절하고도 자연스러운 감정의 표현인데 이 감정을 무시한 채 부자연스런 형식에 얽매이는 것은 어색한 일이며, 시뿐만이 아니라 다른 문학적 표현에서도 형식에 얽매이는 것은 이상한 것이라고 간주하고 있다. 박세당은 아들 박태유에게 보낸 편지에서 문장을 지을 때 기발하고 고상하고 생경한 글보다는 평이한 표현을 권장하고 있다.

> 문장을 지을 때 잘 짓기를 추구하지 말고 오로지 근근(僅僅)히 무사(無事)하고 평평하여 기이함이 없기를 주로 한다면 저절로 흠이나 막히는 부분이 많이 생기지 않을 것이다. 하물며 공교(工巧)하거나 잘 짓기에만 생각이 있다면 평안하고 느긋할 수 있고, 안온하고 화합할 수 있겠느냐? 무릇 문장을 지을 때는 편안함(隱吓)만한 것이 없다. 이것에 힘쓰는 자는 문장의 대성을 근심할 필요가 없을 것이다.[9]

시가 되었든, 일반 작문이 되었든 자연스런 감정을 배제하고 교묘하고 기발한 것에 집착하다 보면 편안하지 않고 감정의 표현도 가능하지 않다는 것이다. 이런 점에서 보자면 그는 자신의 삶의 표현으로서의 시와 문장을 선호했고, 남에게 잘 보이려는 교묘하고 어려운 작문을 피했음을 알 수 있다.

이러한 생각의 일단에는 수락산 석촌동에서 거주하면서부터 명예나 권력이 아닌 유유자적한 은둔적 삶의 모습을 반영한다. 그는 자신의

之言 言之有長短節奏 是爲詩 詩本所以寫意道情則 期乎情愜意當而止 因無所事工." 박세당의 이러한 감정 중시 주장에 대해 김창협은 주자학적 이론에서 벗어난 것이라고 비판했다. 이는 『사변록』 모시(毛詩) 주석에 대한 비판의 연장이라고 볼 수 있다.

9 『서계집』 권17, 寄子泰維. 번역문은 김영주의 논문 재인용.

삶의 공간을 예술적 향기가 나는 낙원으로 꾸미고 싶었던 것이다. 다섯 칸의 집을 짓고 나서 자신의 한적한 공간을 이렇게 노래한다.

五間新屋經時就　다섯 칸 집을 짓고 나니
林燕山禽共落成　숲 속의 제비와 산새도 낙성을 함께하네
擁戶畵圖千嶂立　집을 두르고 그림 같은 천 겹의 산들이 서 있는데
繞床琴筑一泉鳴　마루의 거문고와 비파가 샘물처럼 울리고
門前池可求魚養　문 앞의 못에서는 물고기를 키울 수 있고
籬下田堪借犢耕　울타리 아래 밭에는 송아지 빌려 밭을 갈 수 있다네
世事不豊幽意足　세상사 풍족치 못해도 숨어 사는 뜻에는 맞으니
從他人笑掘謀生　남들이 내 성긴 삶을 비웃은들 어떠리.[10]

봄에 쓴 이 즐거운 시에서는 산으로 둘러싸인 주거 공간에서 숲 속의 산새들과 같은 자연과 더불어 사는 모습을 볼 수 있고, 거문고와 비파로 그의 귀를 즐겁게 하는 음악적 취미를 엿볼 수 있다. 또한 소박하게 농사를 지으며 사는 목가적 삶에 대한 자족의 즐거움이 물씬 풍기고 있다.

그는 단지 자연만을 그대로 두지 않고 거기에 시적인 이름을 붙여 유유자적한 삶을 찬미한다. 주거 공간인 석촌동 계곡에 취승대(聚勝臺)라는 장소를 두고 사계절을 즐기고 있는 선비의 삶이 취승대에 대한 그의 기록에 잘 반영되고 있다.

봄에는 동쪽 대에서 꽃을 감상하고, 여름에는 남쪽 대에서 바람을 쐬며, 서쪽 대에서 달을 맞이하고, 겨울에는 북쪽 대에서 눈을 즐

10 『서계집』 권2, 新屋.

긴다. 농염한 꽃잎이 눈에 보일 땐 그 예쁨을 즐기고, 시원한 바람이 얼굴을 스칠 땐 그 맑음을 기뻐하며, 달이 떠서 만물이 다 드러날 땐 그 밝음을 사랑하고, 눈이 내려 티끌조차 불지 않을 땐 그 깨끗함을 좋아한다. 꽃이 예쁘고 바람이 맑으며 달이 밝고 눈이 깨끗한 저 사철의 빼어난 경치를 네 방향의 대가 하나씩 갖추고 있는데, 내가 이를 모아 소유하였기 때문에 '취승대'라 이름한 것이다. 이를 소유한 데다가 또 좋아하고 사랑하며 기뻐하고 즐기는 것을 늘 시로 읊기 때문에 '음대'라고도 이름한 것이다.[11]

그가 동쪽 대에서 꽃을 감상하는 것은 동쪽이 봄을 상징하는 방향이기 때문이고, 서쪽 대에서 달을 감상한다는 것은 서쪽이 가을을 상징하는 방향이기 때문이며, 여름에 남쪽 대에서 바람을 즐긴다는 것은 남쪽이 여름을 상징하는 방향이기 때문이고, 겨울에 북쪽 대에서 눈을 즐긴다는 것은 북쪽이 겨울을 상징하는 방향이기 때문이다. 하나의 시적 상징인 것이니 다른 뜻은 아니다. 그러나 여기에는 자연을 즐기는 삶을 잊어버린 채 사는 것을 피하고자 하는 그의 자족(自足)의 인생관이 들어 있다.
  석촌동 계곡에는 '수락동천(水落洞天)'이란 초서의 글씨가 암각되어 있다. 여기서 동천(洞天)이란 신선이 사는 곳이란 뜻으로, 서계 자신이 일종의 신선과 같은 삶을 꿈꾸었음을 짐작할 수 있다.

南隣花接北隣花　　남쪽 마을 꽃은 북쪽 마을 꽃으로 이어지고
東圃瓜連西圃瓜　　동쪽 밭의 오이는 서쪽 밭에 이어졌네
峯影送人溪路轉　　봉우리 그림자 사람 보내고 냇물 굽이친다.

---

11 『서계집』 권8, 聚勝臺記.

白雲深處有仙家　　흰 구름 깊은 곳에 신선의 집이 있다네[12]

여기서 등장하는 시어들은 석촌동의 풍경 속에 있는 것들이다. 남쪽과 북쪽의 꽃, 동쪽과 서쪽의 오이는 그의 이상과 현실이 모순됨이 없음을 뜻하는 것이리라. 꽃이 신선적 삶이라면 오이는 보통 사람의 삶을 상징하는 것이다. 봉우리와 시냇물은 그의 현실이고 흰 구름과 신선은 그의 이상인데, 이 시에서는 자신의 공간이 자족한 삶의 이상향임을 암시하고 있다.

(중략)

意中有會花同笑　　뜻 속에 만남 있어 꽃이 함께 웃고
心裏無機鳥自親　　마음속 숨기는 마음 없어 새 저절로 가깝다
三萬六千吾未半　　삼만 육천 날 절반도 못 살아
餘生撗作臥雲人　　남은 생애 신선처럼 살리라[13]

여기서도 꽃과 새와 더불어 자연 속에서 신선처럼 살 것인데, 이미 세상에 대한 욕심이 없는 사람이라 꽃들도 자신과 함께 웃고 새들도 가까이 온다는 표현으로 은자(隱者)의 삶에 대한 동경을 그대로 드러내고 있다.

그러나 그의 삶은 제자를 기르는 즐거움까지 향유할 수 있었지만, 두 부인과 두 아들의 죽음을 목격하고 또 말년에는 송시열을 비난했던 비석의 글을 통해 큰 고통을 당하며 사문난적이라는 누명까지 쓰게 되었기 때문에 신선과 같은 삶이 줄곧 이어진 것은 아니었다.

이와 같이 박세당의 시는 자연을 감상하는 즐거움뿐만 아니라 자신

---

12 『서계집』 권2, 村居.
13 『서계집』 권2, 卽事.

에게 닥친 불행까지도 노래로 표현하는 삶의 표현이었다. 그가 느낀 일상의 일에서부터, 일상을 떠나 머나먼 곳에서 공무를 수행하거나 여행을 하거나 혹은 사람과 사귈 때도 언제나 시로 그 감정을 표현했던 것이다. 그래서 그는 시에 대해 이렇게 평하고 있다.

> 시의 내용에는 남북에 따른 풍속의 구별이 있고, 원근에 따른 곡조의 차이가 있으며, 술잔을 부딪친 기쁨이 있고, 풍악을 즐긴 오락이 있고, 나그네의 수심과 행려의 노고가 있고, 산수를 구경한 흥취가 있고, 지난날을 추억하며 사물을 보고 감회를 일으킨 슬픔이 있고 산천, 초목, 풍운(風雲), 우설(雨雪), 화조(花鳥), 연월(煙月; 은은한 달), 한서(寒暑), 음정(陰晴; 흐린 날과 갠 날), 조모(朝暮), 사시(四時)에서 느낀 점이 들어 있다.[14]

시는 즐거움 뿐만 아니라 쓸쓸함과 슬픔, 쓰라림과 고통도 모두 표현하는 것이다. 그러나 시의 예술적 일면이란 사실 즐거움이라고 한다. 그래서 시는 단지 쓰는 것이 아니라 흥얼거리고 낭송하고 서예로써 이를 표현하고 써보는 그 자체가 즐거운 일이며, 그 자신이 이를 창작할 뿐 아니라 선대들이 남긴 시를 감상하는 것도 또한 좋은 취미라고 말하고 있다. 여기서 박세당의 자연을 사랑하는 마음과 그 표현으로서 예술적 심성을 엿볼 수 있다.

박세당에게 자연과 인생을 음미하는 시를 쓰는 일은 매우 중요한 일 중의 하나였다. 그는 단지 형식에만 얽매일 것이 아니라 마음에서 진정으로 우러나와 시를 쓰고 감상해야 스스로 감동하고 또 남에게도 영향력을 끼칠 수 있다고 보았다.

---

14 『서계집』 8권, 名公詞翰帖跋.

이런 실질 숭상과 쉬운 글씨기가 바탕이 되어 나온 시와 글들을 서예로 표현한 것은 그의 일상이자 취미이기도 했다. 그것은 유유자적 자연 속에서 살면서 제자들과 즐기며 산 그의 삶에서 나온 것이었다. 이런 예술적 감각이 없는 사람들을 속된 사람으로 간주하여 "세상의 속된 사람들이 부귀에 빠져 한 번도 산수를 돌아보고자 하지 않는 것은 문제가 있다."[15]고 탄식하는 데서 그의 예술적 취향을 가늠할 수 있다.

박세당의 서예

서계의 서예는 그의 생활 속에서 나온 것이다. 그는 그림을 그리지는 않았지만 시를 쓰고 또 많은 서찰과 글씨를 남기고 있는데, 그가 남긴 글씨는 일반의 수준을 넘는 경지이며 특히 초서(草書)에서는 더욱 그렇다.

그가 아들 태보에게 보낸 편지글의 초서에서 보듯, 상당한 수준의 필력을 과시하고 있다.

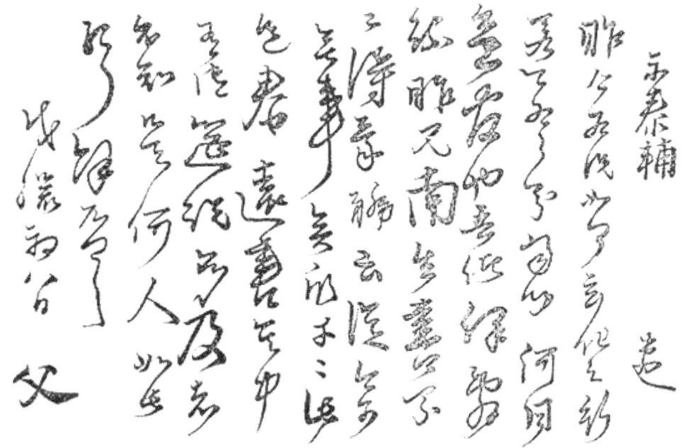

---

15 『서계집』, 8권, 題綠水亭詩後.

그는 자신이 지은 시를 골라 시필(詩筆)을 남기고 있는데, 이 또한 그 빼어난 필력을 가늠할 수 있다. 시필에 남긴 글씨의 특색은 붓끝이 많이 닳은 채로 글씨를 쓴 것이다. 초서로 쓰여진 시필에서 볼 때 박세당의 서예 실력은 붓을 자유롭게 놀리고 강약을 조화시켰으며, 자연스럽고 기운이 느껴진다. 왜 이런 시필을 남겼는지 상세한 사연은 적지 않았지만, 자신이 지은 시 가운데 고른 시를 서예로 남겼기 때문에 편지글과는 다른 글솜씨를 감상할 수 있다. 시필 가운데 『색경』을 저술하고 나서 그 심정을 적은 시가 있는데, 내용은 다음과 같다.

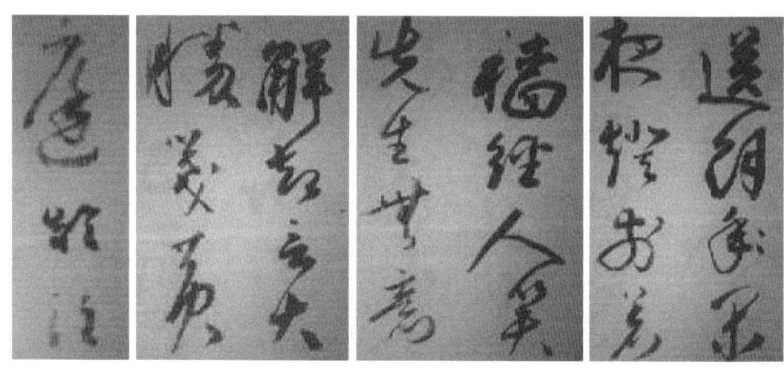

欲將耕耨送餘齡	장차 남은 여생 밭 갈고 김매려고
閑夜燈前著穡經	한가한 밤 등불 아래 『색경』을 지었네
人笑先生無意解	사람들이 앞선 사람 비웃을 뿐 뜻을 이해하지 못하니
却言大勝箋黃廷	크게 뛰어난 것 말 못 하고 농사에 대해 기록했다[16]

---

16 『서계집』 권4, 題穡經後.

이 초서는 그동안 공개되지 않은 작품으로, 서계가 비록 직업적인 서예가는 아니었지만 붓을 자유롭게 놀릴 수 있는 경지에 있었고 서예를 사랑하는 사람임을 알 수 있게 해주는 자료이다.

박세당은 서예에 대해 어떤 생각을 가졌을까? 그는 남생(南生)이 소장한 명가들의 필첩에 다음과 같은 내용을 남기고 있다.

> 바야흐로 흥얼흥얼 읊조리며 먹물을 듬뿍 찍어 일시의 회포를 펴고 갖가지 의사를 담을 적에, 심력을 다해 표현하고 필력을 다해 구사한 것이 마치 조물주가 시킨 양 자연스러운 점이 있다. 따라서 뛰어남과 서투름, 예리함과 둔함에 대해 아랑곳하지 않았을 뿐만 아니라, 비록 후세 사람들이 이를 보더라도 끝내 누가 정교한지 거친지, 누가 날카로운지 둔한지 알지 못하고, 단지 몹시 좋아하여 잠시도 손에서 놓고 싶지 않을 것이다. 그렇다면 또 어찌 책상 위의 좋은 완상거리가 아니겠는가.[17]

사실 그 글이 정교한지 혹은 조잡한지 그런 서예의 기법은 그에게 큰 문제가 되지 않는 것 같다. 그러나 서예는 자신의 의사와 회포를 먹물에 듬뿍 찍어 자연스럽게 쓰는 것이니만큼 그 뜻을 모르고 베끼는 서예는 무의미한 것이라고 할 수 있다.

서예의 아름다움은 그 사람의 인격과 관련이 있다고 본다. 단순한 글자가 아니라 명망과 덕행이 덧붙여짐으로써 글씨의 격이 높아지는 것이다. 이런 점에서 그가 교양을 기리는 부수적인 방편으로 서예를 중시했음을 알 수 있다. 서예 자체보다는 어떤 사람이 쓴 것인가가 더 중요하다는 것이 박세당이 보는 서예의 가치이므로 사모하는 인물의

---

17 『서계집』 권8, 名公詞翰帖跋.

서예는 그 가치가 높으며, 세상에 별로 기여하지 못한 사람의 서예는 그만큼 가치가 떨어진다고 볼 수 있다.

서예는 인격의 표현이기 때문에 그 서체로 나타남이 다를 수밖에 없으며, 거기서 사람의 차이도 드러날 수 있다고 그는 보고 있다. 그리고 구양영숙(歐陽永叔)의 말을 인용하면서 예로부터 글씨를 잘 쓰는 사람이 한둘이 아니지만 오직 명망과 덕행이 일컬어질 만한 사람의 글씨만이 세상에 오래도록 전해지니, 군자가 군자다운 것은 글씨가 아닌 명망과 덕행에 있기 때문이라고 한다. 그러므로 사람으로 하여금 사모하고 잊지 못하게 한 나머지 그 글씨까지 오래도록 전하게 하는 것이니, 진실로 한갓 글씨만 잘 쓰는 자가 미칠 수 있는 바가 아니라고 하였다.

그는 중국의 숭정황제가 손수 쓴 ‘극기복례(克己復禮)’라는 네 글자를 감상하면서 귀중한 글씨에 대한 감동을 나타내며, 명나라가 망하고 오랑캐인 청나라의 지배를 받고 있는 국제 정세를 깊이 개탄하고 있다. 그러면서도 공자의 인(仁)을 나타내는 극기복례의 뜻을 되새겨보며 만고의 진리를 쓴 네 글자가 감히 꽃 그림이나 새 그림에 비교할 수 없다고 하면서 그 가치를 글자보다는 글자의 뜻과 글을 쓴 인물에 두고 있다.

辰翰誰將到海外	임금의 편지 누구에 의해 문득 바다 밖에서 왔을까
也應造物不無心	아, 사물을 만듦이 응당 무심하지 않은 법
回看天地腥塵滿	하늘과 땅을 되돌아보니 비린내와 티끌로 가득한데
可合漂流歲月深	정처 없이 흘러 다녔던 세월이 깊구나
曾於孔訓却留神	일찍이 공자의 가르침 남긴 정신으로 돌아가
卷裏湟湟寶墨新	빛나는 책 속의 보배로운 글씨 새롭다

一日歸仁寧不信	하루만 어질 인자로 돌아감은 어찌 믿지 못하리
乾坤何事墮胡塵	세상이 어이해 오랑캐의 티끌에 떨어졌는가

四字堪基萬世安	이 네 글자는 만세안녕의 기초가 될 만하니
豈如花鳥弄豪端	어찌 꽃과 새 그림과 비교하리.
更疑天意非人事	하늘의 뜻을 다시 의심함은 사람 일이 아니다
莫把宣和比例看	선화(宣和는 송나라 휘종의 호, '宣和書譜')의
	전례를 보지 말지라[18]

같은 논리로 윤순거(尹舜擧), 윤문거(尹文擧), 윤선거(尹宣擧)의 서예에 대해서도 그 인물들이 훌륭하기 때문에 글씨가 가치 있는 것이라고 평을 기록한다.

나는 이 묵적(墨蹟)에 대해 역시 오래 전해질수록 세상 사람들이 더욱 진귀하게 여길 것으로 확신한다. 이 삼현(三賢)은 행실과 덕망이 높고 형제 간의 우애가 아름답기 때문에 이분들의 필찰을 사람들이 저마다 수장(收藏)하니, 이 묵적과 같은 것이 바로 이것이다. 이 어찌 하늘과 바다에 노닐 듯 자유분방하고, 쏟아지는 폭포가 바위를 뚫듯 웅건한 필세 때문일 뿐이겠는가. 아마도 평소에 쌓은 행실과 덕망이 진실로 사람으로 하여금 사모하게 한 나머지 이 필찰까지 소중히 여기지 않을 수 없게 하였기 때문일 것이다.[19]

---

18 『서계집』 권3, p. 14, 崇禎皇帝手書克己復禮四字 有使者得之蕉市今在宋相國家 云 三首.

19 『서계집』 권8, 魯西三賢墨蹟跋. '삼현'은 동사(童土) 윤순거(尹舜擧), 석호(石湖) 윤문거, 미촌(美村) 윤선거를 말한다.

이들의 서예가 아름다운 것은 글을 써놓은 사람들의 행실이 훌륭하기 때문이라는 것을 먼저 말하고 있다. 물론 필찰이 자유분방하고 웅건하다는 것은 그 가치를 높게 하는 것이지만, 이를 진정으로 가치 있게 만드는 것은 그 인품과 사람됨이 간직할 만한 자의 것이기 때문이다.

아, 삼현은 세상을 떠나 다시 볼 수 없다. 지금 그 평소의 풍모를 비슷하게나마 볼 수 있는 것은 오직 이 묵적이 남아 있기 때문이다. 어찌 사람이 감개하고 탄식하지 않을 수 있겠는가. 이군이 자신의 마음을 미루어 내 마음을 알고, 내가 또 내 마음을 미루어 후인도 내 마음과 같으리라는 것을 기대하니, 이는 덕을 좋아하는 것은 사람들의 다 같은 마음임을 밝히는 것이다. 후세 사람들이 만일 삼현의 기상이 제각각 다른 점이 있다는 것을 알고자 한다면, 이 묵적을 보면 절로 알 수 있을 것이다.[20]

서예의 귀중함은 사람이 세상을 떠나도 그 기운이 서예 속에 남는 것이며, 그 글씨가 저마다의 다른 개성을 표현하고 있는 것이다. 그러므로 서예 작품을 통해 세상에 없는 선인들과 교유하는 것도 가능한 것이다.

박세당이 옛사람들의 서예를 탁본(拓本)하고 간직한 것은 바로 이런 이유에 근거한 것이다. 그는 발품을 들여서라도 좋은 탁본을 구입하고 서예의 교본으로 삼기도 했으려니와, 선인들과의 정신적 만남을 구했던 것이다.

현재 남아 있는 박세당 자신의 서예를 가늠할 수 있는 자료로는 『서계유묵(西溪遺墨)』[21]이 가장 방대하다. 또 서계종택이나 후손가에 남아

---

20 앞의 책.

있는 것으로 「선독(先牘)」, 「서계시필(西溪詩筆)」, 「서계간독(西溪簡牘)」, 「계상간독(溪上簡牘)」 등 다양한 명칭의 유묵첩이 소장되어 있다.[22]

박세당의 제자 이정신에 의해 편집된 『서계유묵』에 수록된 '유묵'은 다음과 같다.

1. '고황천석(膏肓泉石).'[23]

2. '벽산(碧山), 청류(淸流), 춘풍(春風), 추월(秋月).'[24]

3. '만수청풍(滿袖淸風).'[25]

4. '차이방언과령시운(次李邦言過嶺詩韻)'[26]: 칠언절구(七言絶句)로 이정신의 시에 대한 차운(次韻).

5. '귀거래사(歸去來辭).'

6. '자지가(紫芝歌)': 한대(漢代)의 시가(詩歌).

7. '목동(牧童)': 당나라 여암(呂岩)의 시.

8. '어부(漁父)': 당나라 잠삼(岑參)의 시.

9. '동림사수위단자사(東林寺酬韋丹刺史)': 당나라 고승 영철(靈澈) 의 시.

---

21 숙종 연간에 나온 지본묵서(紙本墨書) 3첩으로 박범서(朴範緒) 씨가 소장하고 있다.
22 한국정신문화연구원 장서각 엮음, 『명가의 고문서』, p. 280.
23 유유자적하는 은자의 삶을 표현한 말.
24 푸른 산과 맑은 바람, 봄바람과 가을 달 등은 석촌동의 자연을 표현한 말.
25 소매 가득히 불어오는 맑은 바람.
26 한국정신문화연구원, 『서계 박세당의 필첩』, p. 19.
　都忘上頂暹蓬海　尙嫌稊未小回心可作永湖詩
　次觀日出韻
　曾遂海翁看日出
　見君詩動暮年情
　卽知病榻聞雞處
　恰是三竿射地明　歲丁丑五月西溪樵叟追記

10. '오언절구(五言絶句)': 당나라 목객(木客)의 시.

11. '산중답속인(山中答俗人)': 당나라 이백(李白)의 시.

12. '중부자묘(仲夫子廟)': 오언율시(五言律詩), 청나라 서문구(徐文駒)
     의 시.

13. '오류선생전(五柳先生傳).'

    이 유묵들은 모두 제자인 이정신과의 교유 기록이고, 이정신에게
준 것이 대부분이다. 이정신은 '인조대왕탄강구기비(仁祖大王誕降舊基
碑)'의 비문을 쓸 정도로 국가적 명필임과 동시에, 신라의 최치원부터
자신의 시대에 이르기까지 역대 명필들의 필적을 모은 『해동필적(海東
筆蹟)』(25책)을 편집함으로써 한국 서예사에 커다란 업적을 남긴 인물
이기도 하다.[27] 『서계유묵』의 나머지 2권도 이정신과의 교유의 기록인

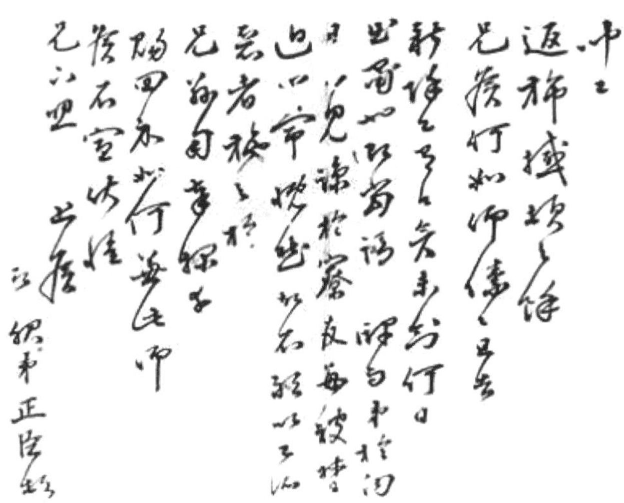

【 이정신의 간찰 】

간찰(簡札)이 대부분이다. 간찰에 쓰여진 이 진사, 이 상사, 이 참봉은 모두 이정신을 지칭하는 것으로, 박세당의 서예 실력을 가늠하는 귀중한 기록이 제자에 의해 보존되었음을 짐작할 수 있다.

박세당은 생전에 역대 필첩들을 수집하기도 하고 또 명필들을 직접 탁본하기도 했는데, 현재 남아 있는 탁본 가운데 '대당평백제비명(大唐平百濟碑銘)'은 직접 부여 정림사지를 방문하여 탁본한 것으로 추정된다. 그가 비문이 있는 정림사 터를 방문하고 나서 남겨둔 기록이 있기 때문이다. 즉 소국이 강대국과 대결하는 것은 바람직하지 않다는 것을 빗대면서 신라가 삼국을 통일한 것은 삼국 가운데 가장 당나라에 대해 부드러운 태도를 취했기 때문에 가능했다고 역설하기도 하였다. 당시 그의 청나라에 대한 현실적 인식을 이해할 수 있는 기행문이다.

또 그의 고택에 탄연(坦然)이 쓴 '문수원기(文殊院記)'와 비석글이 탁본으로 남아 있는데 「탄연서첩(坦然書帖)」이 바로 그것이다. 큰 글씨는 물론 비석의 잔글씨도 모두 탁본한 '진락공중수청평산문수원기(眞樂公重修淸平山文殊院記)'도 직접 탁본을 했을 것으로 추정한다. 이 밖에도 우리나라 명필들의 탁본첩이 지금도 보존되고 있다.

박세당은 북경에 동지사로 다녀왔을 때 당나라 때의 구양순(歐陽詢)이 쓴 비문 탁본인 「예천명(醴泉銘)」을 구하기도 했는데, 구양순의 서법을 소중히 생각하고 그를 통해 구양순체를 습득했을 것이다.[28] 사실 서예 실력은 그의 자녀들이 훨씬 이름을 얻었는데, 현존하는 서예 관련 문서는 박세당 때부터 가문의 문적으로 축적된 것이라고 보면 될 것이다. 고택에서 보관했던 탁본첩들이 전해지고 있는데 그 목록은 다음과 같다.

---

27 한국정신문화연구원 장서각 엮음, 『명가의 고문서』, p. 283.
28 『서계집』 권8, 題雲路韻歐陽率更醴泉碑. "내가 연경(燕京)으로 사행(使行)을 갔을 때 「예천명(醴泉銘)」을 가지고 돌아왔는데 잔결(殘缺)된 글자가 많았다."

「대동서법(大東書法)」: 김생에서부터 오준(吳竣)까지 우리나라 51명
　　가의 목판 서첩.

「대당삼장성교서(大唐三藏聖敎序)」: 왕희지의 글씨를 집자하여 새
　　긴 비문의 탁본.

「중흥송(中興頌)」: 대당중흥송(大唐中興頌)의 탁본집.

「대당평백제비명(大唐平百濟碑銘)」: 탁본 소장, 부여 정림사 5층탑
　　비문.

「탄연서첩(坦然書帖)」: 진락공중수청평산문수원기(眞樂公重修淸平山
　　文殊院記).

「동방삭화찬비(東方朔畫贊碑)」: 안진경(顔眞卿)이 쓴 비문의 탁본첩.

　박세당의 서예 실력은 자녀들에게 그대로 계승되었는데 박태유, 박
태보 형제는 한국 문예사에 커다란 업적을 남겼으니 안진경체의 유행
이 바로 그것이었다. 당시 조선의 서풍(書風)은 전기 이래로 조맹부(趙
孟頫)의 송설체(松雪體)가 주류를 이루었는데, 두 형제는 이러한 서풍을
일신시킨 주역들이었다. 안진경체는 이들 형제의 외삼촌인 남구만, 최
석정을 중심으로 유행의 조짐을 보이다, 태유·태보 형제에 이르러 서
예계에서 확고한 자리를 굳히게 되었다. 특히 박태유는 안진경체를 바
탕으로 송설체를 일신시킨 선구자로서 그로 인해 '노공첩(魯公帖)'의
값이 올랐다는 일화가 있을 만큼[29] 안진경체의 대가였다. 아우 박태보
역시 그의 형을 일시에 서풍을 변전시킨 대가로 칭송해 마지않았다.
박태유가 안진경체의 연마에 바친 노력의 일단은 안진경 필첩의 대표
격인 '중흥송(中興訟)', '동방삭화찬비(東方朔畫贊碑)'의 존재에서도 확인

---

29 최완수, 「진경시대 서예사의 흐름과 계보」, 진경시대 2, 1998.

되는 것이다. 그는 기존의 필법에 만족하지 않고 원나라 승려 설암(雪菴)의 필법에도 관심을 보여 설암의 대표작인 필첩 '동명(東銘)'을 구해 글씨를 연마하기도 했다.[30] 박세당의 기록을 보면 손녀(박태유의 딸)도 기세 좋은 필법을 구사할 정도로 서예에 일가가 있는 집안 분위기였다. 이러한 서예의 전통이 박필기(朴弼基) · 박필모(朴弼謨)에게도 전수되었음은 물론이다.[31]

박세당의 회화

박세당은 글씨를 그의 생활 속에서 쓰고 또 명필이었지만 그림을 그리지는 않았다. 그러나 역시 회화에 대한 관심은 적지 않았다. 그것은 여러 화첩에 기록된 그의 글을 통해 확인할 수 있다. 동지사의 공무로 북경 여행을 할 때도 좋은 화첩들을 구하여 평해놓은 글을 통해 그의 회화에 대한 생각을 읽을 수 있다.

사신의 공무 수행 중에 유계(幽薊)에서 이 화첩을 얻었는데, 여기에 기록된 상림양필(商霖良弼)은 누구의 그림인지는 모르겠다. 뛰어나게 아름답지는 않지만 그래도 소산(蕭散)하고 한아(閒雅)하여 필외(筆外)의 뜻이 많으니, 역시 좋아할 만하다. 때때로 화첩을 펼쳐 보며 퍽 마음을 쏟기 때문에 애지중지 간직하였다.[32]

---

30 한국정신문화연구원 장서각 엮음, 『명가의 고문서』, p. 259.

31 안승준, 「서계 박세당 가문 소장 고문서 내용과 성격」, 『서계 박세당의 학문과 고문서』, 의정부문화원, 2001.

32 『서계집』 권8, 西溪淸玩.

그림이 뛰어나게 아름다운 것이 아니더라도 거기에서 풍기는 고아한 분위기가 좋아 소장한다는 뜻이다. 당시 유명한 화가였던 조세걸(曺世傑; 1635~?)이 석촌동을 방문하고 서로 교류가 있었는데, 현재 남아 있는 서계의 초상화도 그가 그리지 않았는가 짐작한다.[33] 조세걸로부터 여덟 폭의 신선도를 얻고 그에 대한 사연을 기록해놓았으며, 또 시도 남기고 있다. 그림에 대한 평보다는 화가 조세걸에 대해 기록해놓은 것인데, 우선 그가 재산이 넉넉한 집안 출신으로 중국의 회화를 수집하여 집 안 가득히 쌓아둘 정도로 그림을 좋아했으며, 결국은 스스로 그림을 배웠다는 것이다. 조세걸은 당시 인정받는 화가가 되어 어진(御眞)을 그릴 정도에 이르렀고, 박세당의 초상화도 그리게 된다.

앞에 있는 조세걸(曺世傑)의 그림 여덟 폭은 모두 신선을 그린 것이다. 세걸은 평양 사람이다. 스스로 말하기를 '아버지가 진사인데 가산이 본래 넉넉하였다. 서화를 좋아하여 중국의 유명한 작품을 많이 수집하여 집에 모았는데, 집 몇 칸에 가득할 정도였다. 나는 어릴 때부터 유달리 그림을 좋아하였는데, 소장하고 있는 그림을 구경하며 밤낮으로 손에서 놓지 않다가 마침내 그림을 배웠다.'라고 하였다.

……내가 무신년(1668, 현종 9)에 연경으로 사행을 갔을 때 오가는 길에 평양에 들렀는데, 세걸이 이 화첩을 가지고 와 나에게 주었다. 벌써 20년 전의 일이다. 세걸은 일찍이 절제첨사(節制僉使)를

---

33 『定齋後集』 권5, 己巳慼節錄, 상. "평안도의 화사 조세걸로 하여금 서계의 초상화를 그리고자 하였으나 일을 매듭짓기 전에 화사가 돌아가버렸다."고 기록되어 있다. 아들인 박태보의 초청으로 석촌동에 들러 서계에게 산수화를 선물한 것으로 추정된다. 조세걸은 김명국의 제자로 숙종 어진 제작에도 참여했다.

【 조세걸의 그림 】

지냈다.[34]

그러나 선물한 신선도는 현존하지 않고 오로지 그의 그림에 대한 시가 남아 있기 때문에 그 시를 통해 박세당의 그림에 대한 생각을 가늠해볼 수 있다.

曹將軍

丹靑好手遠近聞　　그림이 훌륭하여 원근에 소문나
不知老覇何如君　　노련한 솜씨 어떠한지 알지 못했다
今年來過西溪上　　금년에 서계를 지나가다 나에게 와서

------

34 『서계집』권8, 曹將軍畵帖跋.

疑我佳士圓其狀　　나를 단정한 선비로 의심해 그 형상을 그려주었다
自言妙處費心匠　　스스로 묘처에서 기교의 마음을 다했다고 말한다
容貌雖癯精神旺　　용모는 비록 여위었지만 정신은 왕성하고
山門日落倚節杖　　산문에 해지는데 지팡이 집고
蒼顔華髮忽相向　　창백한 얼굴 흰머리로 문득 향한다
六幅江山尤絶奇　　여섯 폭의 강과 산이 또한 신기하구나
瀟湘洞庭豪端移　　소상강과 동정호가 붓끝에 움직이니
景物不同隨四時　　경치는 각기 달라 사계절을 따르니
百年幽興誰能知　　백 년의 그윽한 즐거움을 누가 알겠는가
百年幽興誰能知　　백 년의 그윽한 즐거움을 누가 알겠는가[35]

　조세걸(曺世傑; 1635~?)이 이름난 화가이며, 자신의 초상화를 그렸다는 사실을 이 시를 통해 알 수 있다. 여기에서 '용모'는 산수화에 나타난 인물을 묘사한 것인데, 마른 얼굴이지만 또렷한 정신을 가진 사람이고 나이가 들어 지팡이를 들고 있으며, 흰머리가 난 노인으로 은자의 모습이 그려진 것 같다. 여섯 폭의 병풍에는 산수화가 그려져 있는데 사계절의 소상강과 동정호가 묘사된 그림이다. 이 그림에는 자연과 합일하고 있는 자신의 삶과 유사한 경지가 있기 때문에 박세당은 그런 산수화와 신선이 묘사된 그림을 보면서 누가 과연 이 유유자적한 삶의 즐거움을 알 수 있겠는가라고 거듭 강조하고 있다.
　조세걸(曺世傑)은 실경(實景)을 묘사하고 그리기보다는 중국 회화에 나타난 산수화를 바탕으로 신선도와 같은 그림을 그렸을 것이다. 물론 박세당 자신의 초상화를 그릴 정도로 실력 있는 화가지만, 소상강과

---

35 『서계집』 권4, p. 17, 戲題淇洲曺世傑畵山水六幅屛風歌.

동정호의 한적하고 고아한 꿈과 같은 자연을 그린 그림을 통해 신선적 삶이 얼마나 즐거운 것인가를 시로 표현하고 있다. 이 점에서 박세당은 전통적인 동양의 산수화에 대해 사실 묘사보다는 은자가 꿈꾸는 이상향을 그린 회화를 선호했음을 짐작할 수 있다.

동시에 당시 사진이 없었던 시대에는 회화가 사실을 그리는 목적도 있었기 때문에 실경을 낮게 평가하지는 않았다. 한 경로 행사에 참여하고 나서 그 장면을 스케치하고 그린 작품에 대한 그의 감상이 남아 있는데, 그를 통해 또 다른 그의 회화관을 살필 수 있다.

이 그림 속의 연회에는 박세당 자신이 참여하였는데, 인조 7년 기사년(1629) 여름에 서울의 남쪽 연못에서 연꽃을 구경하고 있는 장면이다.

【 남지기로회도(南池耆老會圖) 】

모인 사람은 모두 12명인데, 관작보다 나이(年齒)를 우선하였다. 그는 노인들을 모시는 이러한 연회에 대해 크게 찬탄하고, 이 그림에 자신의 의견을 적고 있다.

오늘날 사대부들을 보건대, 서로 교유하는 꼴이 한 배를 타고서도 서로 해치려고 키를 뽑고 상앗대를 꺾으며, 같은 방을 쓰면서도 서로 해치려고 상을 던지고 의자를 밀치고, 심지어는 한쪽은 어육이 되고 한쪽은 식칼이 되고서도 분쟁을 그치지 않으니, 어떻게 다시 이 그림 속의 전배들처럼 학발구장(鶴髮鳩杖)으로 자제들을 거느리고 한자리 한 석상에서 술을 마시고 기쁨을 나눌 일이 있겠는가. 이구(李構)는 송계의 5대손이다. 이 그림을 가지고 와서 보여주며 말하기를 "당시에는 이 그림과 똑같은 것이 모두 12본이어서 제공들이 모두 하나씩 자기 집에 보관하였습니다. 그런데 중간에 상란(喪亂)을 겪는 바람에 11개는 모두 없어졌고, 저희 집에 보관하던 것만 다행히 유실되지 않아 현재 이 그림만 유일하게 세상에 남아 있을 뿐입니다. 이 그림에 발문을 써주십시오." 하기에 이 글을 써서 돌려준다.

이 그림의 제목 중 '남지(南池)'란 관악산의 화기(火氣)를 막기 위해 숭례문 남쪽에 만들었던 옛 연못이다. 이 연지(蓮池)를 그린 그림은 가로 1.15m, 세로 71.2cm 크기이고, 집은 홍첨추(洪僉樞)의 가옥이다. 여기 모여 연꽃을 감상하는 70세 이상의 노인들, 곧 기로(耆老)들의 계모임을 그린 계회도(契會圖)인 것이다.

박세당은 그림 자체가 잘되었는지 아닌지에는 그다지 관심이 없고, 그림이 표현하는 경로사상과 같은 정신을 소중히 생각한다는 것을 이야기한다. 그림 가운데 자제들을 데리고 어울리는 화기애애한 분위기에 대해 언급하고 있는 점으로 보아 서예에서도 쓰는 사람의 인격이 중요하듯 그림 자체가 아닌 그 정신에 대해 중시하고 있음을 알 수 있다.

운지(耘之) 조지운(趙之耘; 1637~?)의 그림에 대해서도 극찬을 아끼지 않았다. 당시 조지운의 그림을 소장한 사람은 신확(申瓁)이었는데, 이 그림에 대해 다음과 같이 평하고 있다.

> 운지는 그림을 그릴 적에 고심하고 구상한 점이 없으며 붓을 잡으면 곧바로 그리기 시작하였는데, 불똥이 튀고 번개가 치듯 거침없이 이리저리 휘둘러 빠르기가 마치 신(神)과 같았다. 그런데도 농담(弄談)과 추세(麤細)가 제각각 알맞았으니, 단번에 백 장의 종이에 붓을 휘둘러 쓴 회소(懷素; 당나라 승려로 초서에 뛰어남)의 신묘한 초서가 전대(前代)의 명성을 독차지할 수 없을 것이라 하겠다.[36]

박세당이 칭찬한 그림은 즉흥적으로 먹으로 그린 묵화(墨畵)일 가능성이 높다. 고심하고 구상한 후에 그리는 것이 아니라 붓을 잡자마자 바로 그릴 수 있는 것은 먹으로만 그리는 묵화이며, 그 속도가 빨라 신속하게 마무리하는 것이 귀신같다고 표현했기 때문이다. 그런데 실제 그림 그리는 장면을 보지는 않았지만, 붓에서 나온 진하고 연한 색과 거칠고 가는 붓놀림을 통해 그린 자의 솜씨를 평가했던 것이 흥미롭다. 그리고 초서의 대가인 당나라의 회소에 비유하는 것은 그가 그림에서 문기(文氣)를 소중히 하고 있음을 알게 한다.

---

36 『서계집』 권8, 耘之畵帖跋.

결 론

박세당이 살던 때는 당쟁의 시기였다. 그의 모습은 정치적 라이벌들에 의해 주자학을 반대한 반골학자로 묘사되었고, 같은 당파에서는 절의가 있고 유유자적한 선비로 묘사하고 있다. 박세당의 진면목은 서로 다른 관점을 종합한 것이리라. 그는 주자학적 전통으로부터 분명 벗어나고자 했으며, 동시에 권력이 아닌 선비로서의 유유자적한 삶을 살고자 했다.

그런 그의 소박한 꿈은 석촌동의 삶 속에서 잘 이루어졌던 것이 사실이다. 그의 예술적 면모는 주자학적 명분론을 뛰어넘어 현실을 중시하면서 동시에 담박한 선비적 삶을 살려고 했던 데에서 나왔다.

시와 그의 문학은 실제적이었으며, 소박한 감정을 중시했다. 시는 단지 자연을 아름답게 묘사한 것만이 아니라 자신의 슬픔과 비애도 표현하는 삶의 과정이었다. 그래서 그는 실학자답게 미사여구보다는 쉽고 평이한 작문을 중시했고, 자신의 솔직한 감정을 투영했던 것이다. 서화에서 그의 관점은 서예와 그림이 인격과 감정의 한 표현 수단이라는 것이다. 그래서 서예 작품에서는 글을 쓴 자의 인품이 중요하다. 아무리 좋은 글씨라고 하더라도 글쓴이의 인품이 결여되어 있다면 가치가 떨어지는 것이다. 즉 기교보다는 인품의 기운이 먼저이다.

그림에서도 마찬가지이다. 그가 관심을 갖는 것은 그림의 내용이며, 그린 자의 순수한 자세였다. 그가 필첩과 화첩에서 관심을 가졌던 것은 그림의 내용과 그린 자의 고매한 인격이었고, 그 예술품을 통해 시대를 뛰어넘어 대화하려고 했던 것이다. 이런 점에서 박세당에게 예술은 자신의 삶을 즐겁게 하는 일상의 도구였으며, 훌륭한 선인들과의 교유였다.

그가 다른 학자들과 달랐던 점은 권력과 재물을 탐하지 않고 수락

산 석촌동에서 유유자적 은자의 삶과 위기지학(爲己之學)을 몸소 실천
했으며, 단지 아는 것에 머무르지 않고 아는 것을 '낙지(樂之)'하는, 곧
즐기는 경지에 있었다는 점이다. 이것이 그의 생애에서 찾아볼 수 있
는 예술적 모습이라고 할 수 있다.

제 1 부

박세당의 탈주자학적 실학사상

제1장 조선후기 실학의 특징

박세당의 사상이 실학(實學)에 속하는가 아닌가는 그동안의 실학 개념에 의하자면 실학에 속할 수도 있고 속하지 않을 수도 있다. 그래서 박세당의 실학을 논하기에 앞서 그동안의 실학 연구 성과를 조명해보고, 그 다음 과연 박세당의 사상이 실학인지를 구명(究明)하는 것이 옳다고 생각한다.

해방 이후 우리나라 철학계의 큰 성과 가운데 하나는 실학 연구였지만, 이 실학에 관한 개념 논쟁은 매우 치열하고 철학뿐만 아니라 역사학, 경제학, 정치학을 비롯한 여러 학제 간의 연구가 겹쳐 서로 다른 해석들이 존재한다. 그 논의의 핵심은 첫째 실학이 철학적 성격을 가진 것인지 아니면 철학과는 무관한 실무 중심의 학문인지의 여부이며, 둘째 실학이 특정한 시기의 학문인지 아니면 유학 자체를 실학이라고 하는지의 문제이나.

첫째, 실학과 철학은 서로 관련이 없는 것이라는 주장은 실학을 시대적 계몽사조, 과학기술에 대한 재인식, 유교적 봉건사회를 극복하려는 사조로 본다. 조선후기 신학풍을 최초로 실학이라고 부른 이는 최남선의 『조선역사』(1931)라고 하며 유형원, 이익, 안정복, 신경준, 유득공, 한치윤, 이중환, 이긍익, 정항령, 정약용과 박지원, 홍대용, 이덕무, 박제가 등의 학풍을 실학의 풍으로 보았고, 이러한 경향을 '실증실용의 학' 혹은 '조선 연구의 조수(潮水)'로 보았다. 해방 이후에 철학과 무관한 실무적인 학풍을 실학으로 주장한 대표적인 인물은 천관우[1]이다.

이우성[2]도 실학이란 세 범주 곧 실사구시(實事求是), 경세치용(經世致

用), 이용후생(利用厚生)으로 나눌 수 있다고 주장한다. 이 세 학파는 18세기 전반을 실학의 제1기인 경세치용파라 하고, 그 대표적 학자를 성호(星湖) 이익(李瀷)이라고 한다. 18세기 후반의 실학은 제2기로 이용후생파이며 대표적 학자는 연암(燕巖) 박지원(朴趾源)이라고 한다. 실학의 제3기는 19세기 전반의 실사구시파로, 대표적 학자는 완당(阮堂) 김정희(金正喜)라고 구분한다. 실학의 출발은 반계(磻溪) 유형원(柳馨遠)으로부터 시작하여 다산(茶山) 정약용(丁若鏞)에 의해 집대성되는 시대적 사조로 정리한다.

이와는 다른 차원에서 이을호[3]는 유학의 입장을 간과하고서는 실학을 설명할 수 없다고 주장한다. 실학이란 무엇보다도 먼저 성리학적(性理學的) 세계관에 대한 반성에서 출발한다. 이 성리학에 대한 비판과 반성은 서양학의 표방이 아니라 원시유교 정신의 회복을 기치로 내세운다. 과학기술을 수용하고, 사회 저변에 깔린 부조리한 제도들을 척결해야 한다는 계몽적 사조는 유학 정신의 회복이기 때문에 실학은 다름 아닌 개신유교(改新儒敎)라는 것이다. 윤사순[4]은 이러한 맥락에서 원시유학의 복귀를 표방하면서 형성된 대표적인 경학사상가로 서계 박세당과 다산 정약용 그리고 운암(雲菴) 한석지(韓錫地), 동무(東武) 이제마(李濟馬)를 꼽는다. 개신유학으로서의 실학을 설명할 경우 박세당은 중요한 철학사상가로 포함된다는 것을 알 수 있다.

다음으로 실학을 조선후기라는 특정 시기에 적용해야 한다는 주장과 유학 그 자체가 본래 실학이라는 주장 간의 논쟁을 들 수 있다.

실학을 특정 시대의 사조로 보는 이들은 조선후기의 사회사조로서

---

1 천관우, 『한국실학사상사』, 고려대학교 민족문화연구소, 1982, p. 960.
2 이우성, 「실학연구의 서설」, 『실학입문』, 역사학회, 1973, p. 6.
3 이을호, 「개신유학의 경학사상적 본질」, 아시아문제연구소 주최 제2차 실학연구발표회, 1973.
4 윤사순, 「실학 사상의 탐구」, 고려대 아시아문제연구소, 1975, p. 288.

실학의 반성리학적 특색과 근대 지향성 그리고 민족적 자각 등을 지적한다.[5] 이 시기의 실학에서 '실(實)'은 자유성을 의미하는 실정(實正), 과학성을 의미하는 실증(實證), 현실성을 의미하는 실용(實用)의 실이라고 부언하고 있다.

이를 반박하는 실학 개념으로 실학은 한 시대에 국한할 수 없는 것이며, 유학이 바로 실학이라고 주장한다. 이때 유학은 불교의 초속적(超俗的) 성격에 대해 현실을 중시하는 현실학(現實學)이고, 성리학의 경우도 허학(虛學)이 아닌 실학이며, 특정 시기의 것이 아니라고 한다.[6] 이를 뒷받침하는 근거로 많은 현실 개혁 학자들이 정신적으로 성리학적 가치관을 그대로 유지하고 있었고, 다만 잘못된 제도의 개혁 등을 요구하였던 역사적 실례를 들 수 있다. 일견 옳은 주장이기는 하지만, 통상 실학은 시대의 추이와 함께 거론되는 것이 오늘날의 실정이므로 개신유학의 탈주자학적인 면에서 박세당의 사상은 실학 사상에 속한다고 하겠다.

이러한 여러 논쟁 가운데 진행된 우리나라의 실학 연구 성과는 중국이나 일본을 앞선 선진적인 분야가 되었다. 중국 학계에서는 오랫동안 모택동주의에 침체해 있던 철학계가 1988년 이래 명청(明淸) 시기의 학문을 실학사조로 명명하였고, 일본의 경우도 막부(幕末) 시대 이후 탈성리학적 학풍을 실학이라 명명하고 있다.

1. 주자학적 실학과 그 탈피

원래 실학이란 말은 주자(朱子)가 처음 사용한 용어로, 성리학적 입

---

5 천관우, 「한국사의 재발견」, 『역사학보』 2, 3호, 1952~1953, pp. 104~105.
6 한우근, 「이조후기의 사회와 사상」, 『진단학보』 19호, 을유문화사, 1958, p. 392.

장에서 주자 당시의 노불(老佛) 사상과 대비해 유학의 일상에서의 현실성과 중용성의 특징을 실학이라고 언표(言表)한 것이다. 실(實)은 진실의 뜻으로 이른바 성(誠)이라고 할 수 있다.[7] 성리학자들은 실(實)을 노불(老佛)의 허무공적(虛無空寂)에 대비해 자가의 입장을 현실, 실제, 사실, 실질의 의미로 대변했음은 물론, 더 나아가 사장지학(詞章之學)이나 부세허명(浮世虛名)적 학문 경향에 대해서까지도 허(虛)의 입장으로 비판했다. 유교는 현실 생활에 있어 수신(修身), 제가(齊家), 치국(治國), 평천하(平天下)란 구체적 실천 덕목을 제시함으로써 실제적 가치 실천에 중점을 둔다. 그러므로 성리학은 노불의 허무공리(虛無空理)를 일정하게 받아들였음에도 그를 넘어서서 자가의 입장을 실학으로 규정하고 자처했던 것이 사실이다.[8]

주자는 "천하의 이치는 지허(至虛)한 가운데 지실(至實)함이 있고, 지무(至無)한 가운데 지유(至有)가 존재하는 것이다."[9]라고 말했다. 여기서 허(虛)와 무(無)를 무의미하게 본 것이 아님을 알 수 있다. 송대(宋代)의 성리학은 불교의 영향을 받고 형성되지만, 동시에 불교를 극복해야 한다는 과제가 요청되었던 것이다.

정이천(程伊川)도 "경(經) 속에 있는 도는 크고 작음과 멀고 가까움, 높고 낮음과 정교하고 조잡함이 모두 그 속에 나열되어 있다. 예를 들면 중용은 이치를 사물에까지 미루어 나가는 것이다. 나라에는 구경(九經)이, 역대 성인들의 행적을 보면 실학이 아님이 없다."[10]라고 말했다. 성리학이 노불의 영향을 받아 우주론과 형이상학적 문제에서

---

7 『중용』 13장, "誠者 眞實無妄之謂 天理之本然也."
8 배종호, 「유학에 있어서의 실학」, 『한국유학의 철학적 전개』, 원광대학교 출판부, 1989, p. 222.
9 『朱子語類』 卷13, "天下之理 至虛之中 有至實者存 至無之中 有至有者存."
10 『河南程氏遺書』 卷1, "道之在經 大小遠近高下 精粗之不如 衆人之指自見也 如中庸一卷書 自至理更推之於事 如國家有九經及歷代聖人之迹 莫非實學也."

출발한다는 것은 주지의 사실이지만, 형이상학 자체에 머무는 것은 아니다. 가령 궁리(窮理)라고 하는 철학적 방법도 경세를 위한 전제조건으로 언급하는 것이지, 궁리를 위한 궁리는 아닌 것이다. 또한 치경(治經)도 경서 중에 기재된 성인의 치국(治國)의 이치를 얻기 위한 것이라는 점과 아울러 더욱 실제에 응용할 것을 강조했다. 만약 치경으로써 성인의 도를 얻어 응용할 수 없다면 설사 오경(五經)을 완벽하게 깨우쳤다 하더라도 역시 빈말에 불과하며, 마침내 '공언무실(空言無實)'한 경지에 빠져버릴 것이다. 그래서 정이천은 반복하여 경학의 실학적 경세 기능을 강조했던 것이다.

그는 경을 도통함이란 실제의 치용(致用)에 쓰려 함이다 하고, 만약 시 300편을 암송하고도 정치를 행함에 있어 제대로 적용하지 못하고 백성을 부림에 적재적소에 기용하지 못한다면, 비록 많이 배웠다고 한들 어디에 쓸 것이 없는 것이라 하였다. 오늘날 세상에서 경에 도통했다고 하는 사람들이 진정으로 정사(政事)에 도통하고 제대로 현실에 적용하고 있는가? 이른바 이론에 도통했다고 하는 것은 문장의 말단에 불과하니, 이는 바로 학자들이 크게 우려하는 바라고 하였다. 이것은 주자학의 정신이 처음부터 공리공론(空理空論)을 지고의 가치로 보는 것이 아닌 매우 실질적인 것임을 시사하고 있다.

그렇다면 주자학을 실학이 아닌 허학(虛學)으로 보는 것은 어디까지나 후대의 주자학이 본래의 기능을 잃은 채 주자학을 잘못 해석한 집권층들의 당파적 이기주의에 기인하여 실학의 정신을 잃은 데에서 확인할 수 있다.

속된 선비들의 사장(詞章) 위주의 학풍(學風)이나 이단사상의 현실에 바탕 하지 않은 학풍을 실이 없다고 비판하니 "맹자가 죽은 이후로 유학(俗儒)들이 사장을 암송하는 습관에 있어 힘은 소학에 비하여 배로 들었지만 쓸모가 없는 것이다. 이단의 허무적멸(虛無寂滅)의 교리는 높기는 대학보다 높지만 실이 없다."[11] 라고 지적한 것도 이것이다. 근본유학 정신을 계승한다는, 다시 말해 유가의 전통인 공맹(孔孟)을 계승한다는 그 자체가 이미 실학의 입장인 것이다.

이처럼 주자학자들은 인간의 진실을 추구하는 성현지학(聖賢之學)의 현실 속에서 성실하게 배움을 실천하는 것이 실학이라고 하였다. 고려 말기의 신흥 유학자들이 당시 타락한 불교를 배격하고 인륜 도덕의 실천적 규범인 예학(禮學)을 내세워 그것을 실학이라고 불렀음은 물론이고, 조선초기 정통 유학자들은 부허무실(浮虛無實)한 사장학(詞章學)에 대해 자기네의 철학이었던 도학(성리학)을 다시 실학이라고 강조하였던 것이다.

2. 주자학의 역기능

사대부의 지식 계급 윤리인 성리학의 명분과 교화적 질서는 조선 500년 왕조 유지에 그 역사적 사명을 충분히 수행하였다. 그러나 주자학은 본래의 실학 정신을 잃고 현실과 동떨어진 문제에 집착하여 여러 문제점을 드러냈다. 유교가 나라를 망쳤다고 하는 입장은 다름 아닌 주자학에 대한 비판인 것이다. 구한말 유교에 대한 비판의 글을 살펴보자.

> 높은 벼슬아치들은 노론, 소론, 남인, 북인 당론뿐이요, 선비 된 자는 심성과 이기(理氣)의 말싸움뿐이요, 과거 준비하는 이들은 시부(詩賦)와 표책(票策)의 기술뿐…… 헛된 문자는 심히 많고 쌓인 폐단이 깊어졌으니, 예의만을 빙자하여 태평인 줄 알고, 가난과 고루함을 달게 여

---

11 『大學』序, "自是以來 俗儒記誦 詞章之習 其攻倍於小學而無用 異端虛無寂滅之敎 其高過於大學而無實."

기며 스스로 높이 여겨 지낸다.[12]

이 글은 19세기 말의 글이면서도 뿌리 깊은 실학 경시의 풍토를 개탄하는 글이라고 할 수 있겠다. 사실 16세기 후반기부터 조선후기 사회는 정치적 대립과 분쟁을 거듭하고 있었는데, 주자학적 학풍이란 주로 사장(詞章) 중심이거나 당파를 조장하는 경향으로 흘러 사회 체제를 개편하거나 혁신하는 데 아무런 도움을 주지 못하고 있었다. 설상가상으로 임진왜란과 병자호란 이후 허물어져가는 사회 체제가 가일층 심화되어 뜻있는 관료나 학자들로 하여금 보다 현실적인 문제의 해결에 관심을 가지게끔 하였다. 그래서 사장적인 학풍이나 사변적인 성리학을 배격하고 급박한 현실 사회를 구제할 수 있는 구체적인 방안을 모색한 결과, 그들은 종래의 전통적인 사회 규범에 대한 경험적이고 실증적인 인식의 태도를 찾게 되었다.

더욱이 임진·병자 양란 이후 급속도로 붕괴해가는 경제 및 국가 재정은 봉건사회 자체의 존속을 위태롭게 하는 것이었기 때문에, 농민층의 보호를 주안으로 하여 집권 체제를 강화하려는 사회 정책이나 실학적 개혁이 요청되었다. 그러나 주자학은 이러한 경제적 문제를 해결하는 데 그다지 기여할 수 없었기 때문에 본래의 정신과는 달리 허학(虛學)의 면모를 드러냈는데, 예컨대 궁정 내의 복상(服喪) 문제나 세자 책립 문제 등 눈앞에 닥친 민생의 현실과는 무관한 명분론에 집착하여 양반계급 내부의 당쟁의 도구로 쓰여졌던 것이다.

주자학이 원래의 정신과는 달리 이처럼 현실과 유리되어 당쟁의 명분론으로 치달을 때, 주자학적 교양을 몸에 익힌 학자들 중 일부가 당연히 반성적, 비판적으로 실학을 모색하고 보다 현실적인 문제를 해결하려고 한 것은 당연한 추이라고 할 수 있다.

---

12 『독립협회월보』 창간호, 1896, 독립협회 초대 의장 안동수의 글.

주자학은 이미 실학으로서의 의미를 상실해가고 있을 뿐 아니라 봉건적 권위주의를 강화하며 새로운 시대의 변화를 주도하기는커녕 퇴행적으로 보수주의적 경향에 집착함으로써 오히려 변화를 수용하려는 지식인들을 억압하는 데 이르게 된다.

예컨대 탈주자학적 경전 주해에 대해 주자학만이 유일한 진리라고 인식하는 주자학자들의 탄압은 살벌했고, 주자학을 비판한 이들은 사문난적(斯文亂賊)으로 몰렸다. 이러한 경우를 보면 비판을 허용하지 않고 새로운 미래에 대처하기보다는 과거의 영화를 고수하겠다는 독단이 들어 있다는 것이다. 이런 문제를 정면으로 들고 나와 주자를 비판하는 학자들이 나오는데, 소위 사문난적으로 몰린 윤휴가 대표적인 인물이다.

윤휴는 "천하에 허다한 이치를 어찌 주자만 알고 나는 모르겠는가. 주자는 그만 덮어두고 오직 진리만을 연구해야 한다. 주자가 다시 살아온다면 나의 학설이 비로소 승리할 것이다."[13]라고 하였다. 오늘날의 입장에서는 이러한 비판 정신을 충분히 수용할 수 있지만, 당시 윤휴나 박세당과 같은 앞선 철학자들은 심각한 공격을 당하고 수명이 줄어드는 지경에 이르렀다.

이처럼 주자학은 애초의 수기치인(修己治人) 정신과는 달리 낡은 체제를 유지하고 묵수(墨守)하려는 교조적 세계관으로 변화하고 비판을 허용하지 않음으로써 한계를 드러내게 된다. 그러므로 오로지 주자학만이 아닌 다른 학문을 수용하려는 실학적 성향이 대두할 수밖에 없다.

---

13 정성철, 『조선철학사』 2, 이상과 현실, 1988, p. 266 재인용.

3. 원시유학의 표방

실학이 실학으로서 존재하며 실학으로서의 제구실을 다했고, 이러한 구실을 다할 수 있었다고 한다면 그것은 곧 역사적 의미만이 아니라 '실학의 철학'으로 없어서는 안 되었을 것이다. 그것은 다름 아닌 수기치인(修己治人)의 인(仁)의 정신일 것이다. 성리학이 스스로를 실학이라고 하였으면서도 유교 본래의 수기치인 정신을 상실하게 됨으로써 그 본정신을 회복하자는 움직임이 일어나게 되는 것은 당연한 일이다.

조선후기 실학자들이 표방하는 원시유학(原始儒學)을 한마디로 규정하자면 바로 수기치인의 학이다. 이 수기치인에 대한 규정은 공자 때부터 내려온 전통으로, 『서경』에서는 다음과 같이 말하고 있다.

> (수기로서) 정덕(正德)이라고 하는 것은 부모는 자애롭고 자식은 효도하고 형은 우애하고 동생은 공경하며 지아비는 곧게 행동하고 아내는 남편을 따르는 것으로 백성의 덕을 바르게 하는 것이다. (치인으로서) 이용(利用)이라고 하는 것은 생산도구나 기계, 통상과 화폐, 재정 따위의 것들로서 백성의 생활에 보탬이 되는 것들을 의미한다. (치인으로서) 후생(厚生)이라고 하는 것은 의복이나 면포, 음식과 고기 등 굶주리지 않고 추위에 떨지 않도록 함으로써 백성을 후하게 하는 것을 말한다.[14]

여기서 말하는 정덕(正德), 이용(利用), 후생(厚生) 가운데 정덕은 수기(修己)에, 이용후생은 치인(治人)에 해당한다. 이것이 원시유학의 참뜻

---

14 『書經集傳』, 「大禹謨」, "正德者 父慈子孝 兄友弟恭 夫義婦聽 所以正民之德也 利用者 工作什器 商通貨財之類 所以利民之用也 厚生者 衣帛食肉不飢不寒之類 所以厚民之生也."

이라고 한다면, 주자학은 정덕은 실현했지만 이용과 후생은 소홀히 했다고 볼 수 있다. 따라서 실학이 원시유학의 정신을 회복하자는 것은 편중된 것을 바로잡아 이용후생의 면을 회복하자는 취지라고 할 수 있다.

이러한 원시유학의 정신을 가장 일찍 그리고 철저히 역설한 사람은 사서삼경에 대한 『사변록』을 통해 탈주자학적 경전 주해를 시도한 박세당과 같은 인물이다. 그는 정적들에 의해 '사문난적'으로 공격을 받았지만, 그의 실질적 정신은 현실을 직시하고 주자학적 도그마로부터 벗어나 본래의 유교 정신으로 돌아가자는 것이다.

『사변록』에서 그런 취지를 잘 설명해주는 것이 서문에 있다.

> '멀리 가는 것은 반드시 가까운 데서부터 비롯한다.'고 하였다. ……그러므로 이른바 깊은 곳도 얕은 곳에서부터 들어가는 것이다. ……오늘날 (유교의) 육경(六經)에서 구하는 것은 거의가 다 그 천근(淺近)을 뛰어넘어 심원(深遠)에도 달리고, 그 조략(粗略)한 것을 소홀히 하는 반면 정비(精備)한 것을 본받을 것으로 여기니 괴이하지 않는가! 저들은 그 심원하고 정비한 것을 얻지 못할 뿐만 아니라 그 천근 조략한 것까지지도 잃을 것이다.[15]

박세당이 지적한 것은 성리학의 폐단이 현실과 유리된 심원(深遠)한 것인데, 이것은 기본 바탕이 없는 것이라는 사실이다. 기본 바탕, 이른바 천근(淺近)한 것이란 다름 아닌 민생의 문제이며 먹고 사는 지극히 현실적인 문제이다. 이 문제를 도외시한 채 심원한 것이 무슨 의미를 가지는가라는 원초적 질문을 제기한 것이다.

---

15 『思辨錄』序, "所謂遠者 卽可知自爾而達之 然則所謂深者 亦可自淺而入之……. 今之所求於六經 率皆躐其淺近而深遠 忽其粗略而精備 是親無怪乎……非但不得乎其深遠精備而已 倂與其淺近粗略而盡擣之耳."

여기서 강조하는 가까운 것에서부터 멀리 나아간다는 '자이행원(自邇行遠)'의 실학 정신이란 바로 공자의 하학이상달(下學而上達)의 다른 표현이기도 한 것이다. 공자는 일상생활을 통해 절실히 요구되는 인간의 수양과 윤리를 말하고자 했으며, 일상생활과 무관한 괴력난신(怪力亂神)이나 형이상학적 문제는 되도록 가르치기를 피했다. 이것은 분명 형이상학에 깊이 탐닉하는 성리학과 다른 점이다.

박세당과 같은 실학자가 맹목적이고 무비판적으로 묵수되던 주자학적 경전 주해를 새롭게 보려고 한 태도는 실은 원시유교의 정신으로 돌아가자는 것이고, 그것이 바로 깊고 높은 지식을 얻기 위해서는 기본적이고 현실적인 것에서 출발해야 한다는 '자이행원'의 자세였던 것이다.

원시유학 정신에 입각하여 새로운 학풍으로 불러일으켜야 할 하학(下學)을 위한 경전 연구 태도는 당연히 경세치용(經世致用)적인 것이며, 실학이란 단순히 실질 중시만이 아니라 탈주자학적 원시유교의 회복에 입각한 경학사상도 그 바탕에 깔려 있는 것이다.

실학이 원시유학 정신을 회복하는 것을 퇴행적이고 복고주의적인 것으로 오해할 우려가 있다. 조선후기의 실학은 현실을 타개하기 위한 의식에서 출발하기 때문에 시대적 과제를 해결하고자, 즉 시대에 부합하고자 하는 '시중(時中)'의 도를 구현하는 것으로 일종의 르네상스적 개혁 사상인 것이다.

4. 경세적 현실주의

1) 실용적 기술의 수용

실용적 기술이란 중국을 통해 유입되는 서학과 청대 고증학의 영향과 자극을 통해서 일부 학자들 간에 새로운 자각에 의해 받아들일 수 있는 것이다. 이제 새로운 학풍이 일어날 수 있는 시대적 환경이 조성되었다. 이는 비단 우리나라뿐만 아니라 일본에서도 서세동점(西勢東漸)에 의해 실학적 현실 개혁의 풍토가 일어났다. 동아시아에서 가장 먼저 근대화를 추구한 일본에서는 이미 주자학적 사유가 신랄하게 비판되고 있었다.

> 서양의 여러 나라 학술을 정연(精硏)하여 국력을 강성하게 하며, 자못 세를 얻었어도 주공(周公) 공자의 나라까지도 침략을 받았으니, 도대체 무슨 까닭이라고 생각되는가. 필경 저들이 배운 것은 그 요체를 얻지 못하여 고원공소(高遠空疎)한 담론에 빠지고 훈고(訓詁)·고증(考證)의 말류로 흘러 그 사이에 몇 명이 실용의 학에 뜻을 둔 자가 있었다고는 하나, 일체만물의 궁리가 그 실을 잃는 풍조로 인해 그 논한 일과 행한 일과는 서로 배치되는 경향이 있었다.[16]

물론 이 건의서는 근대화를 지향하는 19세기 일본 학자의 평론이며 성리학이 아닌 유교문화 전반에 대해 비판한 것임을 알 수 있지만, 현실과 유리된 고원공소(高遠空疎)라는 표현은 역시 주자학에 대한 지적이라고 할 것이다.

중국에서도 이미 명말(明末)에 성리학을 비판하고 실학에 힘쓰지 않으면 안 된다는 자각이 일어난다. 특히 중국에 들어온 선교사들이 자연과학과 서구의 기술을 중국에 소개하였는데, 마태오 리치(Matteo Ricci, 利瑪竇) 같은 인물이 대표적이다. 이때 많은 유럽의 과학사(科學史)들이 한역(漢譯)되고 세계지도 등도 제작되었으며, 이를 통해 중국에 왕래하던 조선의 사신들도 서구 과학에 주목하고 이를 조선에 유입하였다.

조선에도 이미 과학적 바탕이 있기는 했다. 하지만 이는 천문(天門)

---

16 佐久間象山의 上書(1848).

이나 역학(曆學), 의학(醫學) 등 일부로 유익한 기술은 보잘것없는 열악한 상태였다. 더구나 학문의 진보는 없었다. 천문, 역법, 지리, 의학 등 서양 과학에 대한 한역서와 세계지도, 천리경 등 새로운 서양 문물을 접한 조선 학자들은 각기 나름대로 그것을 통해 우주관, 세계관이 확대되고 역사의식이 심화되며, 저들의 실증적이고 합리적인 사유방식도 수용하는 계기가 마련되었다. 이러한 변화는 다름 아닌 경세적이고 실용적인 실학에 대한 관심이었다. 이는 기존의 권위주의적 봉건체제에 대한 도전임과 동시에 근대화의 기회이기도 했다.

서양의 기술과 청나라의 선진문명을 가장 적극적으로 수용한 이들은 18세기 후반의 북학파(北學派)라고 할 수 있다. 박지원, 박제가 등으로 대표되는 북학파 학자들은 청나라 문화, 특히 기술문화를 시급히 받아들여 낙후된 국내 기술을 발달시켜야 생산력이 향상되고 국가의 부를 이룰 수 있다고 주장했으며, 서양의 선교사를 국내에 초빙하여 젊은이들에게 서양의 기술을 습득시켜야 한다고 적극적으로 생각했다.

박제가는 조선의 열악함을 자각하고 우리 사회의 비효율성을 지적하면서 다음과 같이 말했다.

> 재물을 잘 다스리는 자는 위로는 천시(天時)를 잃지 않고, 아래로는 지리(地利)를 잃지 않고, 중간으로는 인사(人事)를 잃지 않는 법이다. 기구(器具)를 사용하는 것이 불편해 타인이 하루에 하는 것을 나는 한 달 혹은 두 달에 한다면 이것은 천시를 잃는 것이다. 밭 갈고 씨 뿌리는 방법이 없이 허비가 많고 수확이 적으면 이것은 지리를 잃는 것이다. 장사해도 통하지를 못하고 놀고먹는 자가 날로 많아지면 이것은 인사를 잃는 것이다.[17]

---

17 박제가, 『북학의』, 財賦論.

박제가는 우리나라 재래식 가옥의 불합리성을 개선하기 위해 손수 벽돌을 제작하기도 했다. 청나라 여행을 통해 그들의 벽돌이 주택, 창고, 성벽 등으로 다양하고 풍부하게 사용되는 것을 목격하고 이를 도입하여 우리 생활의 문화를 고치려고 시도했던 것이다.

무진장한 흙과 물과 나무를 두고도 이를 활용할 줄 몰라 반듯한 집이 없고 견고하지 못하며 불편한 것을 통탄하면서 개선하고자 했던 것이다.

정약용도 과학기술(技藝라고 말함)의 진보 발전을 강조하기를, "하늘이 지려(智慮)와 교사(巧思)가 있는 사람으로 하여금 기예(技藝)를 습득하여 자기의 생활을 자기가 하도록 했다. 기예는 사람이 많이 모일수록, 시간이 흐를수록 진보 발전하는데, 그것은 필연적 사세이다. 역사에서 기예의 필연적 진보 발전의 법칙이 있다. 진보 발전의 담당 주체는 성인(聖人)이 아니라 일반 민중이다. 역사에서의 필연적 법칙으로서 기예의 진보 발전은 민중의 자기 생활을 하는 과정, 곧 일상적 생산 활동 과정에서 전개된다."[18]라고 하면서 과학기술의 발전이 역사적 흐름이라고 갈파했다.

정약용은 당시 주요 산업인 농업기술에 대해 농기구가 편리하면 힘을 적게 들여도 곡식을 많이 수확할 수 있고, 직기(織機)가 편리하면 힘을 적게 들여도 포백(布帛)이 풍족하며, 배와 수레의 시스템이 편리하면 힘을 적게 들여도 멀리 떨어진 곳의 물건과 재화들이 원활히 유통되어 정체됨이 없고, 무거운 것을 끌거나 드는 기술이 편리하면 힘을 적게 들여도 축대나 제방이 견고해질 것이라고 하였다. 여기에서 그는 경제성과 효율성의 중요성을 말하고 부국강병의 요체가 과학기술에 있음을 갈파하는 실학자로서의 관점을 잘 보여주고 있다.

---

18 정약용, 『증보여유당전서』 권11, 技藝論.

홍대용(洪大容)은 동서의 수학을 연구하여 천문, 수학에 대한 저서 『주해수용(籌解需用)』을 저술하였는데, 거기에는 구구법까지 약 480개의 문제와 해법, 수학 용어, 측량 도구에 대한 해설이 있다. 그는 또한 『의산문답(醫山問答)』에서 지구설(지구는 둥글다는 설)은 의심할 여지도 없으며, 지구는 하루에 한 바퀴 돈다는 지전설(地轉說)을 주장했다.

주자학적 도그마와 결박으로부터의 인간 이성의 해방, 이것을 전제로 하여 비로소 근대적 과학 정신이 길러진 것이다. 실학자들에게 있어 백과전서적 지식은 당연히 그 후에 각 분야별로 분화 발전하여 근대 과학과 사상의 모체가 될 수 있었다.

조선이 이러한 자각에도 불구하고 실제 현실 개혁은 큰 성과가 없는 데 반해, 일본은 이미 과학적 사고가 앞섰으며 19세기 초에 '친시실험(親試實驗)'의 전통을 세웠다. 그들은 육조(六朝) 이후, 중국이나 조선은 문(文)의 세계에 자신을 한정시킨 지식인들에게 사농공상(士農工商)이라는 형태의 기술 천시 풍토가 팽배했다고 지적한다. 조선이 실사구시(實事求是)의 과학기술의 중요성을 인식하고 있었더라도 이러한 사농공상에 입각한 기술 천시의 풍토로부터 벗어나지 못하고 새로운 기술을 배우려 하지 않았다는 것이다.

일본은 이미 막부 시대 말기부터 스스로 제작하고, 새로운 기술을 수입하기 위해 직접 외국어를 익히고는 유럽의 기술문명을 적극적으로 수용하여 부국강병의 성과를 가져왔다.[19]

조선은 이러한 일본에 비해 느슨한 것이기는 했지만 자체적으로 근대 과학을 수용하려는 실학 정신이 싹트고 있었음은 물론이다.

---

19 源了圓, 「幕末 일본의 두 개의 실학사상」, 『제4회 동양학국제학술대회 요지』, 성균관대학교, 1990, p. 10.

2) 계몽의식

조선후기 실학은 기존의 모순된 사회제도에 대해서 여러 영역의 비판을 통해 조정과 백성들을 계몽하는 학풍을 전개하기도 했다. 우선 농업사회에 있어 토지제도의 모순을 비판하면서 대안을 제시한다. 조선왕조는 주로 토지에 의존하여 생산을 하는데, 17세기 이후 18세기에 이르러서는 근간이 되는 전세제(田稅制)가 문란해지고 대토지 점유의 경향이 늘어남과 동시에 국가 재정의 궁핍, 봉건적 징렴(徵斂)이 가중된다. 이러한 모순점을 알고 있는 이들은 우선 토지제도의 개혁을 주장하면서 후세에 이르러 토지제도가 무너지고 토지의 무제한적인 사유가 가능하게 됨으로써 부조리가 일어났음을 진단한다. 예컨대 국민의 부역이 절제가 없어지고 빈부의 격차가 심화되었으며, 토지를 겸병(兼倂)하고 거기서 나오는 이익을 독점함으로써 양민들이 생활의 기반을 잃는 일이 허다하여 인구가 감소하고 송사(訟事)가 빈번해지며 귀천(貴賤)의 분별이 없어지면서 분수가 없게 되고, 뇌물수수가 횡행하여도 법대로 다스리지 못하기 때문에 인심이 동요하고 풍속(風俗)이 각박해졌다고 하면서 토지 소유제를 비판했다.

정치적 측면에서는 실학자들은 민본주의를 바탕 삼아 군권 중심의 사고에 대해 비판적인 태도를 취하였다. 성호(星湖) 이익(李瀷)은 임금이 없어도 백성은 존재하지만, 백성이 없으면 임금은 존재할 수 없다고 말했다. 백성의 은혜가 임금의 그것보다 중요한 것이다. 그런데 수많은 백성의 힘으로 한 사람의 임금을 받들어 항상 물자가 부족하고 혜택이 고루 돌아가지 못하게 할 수 없다고 하여 임금 중심이 아닌 백성 중심의 입장을 전개했다.[20]

윤리 도덕상에 있어 성리학적 '존천리 멸인욕(存天理 滅人欲)'적 가

---

20 이익, 강만길 역, 『성호사설』, 삼성출판사, 1981, p. 134.

치관을 비판한다. 인간의 욕망을 부정하는 성리학적 가치관에 대해 실학적 사유는 인간의 욕망과 이상이 균형을 이루는 '이욕통일(理欲統一)'의 입장에 가까운 것이다. 이기론에서 주장하는 주리(主理)적 경향을 벗어나 종래의 천리와 인성 위주의 가치관에서 자연인성론(自然人性論)의 입장으로 전환하는 것이다.

정약용은 종래의 '이일분수(理一分殊)'설을 비판했다. 그는 후세의 사상에서는 천지만물의 유형무형(有形無形)한 것이나, 영명(靈明)하거나 멍청한 것이나 모두 일리(一理)에 귀일시켜 다시는 대소(大小)와 주객이 없게 하여 이른바 일리(一理)에서 시작한 다음 만수(萬殊)로 되었다가 다시 일리로 돌아간다. 이러한 설은 불교의 만법귀일(萬法歸一)의 설과 조금도 다르지 않다. 원래 송대의 학자들은 초년에 선학(禪學)에 많이 탐닉하였기 때문에 유학으로 돌아온 뒤에도 불교의 영향이 많이 남아 있다고 본다.[21]

실학적 계몽사상은 노동에 대한 가치 부여라고 할 수 있을 것이다. 이익은 나라가 빈곤하고 농사가 발전하지 않는 원인을 '여섯 가지 좀(六蠹)'이 있기 때문이라고 지적하였다. 첫째는 상전이란 자가 호의호식하고 남의 노력을 탈취할 수 있게 히는 노비제도이며, 둘째는 아무것에도 쓸데없는 문사(文詞)에 사람의 정력을 허비케 하고 다행히 급제한 사람들도 한갓 벼슬의 권리를 악용하여 인민의 고혈을 짜먹게 하는 과거제도이며, 셋째는 양반이란 명목하에 노동을 싫어하고 농업을 천시하고 무재무능하면서도 인민을 얕보는 양반제도이며, 넷째는 실용성이 없는 사치품만을 좋아하고 요술과 미신으로 인민을 미혹시키는 것의 기교(技巧)이며, 다섯째는 불교를 신앙한다는 핑계로 노동과 병역을 피하고 유식(遊食)의 무리로 전화(轉化)한 승려이며, 여섯째는 근로를 천시하고 남의 등골을 빼먹기에만 골몰하다가 나중에는

---

21 『여유당전집』 2집 권6, p. 38.

사기와 절도에 떨어지게 되는 나태라는 것이다.[22]

북학파의 박제가도 노동을 천시하는 사회 풍토에 대해 비판하고 소(疎)를 올려 개선을 촉구한다. 그는 놀고먹는 자는 나라의 큰 좀이며, 놀고먹음이 날로 심하면 사족(士族)이 날로 번성하고, 사족이 많아지면 나라에 온통 깔려서 벼슬로는 채울 수 없으니, 이들을 처리하는 방법으로 판매하고 무역하는 일을 모두 사족에게 허락하여야 한다고 건의한다.[23]

이들 실학자들의 가장 탁월한 계몽사조 가운데 하나는 봉건적 신분제의 모순을 과감하게 거론하는 점이다. 이익의 경우는 조선 사회의 근간이 되는 시스템인 양반제도와 문벌, 적서의 차별, 노비제도 등 당시로서는 감히 거론하기 어려운 문제를 들고 개선을 촉구했다는 점에서 혁신적인 사상가로 볼 수 있다.

그는 국가에서 인재를 천대하므로 유능한 사람들이 퇴장하고 문벌제도를 숭상하기 때문에 서얼(庶孽)이나 중인(中人)의 차별이 있어 그들의 자손은 100대(代)를 지난다고 하더라도 좋은 벼슬을 할 수 없고, 또 서북 3도는 폐쇄된 지 이미 400년이나 되었으며, 노비의 법이 엄격하여 그 자손들은 평민과 같이 서지 못하니 전국 백성의 9할이 모두 원한과 울분에 싸여 있다고 당시의 현실을 직시하고 개탄했다.[24] 박지원은 약탈적인 양반의 도덕을 도둑의 도덕으로 낙인하고 삼강오륜을 표방하면서 백성의 고혈을 짜 착취하는 이들을 '곡식을 해하는 황충', '인의의 큰 도둑', '천하의 큰 도둑'이라고 규탄했다.

이들은 대체적으로 봉건적인 지벌(地閥)이나 문벌(門閥)에 반대하고 농민이나 상인의 자녀라도 재주가 있고 학문이 있으면 벼슬을 하고,

---

22 『星湖僿說』卷4, 「治道門」, "六蠹 其蠹有六而像末不與焉 一曰奴婢 二曰科業 三曰閥閱 四曰技巧 五曰僧尼 六曰遊惰."
23 『北學議』, "丙午正月二十二日朝參時 典設署別提 朴齊家所懷."
24 『星湖僿說』卷4, 「治道門」, 決鬱.

귀족의 자녀라도 재주가 없고 학문이 없으면 하복(下僕)이 되어도 원망하지 말아야 한다며 능력 본위의 인재 등용을 하고, 놀고먹는 양반도 농업, 상업, 기술 등의 생산적 직분에 취업하여야 한다는 '만민개로(萬民皆勞)' 사상을 제시했다.

유형원은 "지금 사람들이 노비를 인도(人道)로써 대접하지 않는다. 우리나라 풍속은 노비를 대접함에 은의(恩義)가 없어서 굶주리고 추위에 떨고 곤궁하고 고통스러운 것이 그 분수로 되어 구휼하려고 하지 않을 뿐만 아니라, 오직 형법으로 다스리고 매질로써 몰아붙이며 소나 말과 같이 죽이고 살리고 한다."[25]고 하여 당시 사회의 모순을 지적하고 있다.

이러한 사상은 엄격한 명분론과 신분 질서를 강조한 성리학적 가치 체계를 넘어서기 시작한 것이고, 봉건사회에서는 정착한 예교, 전통, 인습을 벗어나 새로운 사회 발전의 시야를 모색한 것이라고 할 수 있다.

정약용은 낡은 인습과 전통에서 벗어날 것을 주장했다. "문신이면 시부(詩賦), 무신이면 궁시(弓矢)를 조금 익힐 뿐, 그 밖에 배우는 것이 있다면 마작·도박과 기생 끼고 술 마시는 일 정도요, 그보다 상등자는 구궁팔문(九宮八門)의 이(理)니 하도낙서(河圖洛書)의 수(數)니 하지만 이 같은 미신이나 술수란 인간만사에 원체 당치도 않을 일이다."[26]라고 비판한다. 일반 민중들이 이런 미신과 술수 등에 미혹되어 있는 천박한 현실을 개탄하고 있음을 볼 수 있다.

박제가는 풍수지리설의 허망성을 지적하기를 "그것은 땅속에 흔히 있는 일이며 화복(禍福)과는 아무런 관련이 없으니 어두운 땅속에서 어디인들 기류(氣流)의 유동과 물질의 변화 또는 지기(地氣)의 차고 더

---

25 『반계수록』, 노예.
26 『목민심서』.

운 데에서 생기는 모든 변천이 일어나는데, 저 수장(水葬), 화장(火葬), 조장(鳥葬)을 하는 나라에도 또한 사람이 있고 인민도 있고 제도도 있다. 그렇다면 수명의 장단과 부귀와 변천은 자연스런 일이며 사람에게는 없을 수 없는 일로, 장사 지내는 땅을 가지고 말할 것이 못 된다."[27]라고 비판했다. 일반 민중의 풍수지리에 관한 속신(俗信)에 대해 다른 나라 장례 절차의 실례를 들면서 그것이 인간의 화복을 결정하는 것이 아님을 거론하고 있다.

홍대용도 "중한 죄수가 옥에 갇혀서 형벌에 부대끼어 견딜 수 없을 만큼 되어도 그 죄수의 자손에게 못된 병이 난다는 말을 못 들었거니와, 하물며 죽은 시체나 혼백이 그 자손에게 무슨 영향을 미치겠는가"라고 비판하며, "후세 사람들이 만들어낸 풍수설, 후장설을 맹신하고 흉지(凶地)니 복지(福地)니 하면서 개장(改葬)을 운운하고 칠성판에 백골을 열두 번이나 담고 돌아다니니 이것이야말로 오히려 화를 받을 일"[28]이라고 하였다. 당시의 풍수설이 얼마나 백성들을 속박했는지 짐작이 가려니와, 그것을 과감하게 비판하고 합리적 사유를 권장하는 실학적 사유의 일단을 볼 수 있다.

실학자들은 당시 학풍의 비현실적인 면을 지적하면서 실학의 회복을 주장하는데, 비현실적 학문에 대해 정약용은 다섯 가지를 실례로 들었다. 그 다섯 가지 비현실적 학풍은 성리학(性理學), 훈고학(訓詁學), 문장학(文章學), 과거학(科擧學), 술수학(術數學)이다.[29] 이 다섯 가지 학문이 당시 학문의 독으로 누적되어왔다고 지적하면서 이 적폐(積弊)를 일소하지 않는 한 사대부에게 부하된 경제, 직무의 사회적 책임을 담당할 수 없어 국가는 위기에 빠질 것이라고 예고했다.

---

27 『북학의』.
28 『담헌서』 권4, 內集, 鷺山問答.
29 『여유당전서』, 學論, 五學.

조선후기 실학은 봉건사회의 여러 부조리한 현상에 대한 회의와 반성에서 출발한다. 그러나 오랜 유교적 질서를 통해 형성된 봉건사회의 테두리 내에서 나온 것으로, 탈주자학적인 요소는 있지만 유교 자체를 넘어서지는 못했다. 또한 같은 실학자라 하더라도 주자학적 도덕을 비판하지는 않고 단지 현실 문제에 대한 개선을 촉구하는 데 그치기도 하여 실학자들의 주장은 일정한 한계가 있었다.

5. 민족주의적 경향

1) 민족적 자각의 대두

서양의 충격, 그 아류로서의 일본의 충격 앞에서 근대 지향이 아니고는 국가의 장래가 어렵다는 것이 당시 세계적 환경의 냉엄한 현실이었다.

실학자들의 민족의식에서 두드러진 특징으로는 첫째로 전통적인 중국 중심의 질서하에서 형성된 사대주의를 탈피하고 우리 민족 중심의 자각을 갖게 된 것이다. 둘째로 민족의 자각이 단지 민족 감정으로 끝나지 않고 우리나라의 역사, 지리, 언어, 군사 등에 걸쳐 국학을 진흥하는 지식 체계의 형성으로 나타난다.

문학의 표현과 문장상에서 구태의연한 한(漢)·당(唐)의 표현 방식에 의존하기보다는 우리나라의 풍속에 맞는 표현을 모색한다. 박지원은 "산천과 풍토로는 지리가 중국과 다르고, 언어와 풍속으로도 시대가 한·당이 아니다. 만약 중국의 수법을 본받고 한·당의 문제를 도습(蹈襲)한다면 우리는 한갓 수법이 고상하면 할수록 의취(意趣)는 기실 비루하게 되고, 문체가 한·당과 비슷하면 할수록 표현은 더욱 거짓이 되는 현상만을 바라볼 뿐이다. 우리나라가 비록 소박하기는 하나 민간에는 좋은 풍속이 많았다. 그만큼 그 말을 문자로 옮겨놓고 그

민요를 운율에 맞추기만 하면 자연스럽게 문자가 이루어져 진실이 발현될 것이다. 이런 것의 도습을 일삼지 않고 남의 것을 빌려오지 않고서도 현재 있는 그대로를 가지고 온갖 것들을 그때그때 표현해 낼 수 있는 것이다."[30]라고 말한다.

박지원 역시 한문을 통해 자신의 의견을 개진하면서도 전통적인 서술 방식에 대해 부자연스러운 것임을 지적한 것이다. 실학자들은 당시 지배적인 중국 중심의 사대주의를 배격하고 나라의 자주성과 국방의 강화를 적극 주장하였다. 그들은 기존의 중화사상(中華思想)에 대해 하늘로써 보면 중화와 이(夷)가 일반이요 내외의 구분이 있을 리가 없다고 보았다. 다만 중국의 입장에서는 중국이 세상의 중심이요 안이며, 동이(東夷)는 밖이요 변방이 될 것이다. 이러한 고정관념은 일방적이라고 인식하는 것이 바로 새로운 실학적 자각이라고 할 것이다.

민족에 대한 자각으로 인해 조선후기 실학사상은 한때의 풍조로 그친 것이 아니라 계속해서 개화사상, 민족자강의 사상으로 진전하고 나아가 근대화를 전제로 한 민족주의로 이어졌으며, 오늘날의 자주적 근대화 사상으로 이어지고 있는 것이다.

2) 화이관(華夷觀)의 변화

서양인의 표류를 통한, 혹은 청나라를 매개로 한 세계지도의 신지식, 한역서(漢譯書)와 신제품에 의한 서양 과학기술 등은 오랜 성리학적 중화사상에서 보아온 세계 인식에 일대 충격을 주었다. 이것은 이미 화이(華夷)의 춘추대의적 명분론의 질서 가운데 중국을 주축으로 한 위성국의 하나로 조선을 보는 눈을 바꾸게 했다.

---

30 『연암집』.

실학사상, 특히 북학파에서 현저히 나타나고 있는 바와 같이 지원(地圓)·지전(地轉)설과 세계 지도에 대한 신지식에 의지하여 화이사상과 명분론적 세계관을 극복하고 조선의 자주적 입장과 각국 평등의 신세계관을 확립할 수 있었던 것이다.

근대 조선에서의 개화사상은 화이사상을 극복하고 청나라에 대한 사대(事大)와 왜이(倭夷) 및 양이(洋夷)에 대한 정책, 곧 대외 정책에 있어서의 명분론적 자세를 개선하는 자주적 입장을 주장하였다.

특히 오랫동안 청나라를 거부하고 명나라에 대한 의리를 강조했던 점을 점차 반성하며 당시까지도 일부에서 사용하던 숭정(崇禎) 연호를 비판하기도 하는데, 성호 이익의 경우 이러한 것은 가문에 우환이 될 뿐만 아니라 반드시 나라에 화를 미치게 될 것으로 보고, 우리나라 사람들이 우둔하게도 본국의 역사를 불신하고 언제나 중국의 역대 기록에 의거하여 기록하였기 때문에 군국(群國)과 산수의 명칭이 착잡하고 어려워졌다고 비판했다. 그는 또한 오늘날의 중국이라는 것은 대지 중의 한 땅에 지나지 않을 뿐 세계의 중심이 아니라고 했다.

다산 정약용도 과학적 논증을 통해 중국이 세계의 중심이 될 수 없다고 하면서 과거의 사대모화사상을 비판하며 "중국이라는 중(中)은 어디를 기준으로 하며, 동국이라는 동(東)은 어디를 기준으로 하여 동이라고 하는지 모를 일이다. 대체로 해가 머리 위에 떴을 때인 오시(午時)로부터 해 뜨는 시간과의 사이가 동일하다면, 곧 내가 서 있는 여기가 남과 북의 중간이라면 어느 곳을 막론하고 모두 중국이라고 해도 되는 것이다."[31]라고 하여 지리적으로 지구가 둥글기 때문에 어느 곳도 중심이 아닌 곳이 없다는 독특한 이론을 갖고 인습적인 세계관에서 벗어나 자주적 민족의식의 입장을 피력했다.

---

31 『여유당전서』 권1, 시문집 序.

결론

조선후기 실학의 특징에 대해서는 많은 논란과 토론이 지금도 있지만, 이에 대한 개념을 다시 한 번 정리하려는 것은 실학이 조선후기라는 시기와 맞물려 있으며, 주자학적 가치관에만 의지하던 종래의 태도와는 다른 점에서 일단의 개념을 정리할 수 있기 때문이다.

조선후기 실학은 주자학적 실학에서 실(實)을 허황된 것과 반대 개념으로 사용한 것과 같이 노불(老佛)의 허학적 성격을 반대한다. 그러나 주자학적 실학도 그 원래의 성격에서 일탈하여 허학적 성격을 가지게 되었으므로 그 허학적인 면을 비판한다.

주자학이 권위주의 혹은 교조주의로 허학화되는 것을 비판할 뿐만 아니라 새로운 대안을 제시한다. 그러므로 공리공론이나 허례허식이 아닌 현실 개혁의 학문이라고 할 수 있다.

물론 주자학을 정학(正學)으로 간주하는 실학자들도 있지만 그것은 윤리적 측면에서의 일이고, 오로지 주자학으로만 현실 문제를 해결할 수 있다는 생각으로부터 벗어난다.

실학은 유교사상으로부터 완전히 벗어나는 것은 아니다. 그들이 주자학을 비판하는 경우는 그것이 본래의 유교 정신에서 벗어났다는 점 때문이므로 원시유학의 회복, 곧 수기치인(修己治人)의 본래 유교로 회귀하는 것이 중요하다고 생각한다. 그러나 이것은 복고주의라기보다는 주자학적 모순을 지적하기 위한 하나의 수단으로서 원시유교 정신을 거론하는 것이라고 볼 수 있다.

실학자들은 과학과 기술 노동 등의 실제적인 유용성에 관심을 가진다. 당시의 농업사회에서 농업 생산을 위한 기술 향상 및 노동과 기술을 천시한 종래의 인습에 대해 비판적이다. 그러므로 실학자들은 낡은 인습을 개선하려는 제안을 하게 된다. 제도적으로 토지제도의 모순을 지적하고, 봉건주의적 모순인 계급제도를 비판하며, 인간의 욕망을 멸시하는 태도에서 벗어나 경제의 중요성을 인식한다. 더 나아가 비합리적인 미신적 관습에서 벗어나 과학적이고 이성적인 사유를 존중하는 태도를 보인다.

또한 과거의 중화주의적 명분론의 굴레에서 벗어나 우리 민족의 자주성에 눈을 뜨게 되고, 근대 지향적 사고의 사상적 전환을 모색한다. 그러므로 실학이란 우리나라의 선비들이 외세의 강제가 아니라 스스로 각성하여 근대화를 모색하는 새싹이었다고 볼 수 있다. 실학의 실마리를 여는 탈주자학적 사고는 실상 18세기가 아니라 17세기부터 시작된 것으로 실학의 개념은 한 세기 더 올라가야 하며, 20세기 위정척사의 선비들이 주자학적 가치관을 수호하려 했다는 점에서 주자학의 영향력도 한 세기는 더 내려가야 한다는 것 또한 사실이다. 이런 현상에 따르면 실학은 주자학을 반대한 사상이 아니라 오로지 주자학뿐이라는 사고로부터 벗어난 것이므로, 주자학의 시대를 극복하고 그 터 위에 실학의 시대가 전개되었다는 고정관념은 문제가 있다는 것이다.

제2장 박세당의 실학사상

실학에 관한 여러 논란이 있는 가운데서도 실학이 주자학 일변도의 사상을 탈피했다는 데에는 이의가 없다. 설령 주자학을 거룩한 성학으로 보든, 올바른 정학으로 보든 실학을 논의하는 사람들은 주자학만으로는 모든 문제를 해결할 수 없다는 사실에 대해 인정하지 않을 수 없었다. 탈주자학적 입장과 이용후생에 대한 관심이 이미 17세기에서부터 싹텄고, 이것은 박세당의 저술이나 그의 생애를 통해 찾을 수 있는 명확한 자료를 가지고 있기 때문에 그의 사상을 실학사상이라고 하는 것은 큰 무리가 없을 것이며, 이미 선행 연구들에서도 실학사상으로 보고 있어 새삼스러운 것이 아니다. 그렇다면 그의 실학사상은 구체적으로 무엇인가? 그것은 관념론을 벗어난 경세적 현실주의, 근로의 존중사상, 계몽사상과 제도 개혁, 탈권위적 민본주의이자 모화사상을 벗어난 화이관이라고 볼 수 있다.

1. 경세적 현실주의

1) 농업기술의 중시

박세당의 실학은 경전 주해에 머무르지 않고 농학의 진흥을 도모하는 데에서 찾을 수 있다. 물론 박세당의 시기에 서양의 과학기술이나 물질문명 혹은 오늘날의 과학기술적인 차원의 그러한 기술이 해당되는 것은 아니다. 그의 관심사는 대부분의 백성이 농업에 종사하는 나라의 실정에 따라 어떻게 하면 농업 생산성을 높일 수 있을까에 대해 고민하고 그 개선책을 탐구하는 것이었다. 그러므로 그에게는 농업기술의 증진이 진정한 실학이라 해도 과언이 아닐 것이다. 그는 몸소 농사를 지었는데, 농사철에는 호미와 쟁기를 메고 들에서 하루 종일 보내며 한 해 내내 고생하였다고 한다.[1] 『색경(穡經)』을 다 완성하고 나서 그는 이렇게 감회를 썼다.

欲將耕耨送餘齡	장차 남은 여생 밭 갈고 김매려고
閑夜燈前著穡經	한가한 밤 등불 아래 『색경』을 지었네
人笑先生無意解	사람들이 앞선 사람 비웃을 뿐 뜻을 이해하지 못하니
却言大勝箋黃廷	크게 뛰어난 것 말 못 하고 농사에 대해 기록했다[2]

책을 집필하게 된 동기는 굶주린 백성들을 위한 것이었음은 물론이다.

力耕猶不免長飢	힘써 논밭 갈아도 배고픔 면치 못하네
見笑傍人但自悲	옆 사람들 보니 우습고 스스로 가엾다.
此事豈殊經濟業	이 일이 어찌 경제의 일과 다르겠는가
數窮宜仗叔牙知	운수가 궁색해 숙아(叔牙)[3]의 앎에 의지하다가
但愛黃庭笑穡經	다만 농사를 사랑하여 ‘색경’이라 이름하니 가소롭구나.
穡經那識勝黃庭	『색경』으로 어찌 농사의 뛰어남을 알겠는가.
多緣未盡炎農法	여러 인연들 미진해도 농사법에 애먹는다.
法盡君看得壽齡	농사법 다하고 그대가 본다면 긴 생명 얻으리라[4]

---

1 太『全書』上, p. 438 卷20, 謚狀 "石泉地효각不宜穀 遂躬自治農 農月則與荷鋤負
  耒者 盡日於田間終世作苦 又種賣樵爲生."
2 太『全書』上, p. 68 卷4, 詩 題穡經後.
3 중국의 고사로, 노나라 장공의 동생인 숙야가 형에게 죽임을 당한 것은 형이 원치
  않는 조카를 후계자로 추천했기 때문이다. 숙야의 지식이 결국 그의 목숨을 빼앗은
  셈이다.

박세당은 1669년 동지사(冬至使)로 중국의 북경을 여행할 기회가 있었다. 그가 중국의 문물에 대해 구체적인 찬사를 적어놓은 기록은 없지만, 당시 그의 상사이자 일행을 이끌었던 이경억이 북경은 재물이 풍족하여 편안 부귀를 누리고 있으며 관리들도 옷을 잘 입고 수레 등의 문물 등이 눈부시게 발달하여 부러웠다고 보고한 것[5]으로 보아 상당한 충격을 받았고, 이로 인해 당시 우리나라의 산업 현실과 비교하지 않을 수 없었을 것이다. 그가 1676년 펴낸 농업기술서 『색경』은 기존의 『농가집성(農家集成)』을 극복한 새로운 농업기술을 제시하는 것으로, 주요 자료는 중국의 『농상집요(農桑集要)』이다. 그가 홍문관(弘文館)의 비각도서에서 찾아낸 가장 중요한 자료라고 할 수 있다. 또한 『제민요술(齊民要術)』, 『여씨춘추(呂氏春秋)』, 『농상찰요(農桑撮要)』, 『예기월령(禮記月令)』, 『전가오행(田家五行)』 등 여러 가지 농서를 참고하였다.[6] 그의 저술에 반영된 자연과학적 견해는 비교적 높은 수준이었다. 거기에는 토양학[7], 농사학, 과수학, 임학, 약초 재배[8], 양잠학, 축산학, 농가생활에 필요한 지식과 농촌수공업, 농업기상학적 지식 일반에 이르는 지식과 경험들이 집대성되어 있다.

또 다른 농서로는 『산림경제(山林經濟)』 4권이 있으며[9] 『증보산림경제』 16권 8책이 있다고 하지만 사실과 다르다. 『증보산림경제』의 경

---

4 太『全書』上, p. 74 卷4, 詩 聞雲路相國笑余稽經不能救飢 二首.

5 『顯宗實錄』 卷16, 10年 기유년 3월 정유일.

6 김용섭, 「색경의 농업론과 그 증집」, 『조선후기농학사』, 1988, p. 199.

7 서계 박세당은 토양학의 자료로 『여씨춘추』의 임지편(任地篇)과 변토편(辨土篇)을 전문 수록하였다. 김용섭, 「색경의 농업론과 그 증집」, 앞의 책.

8 『稽經增集』, 필사본으로 남아 있는 고려대본(高麗大本)은 서계 사후에 나온 것으로 김용섭 교수는 18세기에 이루어진 것이라고 본다. 이 『증집』에서 각 작물의 약리학적(藥理學的) 특징을 제시하고 민간요법이 제시되었음.

9 홍만선(洪萬選; 1643~1715)의 것과는 다른 저술이다. 이만운의 증정본은 지은이의 이름이 없으며 '姑未刊行'은 전행의 색경 2권의 소주(小注)를 이어받아 동상(同上)과 소주(小注)했다. 증보본은 전재하여 마땅히 동상(同上)을 크게 써서 지은이가 동상(同上)의 뜻에 기록했다.

우는 1766년 임희성(任希聖)이 서문을 썼으며, 그 자신이 지은이를 알 수 없다고 하였다.[10]

『색경』은 그 내용의 과학성 덕분에 실학자들, 특히 박지원과 홍만선 등에 의하여 연구되었으며, 그들의 저작인 『과농소초(課農少抄)』와 『산림경제』에 반영되었다.[11]

『색경』에서는 생물체와 외부 환경과의 관계를 밝히면서 생물체는 어릴수록 변화하는 외부 환경에 쉽게 적응할 수 있다는 견해를 내놓았다. 그는 나무를 하나 옮겨 심어도 나무의 남북을 표기하여 그것을 바꾸어 심지 말아야 하며, 만약 방위를 바꾸면 그 나무는 살기 어렵다고 하면서 다 자란 큰 나무와 어린 나무 사이에는 많은 차이가 있어 어린 나무는 큰 나무에 비하여 방위를 바꾸어 옮겨 심어도 잘 산다고 하였다.[12]

이처럼 그는 환경 조건의 변화는 생물체가 받아들일 수 있는가 없는가에 따라 그 결과도 달라지는바, 환경 조건의 변화를 받아들일 수 있는 생물체는 잘 살 수 있고, 받아들일 수 없는 생물체는 잘 살지 못한다고 보았다. 이것은 그가 생물체와 환경과의 상호 관계에서 변화된 환경에 따라 생물체가 어떻게 변화되어가는가를 연구히었다는 것을 말하며, 특히 환경의 영향은 생물체의 질에 관계된다고 보았고, 육종(품종 개량)과 유전과의 관계에 관해 고찰하면서 유전성의 이질성에 대한 견해도 펼쳤다.[13]

---

10 『증보산림경제』 권1, 영남대학교 소장본. "顧此書不祥作者"라고 했다. 이 책은 본래 특정 저자가 없는 백과사전적 성격으로, 민간신앙적인 풍수설로부터 시작하는 것으로 보아 풍수와 미신을 반대하는 박세당의 입장과는 다르므로 그의 저술로 보기 어렵다는 것이 나의 생각이다. 다만 농법(農法)에서는 『색경』의 영향을 받았다고 할 수 있을 것이다.

11 정성철, 『조선철학사』 II, 1988, p. 273.

12 『穡經』 下, 諸果 "凡栽一切樹木欲記 其陰陽不令轉易 易則難生."

13 최봉익, 『조선철학사개요』, 사회과학출판사, 한마당 영인, 1986.

『색경』에서는 『농가집성』이 소홀히 하고 있던 밭농사에서 그 농법의 전환을 시도하였다. 『농가집성』이 논농사에서 농법의 일대 전환을 제기하고 있는 것과 같이, 『색경』은 밭농사에서의 농법의 전환을 제기한 것으로 본다. 그 중요한 것의 하나가 밭고랑 파종법의 채택을 제기한 것이다. 그가 곡식의 밭고랑 파종법으로 제언한 것은 중국의 농법인 대전법(代田法), 곧 한 이랑에 세 고랑〔一畝三畎〕으로 농지를 만들고 파종을 이랑 가운데 하는 농법이었다. 또 밭을 갈아 제초하는 과정에서 밭두둑의 흙을 긁어내려 이랑 가운데 싹을 덮어줌으로써 뿌리가 깊어져 능히 바람과 가뭄을 견디고, 파종한 곳을 해마다 바꿈으로써 지력을 잘 이용할 수 있도록 하는 기술이었다.[14] 이 대전법은 조선후기 실학파 학자들이 전제(田制)를 논할 때 공통적으로 관심을 표명하였던 것으로, 그 우수성과 기술 내용을 최초로 소개한 사람이 바로 박세당이다.[15] 당시 중부 지방의 밭농사 기술 향상에 실제적인 도움을 주었던 것이다.

논농사의 기술에서도 2, 3월의 못자리에서 종자 뿌리기, 모내기, 물막기, 김매기에 이르기까지 여러 가지 작업 과정을 담고 있지만, 그 중에서도 주목되는 것은 김매기와 비료 주기 방법이다.

6월에 논의 김매기는 모가 왕성하게 자랄 때인데 물을 빼고 말려서 잡초를 다리로 밟아 논흙 속에 넣으며 두둑을 깨끗이 하여 재와 똥 등 거름을 섞어서 논 가운데 뿌리고 4, 5일 볕에 쬐었다가 땅이 말라 벌어지면 물을 못자리에 얕게 댄다. 6월에 한 번, 7월에 한 번 위에 의거

---

14 『穡經』上, 種穀 "一畝三畎 歲代處 故曰代田 古法也 后稷始畎田 以二耜爲耦 廣尺 深尺田畎 長終畝 一畝三畎 一夫三百畎 而播種於畎中 苗生葉以上 稍耨隴草 因隤 其土 以附苗根 比盛暑 隴盡而根深 能風與旱 其耕耘下種田器 皆有便巧 畝五頂 用耦犁二牛三人 一歲之收 常過縵田 畝一斛以上 善者倍之 用力少而得穀多."
15 閔成基, 「조선후기 실학파의 대전론」, 『조선농업사연구』, 일조각, 1988, p. 45.

하여 김을 매면 바르고 마땅히 힘이 붙는다.[16]

여기에서 김매기는 『농가집성』의 그것과 크게 다를 바가 없지만 비료 주는 법을 다루고 있는 게 특징이다. 논에 비료 주는 법을 도입하여 농업기술상 큰 진전을 보여주었다.[17] 그리고 이러한 논을 위해서는 수리시설을 갖추는 것이 중요한데, 그는 좋은 실례로 주(周)나라[18]를 들어 물의 저수, 보존, 공급, 배분, 활용, 배수 등의 시설이 갖추어져야 한다고 제안했다.

조선전기 또는 그 이전에 파종은 수파(水播), 건파(乾播)로 알려진 직파법(直播法)이 주가 되었는데, 후기에 오면 이앙법(移秧法)이 중심이 되고 있다. 『색경』은 당시로서는 발전적인 기술이라고 할 수 있는 이앙법을 소개하고 있다.[19]

조선후기 실학에서 박세당이 보여준 기술 개선의 실제적 탐구는 이후 실학자들의 저술인 『과농소초(課農少抄)』로 이어지며, 여기에서 여러 농업 문제의 개선과 토지 재분배론도 나온다. 뿐만 아니라 서구와 청나라 등의 선진 문물을 수용하려는 근대 지향도 실상은 이러한 현실에 바탕을 둔 기술 중시 사상에서 연원한 것이라고 할 수 있다.

---

16 『穡經』上, 水稻 "六月 耘稻田 稻苗旺時 去水放乾 將亂草 用脚踏入泥中 則四畔 潔淨 用灰糞麻籸相和 撒入內田 曬四五日 土乾裂時 放水淺浸稻秧 六月一次 七月一次 依上耘 正宜加力."

17 김용섭, 「색경의 농업론과 그 증집」, 앞의 책에서 박세당은 허균과 마찬가지로 추비(追肥)의 중요성을 잘 인식하고 있었으며, 이를 사용함으로써 『농가집성』에서보다 그 생산성을 한층 높이려 했다고 그 의의를 높게 평가하고 있다.

18 『穡經』上, 水稻 "周官之法 稻人 掌稼下地 以豬畜水 以防止水 以溝蕩水 以遂均水 以列舍水 以澮寫水." 김용섭, 「색경의 농업론과 그 증집」에서는 『농사집성』이 주자의 권농문을 실은 데 비하여 박세당은 주나라의 구체적인 방법을 대안으로 내놓았다고 설명하고 있다. 이러한 점에서도 그의 탈주자학적 성격이 나타난다.

19 『穡經』下, 田家月令 "三月耕秧田……五月芒種前後揷稻秧." 김용섭, 「조선초기의 수도작기술」, 『조선농업사연구』 II, 일조각, 1977, p. 20.

2) 근로정신의 존중

박세당이 9세 때 한 노인이 동냥을 하러 오자 불쌍히 여겨 먹을 것을 주었는데, 뒤에 장년이 구걸하자 책망하기를 "그대는 늙지도 않고 병들지도 않았는데 어찌 농사짓고 나무하여 스스로 먹지 못하는가?"[20]라고 했다 한다.

당시 사대부라면 사농공상(士農工商)의 계층의식에 젖어 손수 일하는 것을 경시하는 것이 보통이었고, 더욱이 기술이나 노동을 천시하여 손수 농사에 종사한다는 것은 지극히 어려운 일이었다. 그러나 박세당은 석천동 거주처에 울타리 대신 손수 복숭아와 은행, 밤나무를 심어 집을 둘러싸게 하였고, 참외를 심고 논에 모를 심으며 나무를 팔아 생활하고, 농사철에는 자신이 논밭에서 살지 않은 적이 없었으며 호미와 쟁기를 짊어지고 일했다.[21] 농사법을 개선하기 위해 애써 연구하려는 것은 남을 위한 것이기도 했거니와 스스로의 필요에 의해 공부한 것이다.

선비가 나아가 조정에서 그 도를 행하면 이는 군자라 하고, 물러나 들에서 밭 갈고 그 힘으로 밥 먹으면 이는 야인(野人)이라 이른다. 내가 이미 들에서 밭 가니 야인을 구한들 가능하겠는가? 나는 일찍이 벼슬함에 그 도가 부족함을 알아 농사를 짓기 위해 물러나고자 하여 농사의 힘으로 밥 먹는 날을 얻은 것이다. 비각(秘閣) 도서를 열람해 지식을 얻고, 기뻐서 스스로 스승으로 삼아 기록하고, 번거로운 것을 잘라 요약하고, 중복된 것을 제거하여 한질로 다스려 편하게 볼 수 있도록 하여 색경(穡經)이라고 칭했다. 그 가운데는 구곡백과(九穀百果)와 과호소

---

20 太『全書』上, p. 440 卷22, 부록 「년보」 정축년, "先生八九歲時有老人乞食先生愍然 推食以與之後有年壯者 乞粮先生責之曰 汝非老病何不作農採樵以自食乎."
21 『西溪全書』卷14, 「西溪樵叟墓表」 "不治이樊 植以桃梨栗 繞其居 種瓜開稻畦賣樵爲生 當農月身未嘗不在田間與荷鋤負耒者 相隨行."

채(瓜瓠蔬荣) 그리고 삼의 종류와 닭과 돼지, 거위와 오리, 벌과 고기 등의 종류와 재목과 꽃, 약의 재료와 뽕을 길러 누에를 기르는 것이 구비되어 있으니 무릇 백성의 삶을 두터이 하는 까닭이다.[22]

그는 농사는 진실로 민생의 근본이요 천자의 중요한 도(道)이며, 성인이 일찍이 그 기술을 없애지 않고 몸소 닦아 사람을 가르침에 이른 것이라고 한다. 공자도 어린 시절에는 천하고 구차한 일에 다재다능했다고 말한다. 농사짓는 노동은 구차하더라도 공자와 같은 성인도 한 것이니, 하물며 곡식과 채소 농사는 진실로 항구한 직업이기에 힘써야 한다는 것이다. 세상에서 참으로 농민들을 존중하고 농사를 귀하게 여겨야 한다고 주장하며[23] 나라와 민생의 피폐가 지식인들의 근로의식 결여에 있음을 지적하고 있다. 사대부들이 근로를 배우지 않고 천한 일을 방치하는 데, 분주한 일을 하지 못하는 데, 나라가 사대부들을 대우함이 지나치게 두터운 데에서 근원하여 스스로 안일해진 것이 오래되었다[24]고 탄식하며 침체된 민생의 책임이 근로를 경시하고 무사안일한 지식인들의 자세에 있음을 지적하고 있다.

3) 계몽의식과 제도개혁

박세당은 자신의 노력 없이 풍수 등을 통해 화복(禍福)을 평가하는

---

22 『穡經』序, "夫士進則立於朝而行其道 是謂君子 退則耕於野而食其力 是謂野人 吾旣耕於野矣求不爲野人得乎 且吾嘗仕 知其道之不足 有爲於是 欲退而自食其力之日久矣 因閱於秘閣圖書得此焉 而喜以爲吾得吾師卽 竊錄之因刪節 繁蕪 除去重複 釐爲一峽 以便考覽稱曰穡經 其中具九穀百果 與瓜瓠蔬荣 麻枲之屬 鷄豚鵝鴨 蜂漁之類 林木花藥之物 藝桑養蠶 凡所以厚民生者."

23 『穡經』序, "固民生之本而天下之要道 聖人未嘗廢其術 至身親修之以敎人者 夫子何遽絶之哉! 子曰吾少也賤故 多能鄙事 處賤而爲鄙事 事雖有圖於稼圃者 亦夫子之所不免爲之 況稼與圃也 固賤者之恒業而勉焉."

24 太『全書』上, p. 96 卷5, 疏箚 應求言疏 "彼士大夫素不習勞 賤縱不可使爲奔走之役……本朝待士大夫素厚 使其自便逸久矣."

행위는 허망한 설로 비판한다. "오늘날 사대부의 풍습이 크게 무너져 지사(地師)의 화와 복의 허망한 설을 믿는 무리가 있어서 상장례(喪葬禮)에 임하여 어버이의 의리를 저버리고 예를 버리고 다투어 도둑질을 하고 빼앗는 일을 하면서 그 욕됨을 알지 못한다."[25]고 하니, 이러한 태도는 근대 지향적 사고방식으로 후일의 실학자에게도 오랜 인습에서 벗어날 수 있는 계몽적인 영향을 주었을 것이다.

그는 당시의 봉건적 모순들을 극복하기 위해서는 불합리한 제도를 고치는 것이 매우 중요한 일이라고 보았다. "임금의 뜻이 일정하면 일이 되지 않는 것이 없으니 중론을 모아 실용에 힘쓰며, 뭇 폐단을 개혁함은 그 잘못된 근본을 막고 법령의 신뢰에 힘써 기강이 날로 펴질 것이고 마땅함이 펼쳐져 근본이 날로 공고해질 것이다. 백성에게 잘못된 부역(賦役)과 가렴(苛斂)이 미치지 않아야 원망이 없어지고, 백성의 원망이 없어져야 하늘의 노여움이 없어진다."[26]고 하여 개혁의 초점은 백성을 괴롭히는 나쁜 제도에 있다고 지적한다.

그는 당시의 당면 문제로 군사제도의 개혁을 제시하기도 한다. "병제(兵制)의 무너짐이 금일에 이르러 극도에 도달했다."[27]고 진단하며 병제의 문란으로 인한 폐해가 늘어 한 집안 안에서 병사가 된 자가 옛날에는 하나였는데 지금은 셋이고, 옛날에 둘이었는데 이제는 여섯으로 늘었다고 하면서 숫자가 늘어남이 이와 같으니 백성이 어떻게 곤궁함이 없을 것인가라고 개탄한다. 병사란 위에서 부여한 것으로 환난과 생사를 함께해야 하는데, 심히 곤궁한 사람들이 심히 원망

25　太『全書』上, p. 427 卷20, 簡牘「與元致遠」 "今世士大夫風習大壤徒信地師禍福虛妄之說 臨喪葬親背義棄禮爭爲偸竊攘奪之事 不知其汚辱."
26　太『全書』上, p. 93 卷5, 疏箚「應求言疎」 "聖志之一定 而已志一定 而事無不可爲者 採衆論則務究其用 革衆弊則務塞其源 法令信 而紀綱日張 施措當 而根本日固 橫搖苛斂不及於民 而民怨息民怨旣息 天怒乃霽."
27　太『全書』上, p. 97 卷5, 疏箚「應求言疏」 "兵制之壤至于今日而極矣."

하는 마음을 품는다면 다른 날 변란이 있을 때 국가를 위해 진력하고 보호함을 보장할 수 있을지 의문을 나타낸다.[28]

그리고 병사의 인원수를 3분의 1 내지 4분의 1로 줄여 정예화하고, 많은 숫자에만 힘쓰지 말고 군사의 일에 전념하며, 그 힘이 여유가 있어야 원망이 덜어지고 기쁜 마음으로 사력을 다해 책임을 지려고 하여 어려움이 없어질 것이라며 개선안을 제시한다.[29]

박세당은 군사 조직을 정예화시켜 숫자를 줄이고 개선하는 대안을 제시할 뿐 아니라, 다른 면에서도 제도적 모순을 개혁하기 위한 대안을 말한다. 그 가운데 시급히 고쳐야 할 것을 네 가지로 요약한다. 관리들의 수탈, 백성들의 유랑, 법질서의 위배, 나라의 비용과 배급을 허비하는 일이 그것이다.

> 관리(爲保者)가 독한 수렴(收斂)을 이기지 못함이 첫 번째 선하지 않음이요, 집주인(爲戶者)이 고향을 떠나 어버이를 등지는 근심이 두 번째 선하지 않음이요, 습속이 간사하고 완고하여 법도를 따르지 않음이 세 번째 선하지 않음이요, 비용과 배급을 허비하여 나라에 큰 좀이 되는 것이 네 번째 선하지 않음이다.[30]

이러한 폐해에 대한 개선책으로 "호보(戶保; 정병[正兵]으로 근무하는 호수[戶首]와 그에 딸린 보인[保人]을 말함)가 서로 학대하는 근심이 없는

---

28 太 『全書』 上, p. 97 卷5, 疏箚 「應求言疏」 "一家之內 去而爲兵者 昔一今三 昔二今六 增額如此 民安得無困乎 甲之役苦於乙 乙之役苦於丙之役 不均如此 民安得無怨乎 夫兵者上之所與共患難 同死生以甚困之人 懷甚怨之心 他日有變 臣未保其爲國家盡力也."

29 太 『全書』 上, p. 97 卷5, 疏箚 「應求言疏」 "今兵額大數幾何減去三之一或四之一 務精不務多 一其事而裕其力 以蠲其怨則可以得其歡心責之以死斯無難矣."

30 太 『全書』 上, p. 97 卷5, 疏箚 「應求言疏」 "爲保者 不勝其毒斂一不善也 爲戶者有離鄉背親之憂二不善也 習爲奸頑不循法度三不善也 糜費廩給爲國大蠹四不善也."

것이 첫째 선이요, 고향을 떠나 부모를 등지지 않는 것이 둘째 선이
요, 번갈아 군역(番)을 서고 번갈아 쉬면서 간사하고 완고한 습속이
없는 것이 셋째 선이요, 징집과 면제(徵休)는 아래의 미포(米布)이고 군
역을 서는 것은 위의 배급인데 재용(財用)을 스스로 허비하지 않고 공
적으로 축적하는 것이 넷째 선이다."[31]라고 하여 당시 징집과 관련된
여러 제도의 폐습을 지적하고 대안을 제시하고 있다.

박세당은 통지자인 왕 자신의 성실한 집정과 대신들의 직무 충실,
횡령의 방지와 부역(賦役) 및 조세의 균등화 그리고 궁중 재산의 허비
방지 등을 구체적으로 열거하여 개혁할 것을 촉구했다.

그는 법도를 고치고 허문(虛文)을 물리쳐 실질을 숭상하고 임금이
뜻을 확고히 하여 중론을 모아서 그 실용을 힘써 연구하며, 뭇 폐단
을 시정하고 그 뿌리를 뽑는 데 힘써야 한다고 하여 과감한 개혁을
주장하면서 다음과 같이 개혁은 불가피한 것이며 어려운 일이 아니
라고 말한다.

개혁은 왜 쉬운가? 백 가지 제도가 모두 문란함은 불가불 개혁하지 않
으면 안 된다. 만법이 모두 타락하게 되었으면 불가불 개혁하여야 한
다. 선대 임금의 경상(傾喪)을 거울삼아 많은 백성이 매사에 큰 고통을
당함은 불가불 개혁하여야 한다. 이는 그 일이 어려워서 오히려 쉽게
된 것이다. 수성(守成)의 왕조에는 조종(祖宗)의 공고한 기초로 인하여
좋은 법도가 다 타락하지 않고 아름다운 정치가 다 폐단이 있는 것이
아니어서 법의 한두 가지 타락은 가히 들어내 회복할 수 있고, 정치의
한둘의 폐단은 고쳐 행할 수 있다.[32]

---

31 太『全書』上, p. 97 卷5, 疏箚「應求言疏」"無戶保相虐之患一善也 無離鄕背親之憂
　二善也 奸頑三善也 徵休下之米布 爲番上之廩給 財用自出無耗公儲四善也."
32 太『全書』上, p. 94 卷5, 疏箚「應求言疏」"夫何革之之易也 百度皆紊則不可不
　革矣 萬法俱淪則不可不革矣 鑑前王之傾喪 哀烝民之焚溺則不可不革矣 此其事

그는 번거로운 제도와 법도 혹은 국장(國葬) 등에 의한 백성의 고통
에 대하여 고칠 것을 제안한다. 개혁은 창업의 왕조(創業之朝)나 수성
의 왕조(守成之朝)에는 가능한 일이지만 이미 침체된 사회에서는 쉽지
않은 과제임을 지적하면서 개혁이 지지부진해질 가능성에 대해 경고
하기도 한다.

> 왜 개혁이 어려운가? 한둘의 타락한 것이 비록 드러나지 않는다고 하
> 여 반드시 갑자기 망하지 않기 때문에 사소한 것들을 개혁하지 않는
> 다. 폐단이 비록 고쳐지지 못한다고 해서 (당장) 망하지 않기 때문에
> 개혁하지 않는 것이다. 단지 편안하고 즐거운 삶이 뒤집어지고 엎어지
> 는 피해를 보지 못하기 때문에 개혁하지 않는 것이다. 이 일의 쉬움이
> 오히려 일을 어려운 것으로 만든 셈이다. 비유컨대 집이 이미 무너지
> 면 고쳐서 살기 위해 반드시 기초를 개수하고 기둥을 세우고 들보의
> 큰 것을 기본으로 윗가지와 문지방, 빗장과 문설주의 작은 것을 모두
> 취하여 바꾸는 것이 어찌 수고하고 힘든 것이 아니겠는가. 그렇지 않
> 은즉 그 몸을 의지할 데가 없고, 그 집에서 안전할 수 없다.[33]

집의 안전을 위해서는 집이 무너지기 전에 미리 손을 써야 하는
것처럼, 나라의 위기를 철저히 인식하고 대비할 것을 강조한다. 만약
눈앞에 위기가 없다고 하여 개혁을 포기해버린다면 집이 무너져 가
고 있는 것을 그대로 두고 방치해 결국 무서운 재앙을 당하는 사람처

之難而爲之反易者也 守成之朝 因祖宗鞏固之基 良法未盡墜 美政未盡廢 法之一
二墜者可舉而復之 政之一二廢者可修而行之."

33 太『全書』上, p. 94 卷5, 疏箚「應求言疏」"又何革之難也 一二墜者 雖不舉而未
必遽亡則不須革一二廢者 雖不修而未必遽亡則不須革 但知晏安之樂 未覩顚喪
之害則不修革 此其事之易 而爲之反難者也 譬之室屋旣圮 治而居之者 必改基
以築楹礎棟梁之大 根闑店楔之細 悉取易之 詎不勞 而費力乎 然不爲則無以庇其
身 而安其宅."

럼 큰 해를 당할 것이라고 경고한다. 이와 같은 현실 인식이야말로 박세당이 현실과 유리되어가는 주자학에서 벗어나 실학에 대한 관심을 불러일으킨 자세라고 할 것이다.

4) 탈권위적 민본사상

박세당은 도학 또는 의리학적 입장에서 임금이 '존심양성(存心養性)'에 의한 수신·수덕(修德)의 모범을 보임으로써 백성의 마음가짐을 바로잡아야 한다는 태도를 지향함은 물론[34] 빈곤과 질병 속에서 허덕이는 민중의 현실적 삶을 고려한 민본사상을 중시했다.

그는 당시 인구의 대다수를 차지하는 소농층(小農層)에 유의하였다. 그것은 그의 농서 편찬 태도에서도 명백하게 나타난다. 그는 『색경』의 「목양조(牧養條)」에서 소와 말을 제외한 돼지, 닭, 거위와 오리, 어류, 벌 등만을 대상으로 기술하고 있다.[35] 소와 말은 현실적으로 부농(富農), 지주층만이 소유할 수 있으며 가난한 소농층에게는 소유의 대상이 아니었기 때문이다.

영농 규모에서도 "영농은 반드시 자신들의 힘을 헤아려 해야 할 것이니만큼 차라리 소규모가 좋다."[36]고 말한다. 이러한 사상도 지주층, 부농층보다는 소농층에게 관심을 둔 데에서 비롯한 것이다. 그는 자영농민을 기반으로 하는 왕조국가가 이상적인 국가이며, 그런 점에

---

34 『思辨錄大學』太『全書』下, p. 17 第10章, 詩云樂之註에서 백성의 부모로서 왕의 자세를 강조하는 것은 전전통적인 주자학과 궤를 같이하는 민본론이다. 예컨대 "군자를 백성의 부모로써 말할 수 있는 것은 그가 성심을 다하여 백성의 좋아하고 싫어함을 구해 얻어서, 버리고 취하기 때문이다. 이것은 백성의 마음으로 삼아 백성 사랑하기를 자기 자식과 같이 하는 것이니, 능히 백성 사랑하기를 자식과 같이 하면 어찌 백성의 부모가 아니겠는가." 같은 글이다.

35 『穡經』猪, 鷄, 鵝鴨, 魚, 密蜂. 김용섭, 「색경의 농업론과 그 증집」, 『조선후기농학사연구』, 1988, p. 207.

36 『穡經』耕地 "凡人家營田 須量己力 寧可少好不可多惡."

서 농업 생산도 그들 중심으로 발전해야 한다고 생각했다. 이는 지주 전호제(地主佃戶制)를 하나의 질서로 인정하고, 이를 기초로 농업을 발전시키려는 보수적 입장과는 차이가 있다.

박세당은 민본이란 민심을 얻기 위한 수단으로서가 아니라 백성의 복리 그 자체를 목표로 삼아야 하는 것이므로 단지 정권과 체제의 안정을 위한 것 이상의 의미를 지니고 있다고 본다. 그는 말하기를 "왕도는 민심을 얻는 것을 근본으로 삼는다고 하였지만, 내가 생각건대 왕도란 무엇보다 백성들의 복리를 증진하는 양민(養民)에게 있는 것 같다. 만약에 먼저 민심을 얻는 데에만 뜻을 둔다면 이것은 (권모술수적) 패자(覇者)의 행위이지 아마 왕도는 아닐 것이다."[37]라고 하였다. 백성의 복리가 우선되지 않고 오로지 민심 그 자체에만 관심을 가지는 일은 권모술수를 마다하지 않는 패도(覇道)로서 자신의 정치적 안정에만 관심을 두는 행위에 불과하다고 본 것이다.

민생을 위해 세금을 감면하는 것은 기아로 인하여 백성에게 생기는 우환을 없게 하는 길이라고 한다.[38] 따라서 통치자(治者)로서 스스로를 아래에 두고 백성을 위로할 때 진정으로 지지를 받을 수 있으며, 스스로를 뒤로 하고 백성의 후생을 먼저 해야만 백성들보다 앞설 수 있다고 본다.[39] 통치자가 군림하는 자세를 버리고 백성을 중시하며 존중해야 한다는 뜻이 강하다.

양반귀족 세력의 당쟁과 착취로 인한 서민대중의 참상을 있는 그대로 인정하고, 백성들의 생활이 극도로 곤궁하고 피폐하며 심지어

---

37 『思辨錄孟子』太『全書』下, p. 102 梁惠王 上, 王道之始也註 "王道以得民心爲本 愚爲王道在於養民 若先有意於得民心則是覇者之爲恐非王道也."

38 『新註道德經』太『全書』上, pp. 491~492 民之飢註 "上無多稅有爲之累 下無饑而難治之患."

39 『新註道德經』太『全書』上, p. 488 江海所以註 "自下而上民然後 可上於民 自後而先民然後 可先於民."

104

부모형제가 서로 보호해줄 수 없을 지경에 이르렀음을 개탄하고 대안을 모색하고 있다. 그의 폐정개혁론(弊政改革論)은 당시의 폐해를 지적하고 있다.[40]

전하께서 재물을 아끼시고 백성을 아끼지 않으시니 정녕 그 백성은 버리고 그 재물은 잃지 않고자 하십니까. 전(傳)에 말하기를 재물을 모은즉 백성이 흩어진다는 그 말은 이제 바로 오늘의 도(道)가 되었습니다. 대저 그 몸이 존재하지 아니하면 그 책임은 그만입니다. 부당하게 책임 지워져 이를 (대신하여) 책임진 사람이 침독(侵毒)이 그치지 않으니 그 생명을 보호하지 못하여 원통함이 철천통한(徹天痛恨)으로 뼈에 사무쳐 비록 백성을 학대하지 않았다고 말할지라도 신은 감히 그렇게 한 것이나 다름없다고 하겠습니다.[41]

임금의 근본은 덕(德)에 있지 재(財)에 있지 않으므로 민심을 수습하기 위해서는 백성의 아픔을 자신의 아픔으로 할 줄 아는 덕이 무엇보다 필요하다고 말하며, 특히 나라에서 세납 대신에 시키던 요역(搖役)의 가중(加重)에 시달리고 있는 불합리한 현실과 신분 불평등의 폐해를 들고 있다. 또한 신분적 차별의 모순에 대해서도 지적하고 개선을 촉구한다.

"전체 국민을 10으로 볼 때 공사천민(公私賤民)이 60%, 양반인 사족(士族)이 20%, 평민이 20%인데"[42] 특히 "양반인 사족에 이르러서는 일

<hr>

40 『顯宗改修實錄』 卷17, 8年 五月 "修撰 朴世堂上疏 陳時弊 請罷內司 以補軍需 收布士族以均民役 且請以八路兵及訓局咆手 合爲御營軍之制."

41 太『全書』上, p. 96 卷5, 疏箚 應求言疏 "殿下惜財不惜民 寧失其民而不欲失其財 傳曰財聚則民散 正爲今日道也 夫其身不存其責可已 而乃又責之於不當 責之人 侵毒不已 莫保其生 使冤呼徹天痛恨入骨 雖曰不虐于民 臣不敢謂然也."

42 太『全書』上, p. 96 卷5, 疎箚 「應求言疎」 "今一國之中十分其民 公私賤居其六 名士族者居其二 平民居其二."

하는 바가 없고, 독서하지 아니하고, 활을 잡지도 않고, 공가(公家)의 요역(賦役)도 참여하지 아니하여 젊은이부터 노인에 이르기까지 십에 팔구이다."[43]라고 하여 양반 사대부의 무위도식을 지적한다.

병역으로 인한 서민대중의 핍박상에 대해서도 신랄하게 지적하고 있다. 즉 군역(軍役)이 명색만 바뀌고 제도만 다를 뿐 백성이 지는 부담은 더욱 늘어나 한 집안 내에서 군역의 부담이 과거에는 하나였던 것이 지금은 셋이 되고, 옛날에 둘이던 것이 이제는 여섯으로 세 배나 증액되어 백성들이 힘들지 않을 수 없을 뿐 아니라 그 불균등이 심하여 원망하지 않을 수 없다. 이와 같은 군역의 중압에 못 이겨 군역 의무자는 그 혹독한 가렴(苛斂)을 견디지 못하고, 국방의무인 군액(軍額)을 지는 집은 고향을 떠나 친족을 등지지 않을 수 없는 현실을 개탄하고 지적한다.[44]

백성의 삶을 돕고 국력을 강화해야 한다는 기본 입장에서 보면, 군신체제상(君臣體制上)의 군주의 지위는 통치자(治者)로서의 권위적 존재가 아니라 보국안민(保國安民)을 위한 행정 질서상의 기능적 존재에 불과하다는 것이 박세당의 입장이었다. 그는 국가에 국민이 있고 군주가 있는 것은 군주 한 사람을 사사로이 받들고 백성들을 잔해(殘害)하는 데 있는 것이 아님을 강조한다.

무릇 나라에 백성이 있고 임금이 있다는 것은 사사로이 한 사람을 받들고 백성을 해치고자 하는 것이 아니라 다스림은 기탁했을 따름입니다. 후세에 군주가 오로지 그 자신만의 (사욕에) 전념하여 백성을 학대

---

43 太『全書』上, p. 96 卷5, 疏箚「應求言疏」"至名士族 乃無所事 其不讀書 不執弓 不預公家之役 而從少至老者 十居八九矣."
44 太『全書』上, p. 97 卷5, 疏箚「應求言疏」"兵制之壞 至于今日而極矣……軍其名色日新 定制各異 而五衛之卒 又未之罷 是以一家之內 去而爲兵者 昔一今三 昔二今六 增額如此 民安得無困乎……不均如此 民安得無困怨乎……爲保者不勝其毒斂一不善也 爲戶者有離鄕 背親之憂二不善也."

하기를 원수나 다를 바 없이 하면서 많은 세금 징수를 하고, 재용(財用)이 부족하면 부역(賦役)을 과하고 (인두세인) 정액(丁額)이 불충분하다고 말합니다. 만약 부족하면 절약하면 될 것인데 어찌 관대한 징수 외에 방도가 없으며, 만약 불충분하면 비용을 잘라 덜면 될 것인데 어찌 부역을 가볍게 하는 대책이 없겠습니까?[45]

이처럼 박세당의 민본사상은 최고 통치자인 임금에게 보다 철저한 백성 본위의 정책 수립을 촉구하기 위한 건의로써 우국충정의 용기와 신념에서 비롯된 것이며, 백성 중심의 적극적인 현실 대안으로서의 실학적 민본사상이라고 할 수 있다.

5) 화이관(華夷觀)의 변화

① 실리적 대청 외교

박세당이 사문난적이라는 굴욕적인 수모를 당한 것은 청나라에 대한 현실적 대응을 주장했기 때문이다. 그는 과거의 대의명분보다는 실리의 입장에 섰으며, 천명(天命)이라는 것은 일정하지 않고 도덕적이고 강한 나라에 부여되는 통치 근거라고 하였다. 명청(明淸)의 왕조 교체도 그러한 천명의 변화로 인지하고 있기 때문에 과거 사대모화(事大慕華)의 가치가 수정되고 현실 정책에 반영되어야 한다고 주장한다. 천명은 무상하며 영원한 강자가 없다는 그의 사상은 다음과 같이 표현되고 있다.

---

45 太『全書』上, p. 97 卷5, 疏箚 應求言疏 "夫國有民有君者 非以私奉一人而殘百姓也 乃寄治焉已矣 後世人君專私其身 而虐民如讐 言寬斂則曰財用不足 言輕搖則曰丁額不充 如不足則貶節之可也 何寬斂之無其道乎 如不充則裁損之可也 何輕搖之無其策乎."

능히 스스로 강하지 못하면 마땅히 강하고 큰 나라에 복종하고 섬겨 하늘에 순응하여야 할 것이고, 진실로 '내 나라'가 능히 스스로 강하게 되면 비록 다른 강하고 큰 나라라도 또한 장차 나에게 복종하고 섬겨서 하늘에 순응하여야 할 것이니, 이것이 이른바 작은 덕은 큰 덕에 부림을 당한다는 것이다.[46]

이미 존재하지 않는 명나라에 대한 의리정신보다 현재 강한 청나라를 승인하는 것은 국제 정치에서 현실적 정치 세력을 직시하고 거기에 적응해야 한다는 정치적 실리론을 반영하는 것이다. 만약 이런 현실적 정치를 도외시하고 과거에 집착해 연연하다는 것은 강한 나라와 약한 나라가 영구불변의 관계인 것처럼 착각하고 있는 것이다. 그는 변화하는 현실을 도외시하고 과거의 명분에 집착하는 것에 대해 우려하고 있었다.

천하에 적이 없고자 함은 모든 사람이 같으니, 어찌 홀로 명(命)을 대국으로부터 받는 것만을 마음에 두며, 어찌 작은 나라에만 인(仁)을 권하고 큰 나라에 대해서는 권하지 않았겠는가라고 하면서[47] 천명은 큰 나라에 영원히 고정되어 있는 것이 아니라 작우 나라로도 옮겨질 수 있음을 말한다.

하늘이 명한 대로 듣는다고 하면 하늘의 명한 것이 강하고 큰 나라에만 있다고 하는 것인가. 약하고 작은 나라가 강하고 큰 나라를 섬기는 것은 추세에 따름이 마땅하다고 하더라도, 강하고 큰 나라에만 천명

---

46 『思辨錄孟子』太『全書』下, p. 122 「離婁 上」 今也欲無敵於天下註 "不能自强則當服事强大以順乎天 苟能自强則雖强大亦將服事於我不能逆天 此所謂小德役大德者."
47 『思辨錄孟子』「離婁 上」 今也欲無敵於天下註 "夫欲無敵於天下人情所同 豈獨恥受命於大國者 方有是心孟子之意 又豈在獨勸小國以行仁大國則否也."

이 있다고 하면 옳지 못하다.[48]

조선후기의 실학자들이 당시의 지배적인 중국 중심의 사대주의로부터 벗어나 우리나라의 자주성, 자주국방의 강화를 적극 주장한 근거는 오랜 중화사상으로부터 벗어나려는 시대적 흐름이라고 할 수 있다. 그들은 종래의 고착적인 화이관에서 벗어나 하늘의 입장에서 보면 화(華)와 이(夷)가 일반이요 내외의 구분이 있을 리가 없으며, 다만 중화(中華)의 입장에서 보기 때문에 중화는 중심이며 안이 되고, 우리나라 동이(東夷)는 동쪽이 되고 밖이 될 수밖에 없었다고 인식했다.

이러한 민족에 대한 자각은 조선후기 실학사상에서부터 싹트기 시작해 근대적 개화의 자강사상(自強思想)과 근대 지향적 민족주의로 이어졌는데, 이는 오늘날의 근대화 사상과 맥락을 같이하는 것이다.

사대모화 사상을 박세당의 벗어난 화이관은 이런 점에서 탈주자학적 실학 정신에 바탕을 둔 것이다. 그의 대외관은 국가 보위라는 민족적 생존 요청을 직시한 측면을 잘 보여준다. 종래의 사대모화주의를 비현실적인 것으로 보고 청에 대한 현실적 인정을 촉구하고 있는 것이 바로 그것이다. 그는 앞서 말한 바와 같이 현종 때(36세, 현종 5) 청의 사신에 대한 영접 건으로 말미암아 존주의리 정신을 수호하려는 송시열 등의 입장과 반대됨으로써 갈등을 일으켰다.

이때의 청나라 사신 청사(淸使) 영접 건은 정묘, 병자호란 이후 그 피해가 출신의 관리(校理 김만균 등)가 사신을 영접해야 할 것인가 아니면 스스로 면직하여 그들을 피해야 하느냐의 문제였다.

박세당의 견해는 비록 청나라 사람(淸人)이 원수지만, 왕이 직접 가

---

48 『思辨錄孟子』太 『全書』下, p. 122 「離婁 上」 今也欲無敵於天下註 "其曰聽天所命 將謂天之所命在於强大乎 彼弱小之 事强大理勢固當 而言强大者是有天命 則殆於不可."

서 맞이하는(屈駕臨接) 이상 신하의 의리(主辱臣死之義)에 입각해 신하도 영접치 않을 수 없다는 것이었다. 이러한 그의 태도는 대청관계(對淸關係)에서 숭명배청론(崇明排淸論)을 수호하는 이들로부터 많은 비판을 받았으나, 박세당은 이에 굴하지 않았다.

> 정축년(丁丑年)에 항복(下城)한 것은 매우 치욕이었지만 종사를 위하여 나온 만부득이한 계책이었다. 때문에 그 뒤에 우리나라가 북쪽 오랑캐에게 분함과 고통을 참고 접대에 힘썼다. 북쪽의 사신이 오면 임금도 왕림하여 접대에 임하니, 신하 된 자가 비록 화를 입은 자손이라 하더라도 스스로 그만둘 수 없는 일이다. 조정에 나와 벼슬하면서 임금이 왕림하는데 벼슬을 그만두어 피해가면서 스스로를 깨끗이 해보려는 계책은 임금이 욕을 당하면 신하는 죽어야 한다는 정신과 대단히 어긋난다. 그런데도 송시열은 오히려 깨끗한 의론이라고 허락하고 있다. 임금이 북쪽 사신에게 욕을 보면서 접대를 하는데 자기는 면해 보려고 하는 것이 어찌 깨끗한 의론일 수 있겠는가. 시론은 깨끗한 의론을 입에 담고 고상한 말로 큰소리를 치면서 군신의 의리의 중요함을 알지 못하니, 윤리의 썩음이 이처럼 심할 수 있는지 심히 개탄할 일이다."[49]

박세당도 청나라에 대해 오랑캐라 지칭하고 긍정적인 시각을 갖고 있는 것은 아니지만, 외교관계를 맺고 있는 냉정한 현실에서 또한 굴욕인 줄 알면서 왕도 그것을 참고 견디고 있는 마당에 그 아래의 신하가 자신의 명예를 위해 접대의 직을 피하려고 한다면 이는 정당하

---

49 太『全書』上, p. 443 年普 甲辰年 "盖先生常以爲丁丑下城恥辱莫甚而出於爲 宗社計萬不獲已故自其後我國於北虜忍憤茹痛接待之節 龜免行之 北使來則自 上亦屈駕臨接焉 爲臣子者 雖其彼禍人之子孫 旣不能自廢立朝從仕則 君上屈駕而顧乃解職圖避 欲爲自潔之計 其在主辱臣死之義 大段乖怫而懷川 反以淸議許之 世安有獨今 至尊辱接北使 而自爲圖免之淸議乎 一種時論藉口淸議高談大言 而不知君臣之義爲重 彝倫之역敗乃至於此深可慨也."

지 않다는 것이다. 이는 청에 대한 사대외교를 적극적으로 행하자는 입장이라기보다는 어쩔 수 없는 현실적 선택이므로 신하는 왕과 함께 그 사명을 다해야 한다는 것이다. 이러한 기본 사상을 가지고 있기 때문에 그는 북벌론(北伐論)에 대해서도 현실과는 유리된 명분론에 불과한 것이라고 비판한다.

우리나라의 역사를 살펴보더라도 삼국시대에 국력이 가장 약했던 신라가 존립할 수 있었던 이유는 중국과의 외교정책에서 현실주의적 실리를 추구한 것이었음을 예로 들고 있다. 중국에서 보면 우리나라는 한 주(州), 한 현(縣), 심지어 한 향(鄕)이나 다름없으니 능히 중국에 저항하여 그 위세와 세력을 극복하기 어렵다는 것이다. 만약 험악한 지세와 그 강성함만을 믿고 중국과 겨룬다는 것은 마치 미친개가 사람을 물다가 죽임을 당하는 것 같고, 약한 개미가 저수지를 뚫으려다가 물결에 표류함과 같은 일이라고 그는 비유한다.[50]

박세당이 이 글을 쓴 것은 부여의 정림사탑을 둘러본 뒤의 일로, 왜 삼국통일을 신라가 했는가에 대해 신라의 외교가 성공을 거둔 반면 고구려와 백제는 강한 중국과 맞섬으로써 오히려 망국으로 치달았다는 것이라 이야기하고 있다. 그는 정림사탑을 소정방이 세운 '대당평백제탑비'로 인식했으며, 거기에 있는 비석 글을 탁본하여 집에 보관하고 있었다.

청나라에 대항하는 북벌론은 지극히 비현실적이고 나라를 위험에

---

50 太『全書』上, p. 154 卷8, 平濟塔碑拔 "謹事中國不敢有失 夫苟能然則 雖子孫綿綿 又數百年未爲不可顧乃不出於此 爭利而數鬪其隣恃險則累抗中國其內之百姓 固已疲弊不振而日以離散矣 其欲不亡得乎 嘗跡其所以亡者 高麗最大最強最近中國最先亡 百濟之大之強與其去中國之近 又次於高麗其亡次之若新羅則最小最弱最遠中國而不亡 其故何哉 處近則勢逼恃強大則不恭不恭則速禍 速禍則國亡居遠則勢疎憂小弱則恭恭足以自安 自安足以不亡 夫南蠻北狄東夷西戎 各有君長各有土地大小強弱於斯分矣 然其所謂強大者特此強於彼 彼大於此 其視中國不過一州一縣一鄕耳 非能有抗中國之勢也 直負其險阻恃其強盛不肯服順 以取滅亡譬猶猘犬搏人 斃於挺下 弱蟻穿堤漂於浪沫可不哀也."

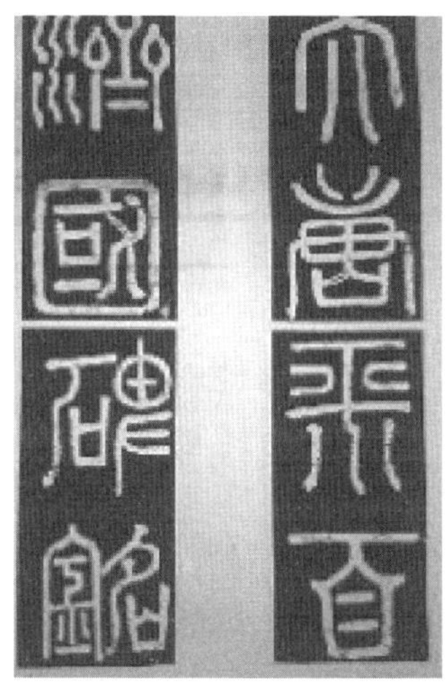

정림사탑비

빠뜨리는 아주 위험한 정책이라는 것을 간접적으로 표현한 말이다. 과거의 대의명분 때문에 현실에 실재하지 않는 명나라를 섬기고 현실적 실세인 청나라에 대항하는 것은 망국의 정책임을 이처럼 극단적인 비유로 설명하고 있는 것이다. 여기에서 그의 냉엄한 실질 숭상의 정신을 볼 수 있다. 그는 결코 청나라의 문물을 그리워하는 것이 아니라 시대적 변천의 냉엄한 현실에 충실해야 한다는 점을 지적하고 있는 것이다.

박세당은 자신의 이러한 현실적 대응이 중국인 강세작(康世爵)을 통해 수립된 것임을 밝힌다. 강세작은 우리나라에 귀화하여 가정을 이루고 살던 명나라 출신 사람으로, 명나라의 부흥은 불가능한 것이라고 보면서 한(漢)나라가 400년이 되어 망하니 비록 소열(昭烈)의 현명함으로도 부흥시킬 수 없으며, 당(唐)과 송(宋)이 300년이 되어 망하고 명나라 역시 홍무(洪武)로부터 숭정(崇禎)에 이르기까지 300년이 되었으니 하늘의 대운(大數)을 그 누구도 어길 수 없는 것이라고 하였다. 오랑캐들이 마침내 천하를 소유했으니 그들은 강하고 한인(漢人)들은 곤고함에 처해 있어 비록 영웅호걸이 있더라도 능히 저항할 수 없다.[51] 이는 역사의 냉엄한 물결로 수용할 수밖에 없는 것이다. 이러한 그의 역사관은 청나라가 중국을 장악하게 된 것이 필연적인 대세라

---

51 太『全書』上, p. 160 卷8, 雜著 康世爵傳 "又曰吾知明之亡朱氏不能復興也 漢四百年而亡雖以昭烈之賢 不能復 唐與宋皆三百年而亡 明自洪武至崇禎亦三百年 天之大數誰能違之 虜其終有天下乎 夫虜方强而中國之人困敝 已極父子兄弟救死不給雖有英雄豪傑莫能抗也."

는 점을 표명한 것이며, 그러기에 북벌론은 먹혀 들어갈 수 없는 환상에 불과하다고 보았다. 박세당은 이 글에서 청(淸)을 오랑캐(虜)[52]라고 말한다. 오랑캐가 강대해진다는 것이 그가 맞는 냉엄한 국제적 상황임을 직시하고 있다.

또 중국 원(元)·명(明) 교체기에 고려의 정몽주(鄭夢周)와 자신의 선조가 고려조의 보위를 위하여 대외정책으로 명나라를 섬기고 원나라를 배척하는 사명배원(事明排元)을 주장한 점을 높이 평가하며[53] 중국 대륙에서의 원·명 교체에 선인들이 대처했던 역사적 사실에서 보는 바와 같이 명·청 교체기에 있어서도 지나친 명분론보다는 백성들의 실리를 위하여 친청(親淸) 정책을 취해야 한다고 보았다.

박세당은 옛날에 원나라가 이미 중국의 주인이 되어 들어올 때 고려는 그 원나라를 섬겨서 100년을 내려왔지만, 그 나라가 망하고 명나라가 흥하자 원을 위해 죽음으로 의리를 지키는 일은 하지 않았다면서 이미 사라진 명나라를 섬기는 것이 중국에 대한 예를 잃음이 아니며[54] 청나라에 대한 사대적 외교가 불가피함을 지난 역사의 고사를

---

52 서계는 청나라를 섬기자고 주장하는 것이 아니다. 그는 우리 민족의 굴욕과 수치를 누구보다도 잘 알고 있는 지식인이다. 太『全書』上, p. 309 卷15, 諡狀에서 「吏曹參判 杞平君 兪公諡狀」의 글 가운데 유백증(兪伯曾)이 상소한 "국가가 짐승 같은 지경에 빠짐이 2년이 되니 정말 수치스럽습니다. 이 수치를 갚을 수 없음이 심하지 않음이 없습니다."라든가 "임금님이 포위되어 매양 분하여 말하기를 생선과 고기됨을 요행히 면한 것 같으니 이 치욕을 어떻게 잊을까? 한양에 돌아와서도 빈번히 서쪽을 보며 통곡하였다(上之在圍每憤曰若幸免魚肉 此恥辱何可忘也 及還都頻西向痛哭)."라는 이야기들을 인용한 것으로 볼 때, 그가 결코 청을 숭배한 입장이 아님을 알 수 있다.
太『全書』上, p. 316 卷15, 行狀 「原州牧使 李公 行狀」 가운데 "至丙子秋 公知虜兵必動上疎"의 인용도 '오랑캐'라고 표시하고 있다. 이런 점에서 볼 때 그의 화이관은 감정적으로는 청을 오랑캐로 보지만, 이성적으로는 중국의 실세로 보는 냉정함이 있는 것이다.
53 太『全書』上, p. 130 卷7, 答和叔書 "圃隱亦嘗與先祖同主事明矣……先祖與文忠其忠於高麗終始同耳."
54 太『全書』上, p. 129 卷7, 書 答和叔書 "夫元旣入主中國而高麗之事元垂百年矣一朝元亡而明興高麗處外藩無爲彼守死之義 故事明而不失尊中國之禮."

들어 설명하고 있다.

② 연호론(年號論)

박세당은 청나라 중시 정책의 불가피함을 이야기하고, 당시 병용되었던 숭정의 연호에 집착하는 수구적 보수주의자들에게 왕조가 바뀌면 연호도 바뀌는 것이 역사적 순리라며 청나라의 연호를 쓰는 것에 대해 지지했다.

연호란 연수 혹은 세수를 기록하는 것인 만큼 왕조가 바뀌면 으레 변하게 마련이며, 역사적으로 보더라도 한 왕조가 망한 뒤 다른 왕조에서 앞선 왕조의 연호를 쓴 사례는 없다고 한다. 즉 당시는 명이 망하고 청이 들어선 '청의 시대'이므로 청의 연호를 사용함이 정당하다는 것이다.

그는 이에 대해서도 고사를 인용하면서 숭정 대신 강희(康熙)를 쓰는 것이 정당하다고 했다. 옛날에 기자(箕子)도 은나라의 연호를 쓰지 않았고[55] 진(晉)나라의 충신이던 도연명(陶淵明)도 (진나라가 망하자) 진의 연호 대신 육갑을 사용하였으며, 당이 망한 뒤에도 당의 연호를 계속 쓴 진기(晉岐)를 탐탁지 않게 보고 크게 쓰지 않았던 주자의 경우 등 역사적 사실들을 들고 있다.[56]

그러나 박세당의 입장과는 달리 송시열을 정점으로 하는 존주의리의 입장에서는 과거에 입은 명나라의 은혜를 저버리지 않고 의리를 지키는 것은 양보할 수 없는 대의명분이었다. 그러나 박세당이 보기에는 이러한 집착은 비현실적이어서 이에 대해 비판하고 있다.

---

55 太『全書』上, p. 137 卷7, 辭論「辨和叔論紀年示兒姪」 "箕子不欲臣 周其不承用 周之正朔 理亦有之矣 必不强引商紂 已絶之歲數."

56 太『全書』上, p. 365 卷17, 簡牘 "雖綱目亦然上書甲子分注諸國者 便是不與正朔 與淵明之不用後代之年號者意同耳……向使晉歧不用 天祐之號 朱子豈有强引 而私存之如今人所爲也 此係大段事理 安得曰無甚所關也."

그 옛날 삼대(三代) 이래로부터 이미 몰락한 나라의 연호를 끌어다 쓰는 일을 들은 적이 없다.[57]

이와 같이 새로운 시대에 부응하지 않고 과거에 집착하는 숭정의 연호 사용에 반대한 것은 명분보다는 실익을 중시하는 것은 실학적 자세라고 할 것이다.

이상으로 살펴본 것과 같이 박세당은 실학사조의 공통점인 탈주자학과 원시유교로의 회귀, 계몽사상과 제도 개혁, 그리고 현실에 맞는 농업기술에 대한 관심 및 명분보다는 실질을 숭상하는 현실주의적 태도를 가진 학자로, 조선후기 실학의 선구자라고 할 수 있다.

---

57 太『全書』上, p. 138 卷7, 辯論「辨和叔論紀年示兒姪」, "自三代以來, 未聞有引年於旣沒之後."

제3장 박세당의 노장철학의 수용

　실학사상 가운데 큰 특색은 주자학만의 학문에서 벗어나 다양성을 찾는 박학의 정신이라고 할 것이다. 앞서 말한 것처럼 박세당은 탈주자학적 경학사상을 펼친 학자로, 당시에는 주자학을 모욕한 사문난적으로 비판받는 등 곤욕을 치렀다. 그러나 그의 이러한 비판적 태도는 유교 이외의 경전인 노장(老莊) 사상에도 미쳐서 『도덕경』과 『남화경』을 주석했으니, 이는 조선시대 사상계에서 퍽 이례적인 주석서였다.

　그의 『신주도덕경(新註道德經)』은 몇 가지 특징을 지니고 있어 주목할 만하다. 첫째, 유교적 용어를 사용하여 『도덕경』을 설명하고 있다. 그의 접근 방식은 바로 유교와 다른 면을 설명하는 것이 아니라, 근본적으로 유교의 사상과 유사한 면을 통해 『도덕경』을 이해하려고 하는 것이다. 물론 유교와 유사한 일면이 말하고 있지만, 그의 궁극적 본지는 『도덕경』의 사상이 유교와 같다는 것이 아니라 다른 점에 주목하고 있다.

　둘째, 그의 『도덕경』 주석은 탈주자학적 노력의 일환이라고 할 것이다. 그는 교조적이고 경직된 사상 체계에서 벗어나 보다 자유스럽게 진리에 접근하려고 노력했다. 그러나 당대의 사상 경향은 주자학을 절대시했기 때문에 사실상 주자학적 가치 체계와 다른 『도덕경』적 가치를 제시하는 것 자체가 탈주자학적 의도를 내포하고 있다. 물론 노장의 주석에는 조목조목 주자의 주석을 비판한 『사변록』과는 달리 노자를 비판하는 언사는 없지만, 그 시대의 『도덕경』 주석 자체가 탈주자학적 노력이라고 할 수 있다.

셋째, 그의 주석은 유교의 가치 체계를 근원적으로 넘어서지는 못한다. 그는 충효(忠孝)와 같은 유교의 덕목을 폄하하는 『도덕경』의 내용에 대해 오히려 노자를 비판한다. 여기에서 그가 비록 노장서적을 주석하지만 거기에 미혹되지 않고 일정한 거리를 유지하고 있음을 알 수 있다. 그렇다면 그가 노장철학을 섬세하게 주석한 이유는 무엇일까?

말할 나위도 없이 주자학적 교조주의에 얽매이지 않고 자유롭게 비판적 태도로 다양한 학문을 하자는 것이다. 그의 이러한 주석 태도는 17세기 이후 다양성을 추구하는 박학적 학문방법에 영향을 미쳤으며, 조선후기 실학의 선구적 태도로 평가할 수 있다.

런던 대학의 한국학 담당 마티나 도이힐러(Martina Deuchler) 교수는 자신의 논문 「사문난적(斯文亂賊) − 한국의 17세기 경학(經學) 논쟁」[1]에서 사문난적의 오명을 쓴 윤휴(1617~1680), 박세당(1629~1703), 최석정(崔錫鼎 ; 1646~1715)과 같은 사상가의 공통점을 찾고 있는데, 이 논문은 17세기 조선후기에 있어서 정통과 이단논쟁은 전례 없는 것으로 순수한 학문적 논쟁보다는 정쟁과의 관련에 주목하고 있어 앞선 저술이다. 그러나 박세당의 노장철학에 관한 연구의 의의는 언급하고 있지 않고, 또 박세당의 노장철학을 연구한 한국의 논문에서는 그것을 실학과 연결하여 보고 있지 않다.

예컨대 노장철학에 관한 선구적 연구로는 송항룡 교수의 「서계 박세당의 노장(老莊) 연구와 도가철학사상」이 있고, 필자도 「박세당의 노장철학론」[2]을 발표하였으며, 그 후 조민환 교수의 『유학자들이 보는 노장철학』[3]이 나왔다. 그리고 한 걸음 더 나아가 『도덕경』에 대한

---

1 Martina Deuchler, 「Despoilers of the Way, Insulters of the Sages; Classics Controversies in Seventeenth Century Korea」, 『Culture and the State in late Choson Korea』, Havard University Asia Center, 1999, Cambridge, Massachusetts, and London.
2 이희재, 「박세당의 노장철학론」, 『철학연구』 59집, 대한철학회, 1997.

본격적인 연구로 김학목 교수의 『박세당의 노자』[4]에서는 완역과 평가 작업을 동시에 이루어 연구 수준을 높였지만 실학과 연결시켜 보지 않고 독립적으로 연구했을 따름인데 그것을 비판할 필요는 없다.

우선 시급한 것이 박세당의 『신주도덕경』에 대한 주석을 소개하는데 있어 그 특징을 연구하는 것이기 때문이다. 또한 박세당의 노장 주석의 특징을 제대로 이해하기 위해서는 박세당 이전과 이후의 『도덕경』과 관련된 저술을 살펴보고, 그의 주석 연구와 비교해볼 필요가 있다. 그럼으로써 그가 어떻게 『도덕경』을 이해했는지 대비할 수 있을 것이다. 또 앞서 말한 바와 같이 그가 노장사상을 연구하면서도 일정한 거리를 두었다면 결코 유교적 가치를 소홀히 하지 않았다는 의미이고, 그런 유교적 바탕에서 그가 어떻게 유교적 가치와 비교하였는지 살펴봐야 할 것이다.

1. 조선시대의 『도덕경』 연구 동향

조선시대 『도덕경』 관련 저술은 서산대사(西山大師, 1520~1604)의 『삼가귀감(三家龜鑑)』이 있는데, 그 중 「도가귀감(道家龜鑑)」을 노장 연구의 시원으로 여기면 될 것이다. 이 저술에서 서산대사는 노자와 장자 사상의 요점(宗要)을 자신의 관점에서 선택적으로 정리하고 있다.[5] 예컨대 원문에 도(道) 또는 대(大)라고 되어 있는 것을 심(心)으로 고쳐서 말한다거나, 심(心)과 도(道)를 한가지로 본 것 등이 그것이다.[6] 또 이

---

3 조민환의 『유학자들이 보는 노장철학』, 예문서원, 1996.

4 김학목, 『박세당의 노자』, 예문서원, 1999.

5 西山, 『三家龜鑑』, 이하 朝鮮佛教中央教務院編 참조.

6 西山, 앞의 책, 「道家龜鑑」, "有物渾成 先天地生大 至妙至虛至靈……吾不知其名 强名曰心."

름 없는 무명(無名)의 성인(聖人)과 공이 없는 무력(無功)의 신인(神人)
그리고 자기가 없는 무기(無己)의 지인(至人)은 모두 도덕의 진실을 갖
추고 있어 허심(虛心) 무아(無我)하여 항상 무물(無物)의 경지에서 노닐
며 인의(仁義), 국가, 천하 따위를 부화(浮華)한 것으로 본다고 해석한
다. 또한 그는 노장사상과 불교, 유교가 궁극적으로는 서로 통한다고
보았다.

> 한 진리 가운데에서 공자는 뿌리를 심었고, 노자는 (그것을) 배양하였
> 으며, 석가는 울창하게 했다.[7]

그의 요지는 세 가지 서로 다른 사상(三家: 儒, 佛, 道)이 대립적인 것
이 아니라 서로 회통될 수 있다는 것이다. 서산대사 이후로 율곡(栗谷)
이이(李珥; 1536~1584)는 도덕경의 주석서인 『순언(醇言)』에서 『도덕경』
이 '학자에게 유익한 것'이라고 결론짓고, "성인(聖人)의 책이 아니라고
해서 읽지 않아서는 안 된다."고 경계의 말을 하고 있다.[8]

그는 나름대로 체계를 세워가며 『도덕경』에 대한 전체적인 이해와
함께 모든 장구(章句)와 자구(字句)를 주석한다. 이러한 학문적 자세는
이단을 물리친다는 벽(闢)이단을 발판으로 하여 노장사상과 불교(老佛)
를 배척하는 여타의 성리학자들과는 차원이 다른 것이라고 할 것이
다.[9] 율곡은 노자의 근본적이고 순정(醇精)한 뜻이 사실 유가(儒家)와
다를 바 없이 가치를 지닌 것이기 때문에 그런 것들을 과감하게 수용
하여 도가(道家)의 정순(精純)한 사상을 유가의 입장에서 일치시켜보려

---

7 『淸虛堂集』 卷3, "所謂一法中 儒之植根 老之培根 佛之拔根."
8 李珥, 『醇言』 序, "有益於學者 不可以爲非聖人之書而莫之省也." 이 책의 번역본
  은 1993년 이주행 역, 인간사랑출판사 참조.
9 宋恒龍, 「栗谷 李珥의 老子硏究와 道家哲學」, 『韓國道敎의 現代的 照明』, 韓國
  道敎思想硏究會, 亞細亞文化社, p. 143.

고 하였다.[10] 물론 『도덕경』에서 유가 경전과 합치되는 점만을 뽑아 모으려는 데 목적이 있었던 것은 아니며, 노장사상을 이단으로 몰아붙이는 것은 그 내용과 이론이 고차원만을 논하기 때문에 그 심원한 뜻을 쉽사리 이해하지 못하는 데에서 오는 오해라고 했다.[11] 율곡의 노장사상에 대한 태도에서 노자를 읽지도 않은 채 무조건 비판하기보다는 좋은 점을 채택하여 유교의 뜻을 더욱 보완하려 한 포용적 사유를 찾을 수 있다.

조선조 18세기 서명응(徐命膺; 1716~1787)은 나이 54세에 『도덕경』을 ‘도덕지귀(道德指歸)’라는 이름으로 주석하고, 61세에 그 언해본을 수정 보완하였다. 「도덕지귀」는 두 편으로 나누어 상편은 도경(道經)이라 하고, 하편을 덕경(德經)이라고 하여 45장(보통은 44장이다)으로 나누었다. 주로 설혜(薛蕙)가 찬술한 『노자집해(老子集解)』를 참조하고 있다.[12]

이 책에서 그는 송대유학(宋代儒學)의 개창자인 주렴계(주돈이)의 무극(無極)과 주정설(主靜說)이 실은 『도덕경』에서 취한 것이라고 지적하고 있다.[13] 곧 “주자(周子)의 설 가운데 노자와 비슷한 것이 단지 문장인 「졸부(拙賦)」뿐이겠는가? 무극(無極) 주정(主靜)처럼 바로 도(道)의 근본인 것조차 또한 노자에게서 취함이 있다.”[14]라고 성리학에 미친 노자 『도덕경』의 가치를 인정하고 있다.

서명응은 ‘무위(無爲)’란 자연의 진실에 따르는 것이라고 해석하며 이를 정치에 원용하면 백성들을 불필요하게 간섭하지 않음으로써 백성들의 자발성을 살릴 수 있다고 하였다. 이런 점은 이제까지 유학자

---

10 金吉煥, 「栗谷의 老子觀」, 『韓國學報』.

11 宋恒龍, 앞의 책, p. 144.

12 李康洙, 「徐命膺의 老子理解」, 1991, p. 377. 『韓國道敎와 道家思想』 亞細亞文化社 참조, 이 밖에도 柳聖泰의 「徐命膺의 道家思想」도 함께 실려 있다.

13 李康洙, 앞의 책, p. 387.

14 徐命膺, 「道德指歸」, p. 6. 李康洙, 앞의 논문 재인용.

들이 노자를 보는 태도와는 달리, 노자의 본질을 제대로 알려고 하는 적극적 의지가 있는 것이다.[15]

이충익(李忠翊; 1744~1816)의 '노자를 이야기한다'는 「담노(談老)」에서 노자의 근본 정신은 허무를 숭상하는 가르침이 아니라고 하면서 종래의 노자에 대한 비판을 반대하였다. 즉 과거의 잘못된 노자 비판은 도(道)의 전체를 보지 못하고 어느 한쪽을 들어 평가한 것에 불과하다고 하였다. 뿐만 아니라 그는 유(有)나 무(無) 한쪽에 편향된 것이 결코 바람직한 것이 아닌데, 많은 학자들은 유(有)나 무(無) 한쪽의 입장에서 공격을 일삼는다고 하여 편향적 시각에 대해 지적하고 있다.

이러한 이충익의 입장은 이미 노자의 무위(無爲)와 청정(清淨)을 적극적으로 수용하는 것일 뿐만 아니라 편협한 당대의 학풍을 크게 반성하는 것임을 알 수 있다. 그는 유(有)를 숭상하고 무(無)를 공격한 것이나 무(無)를 숭상하고 유(有)를 공격한 것은 어리석은 이론(朝三)이라고 하면서, 대체적으로 노자의 말은 무위와 청정을 좋고 귀한 것으로 보며, 만물이 유(有)에서 출현했지만 유(有)는 무(無)에서 나온 것이다. 그런데 유무(有無)의 분별이 성인(聖人)이 말한 것과 같이 '같이 나온 것이지만 이름이 다름(同出而異名)'이라고 한다. '같이 나온 것이지만 이름이 다름'에 대해 진상을 모르고 한쪽에 집착하여 어두워짐은 지엽적인 것 말류의 실수이며 도의 전체가 아님[16]을 지적하고 있다.

홍석주(洪奭周; 1774~1842)는 자신의 '노자를 정정한다'는 『정로(訂老)』가 후세 사람들이 정확하게 이해하지 못한 노자를 올바로 이해하게 만들기 위해 지은 책이라고 말한다.[17] 그는 노자의 대요(大要)는 대개

---

15 「道德指歸」序, 李康洙, 앞의 논문 재인용.
16 「椒園談老」, 筆寫本(고려대학교 도서관 소장)「談老」後序, "然則崇有而攻無與崇無而攻有卽朝三之論也 蓋以老子之言이 善無爲而貴淸淨 又曰萬物生於有 有生於無…… 若夫有無之辨 聖人明言之曰同出而異名焉 今乃昧於同出而異名之執則其亦末流之失而非道之全也."

모두 욕심을 줄이는 과욕(寡欲)으로 정신을 기르는(養神) 것이고, 싸우지 않는 부쟁(不爭)으로써 처세하는 것이며, 일을 반성하고 죽이는 것을 제거하는 성사거살(省事去殺)로써 백성을 다스리는(治民) 것이니, 후세에 노자와 관련하여 말한 것은 노자의 진실이 아니라고 하였다.[18] 즉 노자의 본질이 유교적인 가치와 어긋나는 것이 아님을 강조하고 있다. 비록 노자가 인의(仁義)를 조롱하는 면이 있다 하더라도 그 본뜻은 세상이 은혜를 파는 것을 인(仁)이라 여기고, 의협을 자랑하는 것을 의(義)라고 여긴 것을 병통으로 생각한[19] 것이므로 결코 인의를 부정하는 것이 아니라고 변호한다.

이제까지 살펴본 것처럼 박세당의 시대에 앞서 노자를 연구한 인물은 서산과 율곡에 불과하지만, 박세당이 도덕경을 주석한 이후로는 많은 주석자들이 나오고 또 시대가 흐를수록 노장사상에 대해 보다 관용적으로 변해감을 알 수 있다.

박세당의 노장철학에 대한 독서는 방대한 것이었는데, 53세에 쓴 『신주도덕경』의 경우는 명나라 진심(陣深)의 「제자품」과 임희일(林希逸)의 「도덕경주」를 참고 자료로 해서 그의 견해를 밝힌다. 특히 『신주도덕경』에서 인용한 중국의 주석가는 임희일, 주희(朱熹), 소철(蘇轍), 이연(李術), 사마광(司馬光), 여혜경(呂惠卿) 등으로 혹왈(或曰)을 제외하면 모두 6명이다. 그는 두 번 이상 언급한 주가 별로 없는 데 비해 유독 임희일의 주석을 열두 장에 걸쳐 인용하고 있다. 또한 여

---

17 『淵泉文集』 卷40, 「訂老題」 訂者 正也. 老者者, 書五千言也. 正也者, 蓋正其不正也.
曺民煥, 1995, 「淵泉 洪奭周의 老子理解」, 『인간다운 삶과 철학의 역할』, pp. 464~488. 한민족 철학자대회 발표집 참조.

18 「訂老題」 世以老氏書爲異端 固也. 然世之言老者者, 未嘗有知老氏者也. 老氏書, 率皆言寡欲以養神, 不爭以應世, 省事去殺以治民. 其大要如是已. 凡後世之所謂老者, 皆非老也.

19 『訂老』 18章, "老子病世之沽惠以爲仁, 矜俠以爲義也. 故竝與聖人之言仁義也."

러 기존 주석서들을 보지만 특히 진심의 『노자품절』을 많이 참고했
다.[20] 『남화경주해산보(南華經註解刪補)』에서는 40권 정도의 주석서를
참고로 하여 발췌 인용하고, 그 자신의 견해를 진술하여 독자적인
이해를 도모하고 있다.

---

20 김학목, 『박세당의 노자』, 예문서원, 1999, p. 64.

제4장 박세당 『신주도덕경』 주해의 특징

1. 유교적 개념을 통한 노자 이해

박세당은 기본적으로 노자를 노자 자체로 이해하려 하였지만, 유교적 교양 속에서 성장했기 때문에 일단 유교적인 개념과 짜맞추어 이해하려고 한다. 이는 유교적 가치를 높이려는 뜻이 아니라 설명을 위해서 어쩔 수 없는 일이었다. 이에 대해 몇 가지 사례를 들어 살펴보겠다.

― 도(道)의 이해

박세당은 노자가 말하는 일(一)을 도(道)로 파악한다. '도는 일을 낳는다(道生一)'[1]에서의 일(一)을 태극으로 보고, 이(二)를 음양 곧 양의(兩儀)로 보고 있다. 여기에서 노자가 음양의 개념만 말한 데 비해 그는 일을 태극으로 해석한다. 유교적 도와 노자의 도를 비교함에 있어 큰 차이가 없이 이를 수용하고 있다. 이 도는 주역에서 말하는 그 도와 하등 다를 바 없다. 그래서 '형이상(形而上)은 도(道)이고, 형이하(形而下)는 기(器)라 이른다.'[2]라는 주석을 자연스럽게 말하고 있다. 노자의 도를 특별히 유교의 도와 다른 것으로 보지 않고, 『역전(易傳)』의 태극의 개

---

1 『道德經』 42章, "道生一 一生二 二生三 三生萬物 萬物負陰而抱陽 沖氣以爲和."
2 『新註道德經』 28章, "形而上謂之道 形而下謂之器" 『新註道德經』 上下권도 『西溪全書』에 영인(影印)되어 있으며, 원본은 충남대학교 도서관에 소장된 것을 확인 대조하였다.

념과 연결하여 이해하고 있다.[3]

『도덕경』에서 "나는 도가 어디서 나온 지 알지 못하나 상제(上帝)보다 앞서 있는 듯하다."[4]라고 한 것에 대해 박세당은 주석하기를 "제(帝)는 하늘이며 도(道)는 또한 천지에 앞서 존재한 것이다."[5]라고 하면서 도야말로 확실히 하늘보다 앞선 존재임을 강조하고 있다. 즉 도야말로 가장 근원적인 우주만물의 시원(始原)으로 해석한다. 그렇다고 해서 도를 만물의 창조자라고 하는 것은 아니다.

> 도는 천지의 앞에 있는 까닭으로 (옛 고자의) 고(古)라고 한다. 고의 도를 잡아 오늘의 존재를 거느리는데, 무(無)로써 존재를 거느리고, 도로써 사물을 통제한다. 도란 스스로 생기는 것임을 아니, 이를 도의 밑바탕인 도기(道紀)라 한다.[6]

도란 창조자가 아니라 스스로 생기게 하는 존재이다. 만물을 창조하는 자는 아닐지라도 만물을 기르는 것이기 때문에, 도는 남성인 아버지보다는 여성인 어머니에게 속하는 것이다. 노자의 "나 혼자 다른 사람과 다르고 어머니에게서 섭취함을 소중히 한다(我獨異於人而貴食母)."에 대해 왕필(王弼)이 '식모(食母)'는 삶의 근본이라고 간결하게 주석한다. 그런데 박세당은 이 부분을 더욱 적극적으로 해석하고 있다.

---

3 陳鼓應은 그의 『易傳與道家思想』(최진석 외 번역, 『주역, 유가의 사상인가 도가의 사상인가』, 예문서원, 1996, p. 34)에서 역전(易傳)은 공자 이후인 전국(戰國)시대의 작품이라고 하며, 역전 가운데 단전(彖傳)은 노장사상에서 깊은 영향을 받았고 장자사상과 유사한 부분이 많다고 주장한다.
4 『道德經』 4章, "吾不知誰之子象帝之先."
5 『新註道德經』 4章, "道沖而用之註 帝天也 道在於天地之先."
6 『新註道德經』 14章, "視之不見名曰夷註 道在天地之先 故曰古 執古之道 以御今之有 以無 御有 以道制物也 知道之所自生故 謂之道紀."

어머니란 도다. 도가 만물을 낳으므로 어머니라고 한다. 음식이 몸을 기르는 것은 어머니에게서 음식을 구하여 도로써 스스로 기르는 것이다.[7]

이런 말 가운데서도 스스로 기르는 것을 강조하지 어머니의 의지를 강조하는 것은 아니라 하겠다. 노자의 "그러므로 도는 낳고 덕은 기르나니, 키워서 길러주고 성숙시켜 여물게 하고 보살피고 덮어준다."[8]에 대한 주석에서 박세당은 "삼라만상은 음양의 운동으로 나오는데 음양은 하나의 도이다. 그러므로 도는 낳고 덕은 기른다 함은 아버지가 낳고 어머니가 기른다는 말과 같다."[9]고 하여 아버지와 어머니의 기능적 조화, 곧 음양의 조화라고 보았다. 이렇듯 그는 도에 대한 해석을 하는 데 유교적인 용어를 많이 활용하고 있다.

도와 덕의 관계에 대해서 도가 현실화된, 다시 말하자면 도의 형이하학적(形而下學的) 표현이 덕이기는 하지만, 도라는 것도 현실과 괴리된 공허한 것이 아님을 주장한다. 큰 공정성을 가지고 왕이 통치를 하면 그것이 천(天)과 합치하고, 또 그것을 도라고 보았다.[10] 도를 가진 사람이 세상의 귀의처가 되는 것은 마치 세상의 모든 강이 바다로 흘러드는 것과 같다고 하였다.[11] 사람들이 도를 위주로 세상살이를 한다면 그 삶은 청정하고 무위하여 남으로부터 침범받지 않으므로 이는 훌륭한 처세술이기도 하다.[12] 이처럼 도는 단순한 추상적 원리가 아니라 "허정(虛靜)으로 체(體)를 삼고, 겸약(謙弱)으로 용(用) 삼

---

7 『新註道德經』20章, "母者道也 道生萬物故曰母 食所以養身者 求食於母 以道自養也."

8 『道德經』51章, "故道生之 德畜之 長之育之 亭之毒之 養之覆之."

9 『新註道德經』51章, "道生之德畜之註 萬物俱受陰陽之氣 以生陰陽一道也 故曰道生之 道生德畜猶言父生母育."

10 『新註道德經』16章, 致虛極守靜註.

11 『新註道德經』32章, 道常無名註 "有道者爲天下所歸 猶百川之注江海."

12 『新註道德經』60章, 治大國若烹小鮮註.

는"[13] 구체적 실천 원리라고 규정짓는다.

박세당은 '체(體)와 용(用)', '태극(太極)', '음양(陰陽)' 또는 '형이상자(形而上者)'와 결부시키면서 도를 설명하고 있다. 물론 유교의 도를 설명하는 것이 아니라 노자의 도를 설명하지만, 어디까지나 유교적 교양으로부터 벗어나지 않는다.

― 천(天)의 경우

'도'만큼이나 중요한 개념이 '천(天)'인데 유교의 천은 원시유학의 경우 상제천(上帝天)적 요소가 있고, 주자학의 경우는 이법천(理法天)으로서의 개념이 중심인데, 박세당은 노자 주석에서 몇 가지 천의 개념을 다루고 있다.

노자는 천(天)은 감정이나 의지가 없다는 것을 '천지불인(天地不仁)'의 주해에서 다음과 같이 설명하는데, 우선 상제천보다는 이법천에 가깝다고 하겠지만 박세당은 노자의 원뜻에 충실하게 다음과 같이 설명한다.

인(仁)은 자애와 따뜻하다는 뜻이다. 사람이 풀개(사람 모양의 풀)에 대해서는 제사 때는 쓰고, 제사를 지내고 나면 버린다. 대개 일찍이 자애와 따뜻한 은혜의 뜻이 없었다. 천지가 만물에 대해, 성인(聖人)이 백성에 대해 무심한 것도 이와 같다. 임씨가 말하기를 장자가 큰 인(大仁)은 불인(不仁)이라 하고 지덕(至德)의 세상 인인 세인(世仁)인 줄을 알지 못하는 것이 바로 이 뜻이다. 풀무는 비어 있기에 바람을 내고, 천(天)은 무심으로써 사물을 내는 것이니 그 도가 같다. 말이 많은 자는 구구하게 그 사적인 은혜와 작은 사랑을 행하고자 하나 자주 궁색함을 면치 못하니, 풀무처럼 비워두고 중(中)을 지키면서 다 쓰지 아니

---

13 『新註道德經』 40章, 反者道之動註.

하는 것만 못하다.[14]

여기서 추구(芻狗)는 제사에서 제물로 바치는 짚으로 만든 개로, 제사가 끝나면 버려진다. 만물이 잠깐의 삶을 이 세상에서 영위하고 홀연히 떠나가는 것이 제사가 끝난 뒤의 짚으로 만든 개와 같지만 천지는 냉담하게 바라만 볼 뿐이다. 이는 아무런 개입이 없다는 뜻이기도 하다. 바로 자연 그대로 둔다는 의미로 해석할 수 있다. 또한 풀무는 비어 있기 때문에 바람을 내고 천(天)은 무심으로써 사물을 내는 것이라는 말도 결국은 사물에 대한 천의 개입이 없음을 은유한 표현이다.

또한 그는 자연을 배운다는 '법자연(法自然)'에 대한 주해에서도 "사람은 땅(地)을 본받고, 땅은 천(天)을 본받고, 천은 도(道)를 본받고, 도는 자연을 본받는다. 도는 자연을 귀하게 여긴다."[15]라고 하여 천(天)에 인격적 의미를 부여하지 않을 뿐만 아니라 자연과 도를 본받는 종속적 개념으로 간주한다. 자연은 내재적 원인에 의해 존재하고 움직이지, 외부의 초월적 원인에 의해 움직이는 것이 아니므로 역시 상제천으로 해석하지 않는다.

물론 '천(天)'에 대한 개념은 다양하여 다른 주제에서는 상제천이나 이법천의 개념을 찾아볼 수 있을지 모르나, 『도덕경』에 대한 박세당의 '천' 주석에서는 성리학적 표현은 찾아볼 수 없고 노자의 원뜻에 충실히 따르고 있다.

---

14 『新註道德經』5章, "仁慈愛恩煦之意 人之於芻狗 祭則用之 已祭則棄之 盖未嘗有慈愛恩煦之意 天地之於萬物 聖人之於百姓 無心亦女是也 林氏曰莊子云大仁不仁 又曰至德之世 相愛而不知 以爲仁亦是此意也 橐籥所以鼓風者 能虛而守中 其用不屈故 每動而風愈出 天之生物譬亦如此 橐籥以虛鼓風 天以無心生物其道同也 若夫多言者則 呴呴然欲行其私恩小慈而未免數窮不如虛而守中 如橐籥之不屈也."
15 『新註道德經』25章, "人法地 地法天 天法道 道法自然 道以自然爲貴."

　‘착한 행위는 자취가 없다(善行無轍迹)’ 주에 대한 주석에서는 맹자를 인용하여 노자의 뜻을 설명하고 있어 사람을 버리지 않는 사표(師表)가 맹자를 인용해 표현되었음을 읽을 수 있다.

　맹자가 말하기를 적중된(中) 것이 적중되지 않은(不中) 것을 기르고, 재주(才)가 재주 없는 것(不才)을 기른다. 만약 적중됨(中)이 적중되지 않음(不中)을 버리고 재주(才)가 재주 없는 것(不才)을 버리면 현자(賢), 불초한(不肖) 자의 모습이 서로 제거되어 그 사이에 차이가 없을 것이다. 노자의 뜻이 대개 이와 같다.[16]

　‘기정민민(其政悶悶)’ 주에서도 그 의미를 중용의 이론으로 설명하고 있다.

　청렴하게 하면서도 해치지 않으며, 정직하게 하면서도 건방지지 않고, 빛나게 하면서도 자랑하지 않는다. 이렇게 한 다음이라야 중용의 도리를 얻어 지극한 바름과 선함에 최선을 다했다고 말할 수 있다. 만약 반듯하게 하면서 (칼로) 베어내듯 하고, 청렴하게 하면서 사물을 해치며, 정직하게 하면서 감정을 노하게 하고, 빛나게 하면서 밝음을 자랑한다면 바름과 선함이 지나친 것이니 복되게 하려다 도리어 화를 자초한다.[17]

　이러한 대목은 박세당의 유교적 교양을 잘 나타내는 것이기는 하

---

16 『新註道德經』 27章, “孟子曰 中也養不中 才也養不才 如中也棄不中 才也棄不才 則賢不肖之相去 其間不能以寸 老子之意 盖猶此也.”

17 『新註道德經』 58章, “廉不至劌 直不至肆 光不至耀 如此然後 方可謂得其中 而能盡乎 正善之至矣 若方而如削 廉而傷物 直而恣其情 光而衒其明 則所謂正善之過 而爲福 而反致禍也.”

지만, 그러한 점을 가지고 노자의 사상을 반대하거나 비판하려는 뜻
이 아니라 그 의도를 설명하는 데 목적이 있다.

그가 『도덕경』 전문을 주자의 경전 해석 방법으로 주석했다는 것
은 주목할 만한 일이다.[18] 그러나 노사의 뜻을 해석하는 데 주자학적
용어를 이용해 풀이했다고 해서 이러한 주석 작업을 유학과 주자학
의 연장선상으로 볼 수는 없다. 왜냐하면 그는 소위 『사변록』의 주해
를 통해 주자학적 가치관에서 벗어나고 경직된 주자학적 해석을 넘
어서려고 했지만, 유교 그 자체의 가치관으로부터 탈피할 수는 없었
기 때문이다. 그것은 당연히 그가 살았던 시대의 한 사람으로서 어쩔
수 없는 한계다. 그는 『도덕경』을 주해하면서 그 집필 동기로 유교를
탈피하는 것이 아니라 노자의 가르침이 유교와 별로 다를 바 없다는
점을 말하였다. 즉 노자를 노골적으로 찬양할 수는 없지만, 그의 가
르침이 유교의 정신과 크게 어긋나지 않는다고 하는 접근은 그의 시
대에는 지극히 당연한 것이다. 그러나 이 주석 작업의 목적은 유교의
정신을 선양하려는 것이 아니라 사람들이 무시하는 노자에 대한 포
용적 이해였다.

> 노자철학은 유학과는 비록 합치하지는 않지만 그 뜻은 수신(修身)과
> 치인(治人)에 있다. 대개 그 말이 간략하나 그 뜻은 깊다. 한나라 이전
> 으로부터 그 방법을 전용하여 위로 임금이 되어서는 공묵(恭默)의 교
> 화를 행할 수 있었고, 아래로 신하가 되어서는 청정한 정치를 행할 수
> 있었다.[19]

박세당은 주석의 서문에서 노자의 가치가 유교적 가치와 배치되지

---

18 김학목, 『박세당의 노자』, 예문서원, 1999, p. 80.
19 『新註道德經』 上, 序, "其道雖不合聖人之法 其意亦欲修身治人 盖其言約其旨深
自漢以前專用其術, 上而爲君能行恭默之化 下而爲臣能爲淸淨之治."

않음을 밝혔다. 또한 많은 주석에서 유교적 언사를 사용하여 주석하고 있음을 볼 수 있다. 다른 학자들이 감히 할 수 없었던 이러한 주석을 한 그는 당연히 진리 탐구의 자유를 맛보고자 했으며, 이는 교조화되고 경직화된 주자학 일변도의 학풍으로부터 벗어나고자 한 노력이라고 하지 않을 수 없다.

2. 『도덕경』의 재조명

노자에 대한 여러 가지 설의 주석이 많아 통일되어 있지 않았기 때문에 박세당은 수십 명의 주해를 통해 그 본질을 요약하여 한 책으로 엮었다. 즉 기존의 의미를 가지고서 본지(本旨)를 밝히려는 것이 자신의 저술 동기라고 밝혔다.[20] 노자는 백술(伯術)의 뛰어남이고 장자는 왕도의 다른 방식(餘)이며, 노자는 사적(私的)이고 장자는 공적(公的)이라고 하였다. 그런데 이런 사상도 진인(眞人)이 그 진실을 얻지 못하고 오히려 허무로 해석한 경우가 많았음을 지적하였다.

장자에 비해 사적이라고 평한 『도덕경』조차 그 의미는 수신(修身)과 치인(治人)에 있었다고도 한다. 그리고 글은 간략하지만 뜻은 깊다고 한다. 이미 한(漢) 이전부터 위로 군주들은 이를 통해 공묵(恭默)의 교화를 행할 수 있었고, 아래로 신하들은 청정한 정치를 행하기도 했다[21]고 한다.

박세당은 거의 대부분의 주석을 노자의 뜻과 일치하여 적었으며, 노자를 비판하는 주석은 극히 일부분에 지나지 않는다. 실례를 들어

---

20 『西溪全書』上, p. 449 卷22, 年譜, 임술년 참조.
21 『新註道德經』序, "其道雖不合聖人之法　其意亦欲修身治人　蓋其言約其旨深自漢以前轉用其術　上而爲君能行恭默之化　下而爲臣能爲淸淨之治."

보자면, 우선 노자의 무위(無爲)를 허무의 이론으로 보는 데 대하여 그는 무위의 가르침이라는 것도 할 일 없이 보내는 것이 아니라 실상은 망령되게 행동하지 않고 겸손하게 처신하는 태도라고 긍정적으로 보았다.[22]

> 성인은 도를 안아 천하의 본을 삼고 스스로 나타나지 않은즉 총명이 넓다. 스스로 옳다고 하지 않은즉 덕을 잘 나타내고, 자랑하지 않은즉 능히 보신한다. 네 가지는 모두 마음을 비우고 다투는 바가 없으니 굽힘(曲)의 도이다. 그러므로 곡즉전(曲則全)이란 어찌 헛된 말이겠는가? 오로지 그 능히 굽히면 하늘이 실로 돌아오는 것이다.[23]

그가 노자의 뜻을 잘 살려서 겸손한 태도를 통해 얻는 것을 자세히 주석하고 있음을 볼 수 있다. 이러한 노자의 겸허함이 단지 개인의 일이 아니라 정치 영역에서도, 또 통치 방식으로도 응용할 수 있음을 말하고 있다.

> 뭇 흐름이 강과 바다를 높이는 것은 강과 바나가 모든 물줄기 아래에 자리 잡고 있기 때문이다. 그러므로 모든 물줄기가 귀의하여 높인다. 천하를 위하는 것도 또한 스스로 아래로부터 윗사람이 되는 것이다. 연후에 가히 백성의 위가 된다. 뒤로부터 백성을 앞세운 연후에 가히 백성의 앞에 선다.[24]

---

22 『西溪全書』上, p. 449 卷22, 年譜, 임술년 "老子之所謂無者 非空蕩之謂也 乃謙虛之謂也 所謂無爲者 非不事 事之謂勿爲躁擾妄作之謂."

23 『新註道德經』22章, "是以 聖人抱道 以爲天下 法不自見 則聰明廣 不自是 則德善彰 不伐則克有功美 不矜則能保身名 四者皆虛心而無所爭曲之道也 故曰曲則全者 豈虛言哉 惟其能曲 天實以全歸之耳."

24 『新註道德經』66章, "江海所以能爲衆流所尊者 以其處衆流之下 故爲衆流所歸 而爲之尊 爲天下者 亦然自下 而上民 然後 可上於民 自後 而先民然後 可先於民."

우리는 관존민비(官尊民卑)의 신분 질서를 당연시하는 것이 유교적 위계질서로 알고 있다. 그러나 이러한 주석에는 오히려 관리(官)의 겸손이 강조되고 있음을 확인할 수 있다. 말하자면 상하와 귀천 등을 엄격히 구분하지 않고 상대적인 보완관계로 봄으로써 평등적 가치가 강조되는 것이다. 박세당은 화복(禍福)과 선악(善惡) 그리고 정사(正邪)도 상대적인 것으로 보는데[25] 이는 자기 중심적인 견해에서 벗어남으로써 오히려 진리를 인식할 수 있는 태도이며, 다양한 가치를 포용할 수 있는 관용적 자세이다.

마치 유무(有無)와 난이(難易)와 장단(長短)과 고하(高下)와 음성(音聲)과 전후(前後)가 상대가 있는 것과 같으니, 상대란 없을 수가 없다. 변별함은 사람들이 원망하고, 뽐냄은 사람들이 싫어한다. 무위(無爲)하게 처하여 불언(不言)의 가르침을 행함은 변별하지 않은 까닭이다. 작(作)하되 말하지 않고(不辭), 생(生)하되 소유하지 않고(不有), 행하되 자랑하지 않고(不恃), 이루되(成) 머물지 않음(不居)은 스스로 뽐내지 않은 까닭이다.[26]

그는 노자가 결코 학문을 단절하는 가르침이 아니라고도 주장한다. 말하자면 "배움이란 유위(有爲)의 학과 무위(無爲)의 학이 있는데 다른 말로는 불학(不學)을 배움이다. 노자는 어리석지도 않았고, 또 무지몽매하기를 원하여 스스로를 미혹되게 하였겠는가? 그러하지 않았기에 도덕경을 저술하였다."[27]고 하여, 노자가 공부를 단절하는 절학(絶學)

---

25 『新註道德經』 58章, "所謂福者 而今以致禍是福 伏於福 福倚於禍 倚伏之理 孰知其極乎 其果 無所謂正者耶 正之過則復爲邪 善之過則復爲惡 人之迷於正邪善惡之分 其爲日固已久矣."

26 『新註道德經』 2章, "如有無 難易 長短 高下 音聲 前後之相 有而不能相無也 辨別則人怨之 矜伐則人惡之 處無爲之事 行不言之敎 所以不欲辨別也."

27 『新註道德經』 48章, "此所云學者 無爲之學卽學不學之謂也 其所爲言之者異老

을 주장한 것은 헛된 학문을 경계하는 의미이지 학문 자체를 부정하는 것은 아니라고 재해석하고 있다.

분명한 것은 그의 서두의 글들이 유교의 가르침을 소중히 한다는 선제를 하고 있고 때때로 노자 사상을 비판적으로 주해하기도 하지만, 전체적인 주해는 노자의 본질을 충실하게 밝히고 이해하려는 것이라는 사실이다. 따라서 부분적으로 노자를 비판하고 유교와 주자학을 원용하고 있지만, 그의 의도는 유교의 우월성을 주장하는 것이 아니라 이단시되던 『도덕경』과 노자를 재조명하는 것이다. 물론 100% 노자를 찬양하고 높이는 것은 아니다. 그가 받아들일 수 없었던 노자의 내용은 무엇일까?

3. 노자 비판

그의 『도덕경』 주해에서 노자의 사상을 비판하는 대목은 충효를 조롱하는 점에서였다.

노자의 원문은 "대도(大道)가 없어지니 인의(仁義)가 있고, 지혜가 나오니 큰 거짓이 있게 되었다. 육친(六親)이 불화하므로 효성과 자애가 있게 되고, 국가가 혼란하므로 충신이 있게 되었다."[28]라는 대목이다. 박세당은 바로 이 점을 다음과 같이 반박한다.

국가가 혼란한 후 충신이 있음을 알지만, 혼란의 잘못이 충신의 허물은 아니다. 육친(六親)이 불화한 뒤에 효도와 사랑(孝慈)이 있음을 알지

子 豈果愚人也哉 眞欲昏然無知 自迷其性耶 不然五千言所說何事 此其所謂學者非耶."

28 『道德經』18章, "大道廢有仁義 慧智出有大僞 六親不和有孝慈 國家昏亂有忠臣."

만, 불화의 잘못이 효도와 사랑의 허물은 아니다. 대도(大道)가 없어진 뒤 인의(仁義)가 있음을 알지만, 도가 없어진 잘못이 인의의 허물은 아니다. 노자가 이에 가히 그 근본을 취하지 않음을 이른 것이다. 국가가 다스려짐은 비록 충신의 이름이 없을지라도 그 충신 됨을 해칠 수 없는 것이다. 육친의 화목이 비록 효도와 사랑의 이름이 없을지라도 그 인의 됨을 해치는 것은 아니다. 사람이 모두 충신이 되고자 한즉 국가가 다스려진다. 사람이 모두 효도와 사랑을 하고자 한즉 육친이 화합한다. 사람이 모두 인의를 하고자 한즉 대도가 행해질 것이다. 이는 성인(聖人)이 인의를 귀하게 한 까닭이다.[29]

이처럼 박세당은 노자의 『도덕경』을 무조건 찬양한 것이 아니다. 그는 유교적 인의예지를 무시하는 노자의 사고방식에 대해 비판을 가한다. 충신이 있음으로 나라가 잘되고 효자가 있음으로 집안이 잘되는 것이지, 나라 못 되는 것이 충신의 탓이라거나 집안의 불화가 효자의 탓일 리 없다는 것이다. 그는 충신과 효도의 가치를 소극적으로 이해하는 태도는 수긍하지 않는다. 이것은 역시 그가 중시한 가치관이 유교임을 입증한다.

또한 노자의 '절성기지(絶聖棄知)'[30] 사상에 대해서도 잘못된 것으로 비판한다. "생각하건대 절성기지 또한 노자의 말이다. 이는 어긋난 것이 심하다."[31]고 하며 성인을 폄훼하고 지식을 존중하지 않은 것은

---

29 『新註道德經』 18章, "國家昏亂而後 知有忠臣失在昏亂 非忠臣之過也 六親不和而後知有孝慈 失在不和 非孝慈之過也 大道廢而後知有仁義之過也 老子於此 可謂不揣其本矣 國家治雖無忠臣之名 不害其爲忠臣也 六親和雖無孝慈之名 不害其爲孝慈也 大道行雖無仁義之名 不害其爲仁義也 人皆欲爲仁義則大道行矣 此聖人所以貴仁義也 或曰此老子之憤世之辭也."

30 『新註道德經』 19章, "絶聖棄智 民利百倍 絶仁棄義 民復孝慈 絶巧棄利 盜賊無有 此三者 以爲文不足 故令有所屬 見素抱樸 少私寡欲."

31 『南華經註解』 卷2, 「胠篋」 p. 49, 故絶聖棄知註. "按絶聖棄亦出老子之語 此則悖尤甚."

지나친 것으로 보고 수용하지 않는다.

이처럼 그의 『도덕경』에 대한 주해가 전적으로 노자의 사상을 찬양한 것만은 아님을 알 수 있다. 그러나 결코 이 비판이 계속되는 것은 아니다. 그의 노자 비판은 사실상 이 단락 이외에는 찾아보기 힘들다.

박세당은 조선조를 통해 이단시되던 노자의 사상을 가장 적극적으로 주해하여 재조명했다. 노자의 『도덕경』을 해석하면서 유교적 용어를 사용하고 있는 대목을 쉽게 찾아볼 수 있다. 가령 도(道)를 태극의 근원으로 해석한 경우다. 형이상학적인 도는 구체적인 실천 원리로서 덕(德)으로 표현된다. 이를 '도는 낳고 덕은 기른다.'고 말한다. 도와 덕을 위주로 산다면 그 삶은 청정하고 무위할 수 있고, 이런 자세야말로 훌륭한 처세의 실천 원리라고 하며 체용(體用), 음양(陰陽), 형이상(形而上), 태극(太極) 등 유교의 철학적 용어를 활용하여 노자를 주석하고 있다.

'천(天)'과 관련해서는 천을 상제천과 자연의 천으로 구분해본다면 그의 『도덕경』 주해에 등장한 개념은 상제천이나 자연천이 아니라 자연과 도의 개념 아래에 속한 천으로, 유교적인 천과는 다소 거리가 있다.

그의 주석에 나타난 주류는 노자의 사상을 거의 그대로 비판 없이 수용하는 점이라고 볼 수 있다. 노자의 무위(無爲)도 허무의 이론이 아니라 겸손하게 처신하는 가르침이며, 절학(絶學)도 헛된 학문을 경계하는 뜻으로 재해석하는 것은 노자의 가치를 재조명하는 뜻을 담고 있으며, 진리에 대한 상대주의와 다양성의 인정 등으로 볼 때, 노자 사상에 대해 충분히 인식하고 그 사상이 이미 필요하다는 것을 인식하고 있었던 것으로 판단된다. 이는 유교만의 가치를 고수하는 보수적 유생과는 확연하게 거리가 있는 자세라고 할 것이다.

그의 『도덕경』 주해는 17세기 조선후기에서 경직화된 유교를 탈피하여 폭넓은 사유를 제공하는 선구적 위치로 의의를 가진다. 시대가 직면한 어려운 문제를 기존의 사상이 해결하지 못할 때 그것이 과연 진리인가라는 반성이 따라야 한다. 박세당은 당시 이단시했던 노장철학을 연구하고 개방적 사유의 길을 열었다.

유교적 교양 속에서 성장한 그는 유교의 인의예지를 조롱하는 노자의 사고 체계를 수용하지 않고 비판을 가한다. 그러나 유교만이 절대적인 진리라는 생각에는 동의하지 않는다. 대신에 유교를 절대시함으로써 오히려 인의(仁義)를 가장한 채 무실(務實)에 힘쓰지 않는 것이 문제라고 보고 있다. 그러므로 그의 의도는 잘못된 유교, 곧 주자학으로부터 벗어나고자 하는 것이지 유교의 비판에 있었던 것이 아니다.

제5장 박세당의 유불회통적 불교관

박세당은 노장사상에 대한 주석서를 저술했기 때문에 단순히 취미 이상의 식견을 가지고 연구했음을 알 수 있다. 그렇다면 박세당의 불교에 대한 태도는 어떠했을까도 궁금한 사항 중의 하나이다. 17세기에 불교의 위상과 승려의 지위는 크게 떨어졌지만 그것은 어디까지나 상대적인 것이고, 불교는 나름대로의 역할을 하고 있었다.

박세당을 사문난적으로 심하게 공격한 김창협(金昌協)도 승려들과의 교유시를 400여 수 남겼으며, 박세당과는 달리 척화파에 속하는 신익성(申翊聖)도 척불(斥佛) 정책에 상소문을 낸 처능대사를 집에 머물게 했다. 그러므로 당시를 암울한 척불의 시대만으로 보는 것은 문제가 있다.

박세당은 자신이 머물던 석촌동에 석림암이라는 절을 복원하는 데 공헌했고, 그곳의 승려들과도 좋은 관계를 유지히면서 교유시를 남겼다. 특히 매월당(梅月堂) 김시습(金時習; 1435~1493)의 삶을 동경했던 그는 매월당의 유불회통적(儒佛會通的) 자유정신을 답습하여 불교를 포용하고자 했다.

교유시에 나타난 그의 불교관은 기복적인 경향을 찾기 어렵고, 대부분 탈속적이며 선불교적이다. 그는 명리를 탐하는 삶을 비웃었고, 세속적 삶으로부터 벗어난 선적인 태도를 높이 평가했다. 또한 자비와 인연 등의 관념에 긍정적이었으며, 불성에 대해서는 적극적으로 수용하고 있다.

그러면서도 그는 인간 중심의 유교적 인식으로부터 벗어나지 못하여 호랑이에게 자신의 몸을 보시한 석가모니의 전생담은 받아들이지 못했다. 이런 점에서 박세당의 불교관은 유교의 입장에서 불교의 면을 수용하는 것으로, 윤회와 정토신앙에는 미치지 못한다. 다만 그는 무조건적인 척불을 비판했으며, 자기 수행과 탈속적인 불교의 가치를 받아들였다.

1. 박세당 시대 불교의 위상

박세당은 많은 승려들과 시문을 나누고 불사를 도왔지만, 조정에서 불교는 매우 열악한 상황이었다. 공식적으로 국가 정책은 배불(排佛)이었으며, 승려들은 도성 출입이 금지되고 궁중 내의 사원도 철폐령이 내려져 불교의 역할은 위축되었다.

당시 궁중 내에 두 비구니 사원이 있었는데, 외부에서 들어온 비구니가 아니라 선조의 후궁이었던 박 상궁이 나이 들어 비구니가 되어 자수원(慈壽院)에서 거주했다. 또한 인수원(仁壽院)에서도 궁녀들이 비구니가 되어 살았는데, 40세 이하의 비구니는 결혼시키고 늙은 비구니는 환속하도록 조치를 취했다. 이때 자수원에는 여러 성인들의 위판이 있었는데 이를 묻게 한 조치가 있었다.[1]

현종의 자수원, 인수원 혁파에 대해 처능대사(處能大師; 1617~1680)[2]는 전국 승려를 대표하여 불교를 폐하는 것에 대한 의견인 「간폐석교소(諫廢釋教疏)」를 올려 강력하게 항의하였다. 그는 이 상소문을 통

---

1 『현종실록』 2권, 4년 1월 5일.
2 광해군 9년(1619)에 태어났다. 15세에 출가하여 속리산에서 2, 3년 살다가 17, 18세 무렵 서울로 올라와 명신 신익성의 집에서 머물렀다. 유학과 문사에 대해 조예가 깊었으며, 그의 시는 아주 훌륭하여 이경석, 이식 등과 시로 교유하기도 했다. 당대의 명승 벽암 각성의 제자가 되었고, 현종 15년(1674) 팔도 선교도총섭이 되어 남한산성에 있었으나 불과 3개월가량 역임했다.

해 성리학적 지배 세력의 배불론을 반박하면서 자수원과 인수원은 선후(先后)의 내원당이요, 봉은사와 봉선사는 선왕의 외원당이니 이를 폐지하는 것은 선왕 선후에 대한 도리가 아니라고 비판했다.

처능의 상소에도 불구하고 두 비구니 사원이 궁중 내에서 철거된 것은 11년이 지난 현종 15년 때였다. 문제는 궁중 내 두 사원은 철폐되었지만, 궁중 밖 송도의 화장사(華莊寺)에서 왕대비를 위한 왕실 가족의 수륙제가 있었다는 점이다.[3] 또한 경기도 성부산 봉국사를 창건하여 일찍 죽은 명선·명혜공주의 명복을 빌기도 했다.

박세당이 머물던 수락산의 승려들도 많은 유생들과 교유를 나누었던 대목이 서계집에 보인다.[4] 박세당을 호되게 몰아붙였던 김창흡(金昌翕; 1653~1722) 역시 가족적 비운의 시기에는 불교에 심취한 것으로 보아 당시의 유생들도 불교적 세계관을 개인적으로 받아들이고 있었음을 알 수 있다. 김창흡은 불경을 읽었고 참선을 했으며, 무용대사(無用大師; 1651~1719)[5]와 교류했고, 불교 관련 시만 해도 400여 수를 남기고 있다. 무용의 스승은 침굉 현변과 백암 성총이며, 그의 후학으로는 영해 약탄 등이 당시 호남지방을 중심으로 활발하게 활동하고 있었다.

유림의 종장이라 할 수 있었던 송시열도 그의 학문적 연원인 율곡 이이를 문묘에 종사하려다가 율곡이 입산하여 불도를 수행했다는 이유로 반대에 부딪혔을 때, 불교적 경륜이 율곡을 문묘에 배향하는 데 문제 되지 않는다고 대변했다.

---

3 『현종실록』 22권, 15년 6월 3일.

4 太『全書』上, 卷8, p. 14. 당시 각천은 한음(이덕형; 1561~1613), 서경, 소암, 현옹, 월사(이정구; 1564~1635), 동악, 계곡(장유; 1587~1638)과 같은 저명한 유생들과 시를 나누었다.

5 법명은 수연(秀演). 19세에 조계산 송광사에 출가했다. 승가뿐만 아니라 유생들과도 교류의 폭이 넓었다. 이광사, 최창대, 이진유, 임상덕, 김창흡 등의 인사들과 교류했다.

당시의 불교 상황은 겉으로는 궁중 내의 사원 등이 철폐되고 승려들이 도성 출입이 금지되었지만, 지방에서 혹은 내면적으로는 쉼 없이 불교적 신앙이 남아 있었을 뿐만 아니라 수행의 풍토가 유지되었고, 출가 수행자들이 불교의 전통을 이어가고 있었다.

박세당의 시대에는 오히려 주자학적 교조주의가 점차 흐트러지고, 자유로운 사상의 탐구가 확대되는 추세였으므로 불교에 대한 억압도 줄어들고 있었던 것이다.

2. 유불회통의 실마리

― 혜원선사에 대한 재평가

조선시대는 억불숭유(抑佛勝儒)의 시대로 오로지 유교가 주류에 있어 유교의 입장에서는 유불회통이란 없었고, 눌린 불교의 입장에서 유교와 불교가 둘이 아니라는 주장은 많았으나, 유교의 입장에서 불교를 포용하려는 노력은 많지 않았다는 것이 세간의 상식이다. 그러나 면밀히 살펴보자면 조선조에도 유불회통적 전통이 남아 있었으며, 노장철학과 불교가 유교 지식인들의 손을 완전히 떠났던 것은 아니다. 김시습의 경우가 그렇고, 율곡 이이의 경우도 어렵지 않게 유불회통적 사유를 찾아볼 수 있다.[6]

17세기 탈주자학적 경전 주해를 행하고 노장 철학서를 주석한 박세당의 경우는 오직 성리학적 가치만이 제일이고 더 이상의 진리는 없다는 식이 아니었기 때문에, 당연히 불교나 도교를 배척하지 않았

---

6 이희재, 「율곡의 불교관」, 『율곡사상연구』 11집, 율곡학회, 2005. 율곡의 성리학적 이론 속에서 유불회통적 사유를 찾아낼 수 있다. 물론 그것은 성리학이 불교철학과 상호 영향을 주면서 빚어진 유사성에 기인한 것이기도 하다. 율곡은 이귀기천(理貴氣賤) 혹은 이기이원(理氣二元)이 아닌 이기 융합적인 관계로 보았다.

다. 서로 상통할 수 있는 점을 부인하지 않았던 것이다.

유불의 벽이 없이 교유했던 중국 여산 백련결사의 중심 인물 혜원(慧遠; 334~416)을 높이 평가하고, 그가 유생 도연명(陶淵明; 365~427)과 아름다운 우정을 맺은 것에 대해 박세당 자신도 당시의 선사들과 그와 같은 격조 있는 교류를 희망했다.

遠師駐錫廬山寺	혜원선사 여산의 절에 머물고
陶令投簪栗里村	도연명 율리촌에 은거했네
已出方中結蓮社	선사 이미 방중에서 나와 백련결사를 했고
還從世外億兆源	도잠은 다시 세상 밖에서 도원경을 그리네
紅塵渺渺浮宦路	세상 티끌 아득히 벼슬길에 들떠 있고
白雪蕭蕭閉洞門	흰눈은 스산하게 동문을 막았네
送過虎溪相顧笑	호계 넘다 돌아보며 웃는데
道情閑意向誰論	도의 정과 한가한 뜻 뉘와 논의할까[7]

혜원선사가 유생인 도연명과 우정을 나누었지만 30년 동안 산을 나오지 않았기 때문에 헤어질 때는 호계(虎溪)를 넘지 않았는데, 어느 날 이야기에 몰입하다가 호계를 넘자 깜짝 놀라며 미소를 지었다고 한다. 이런 고사를 아는 박세당은 자신이 스님들과 교유하는 것은 마치 혜원이 도연명이나 다른 이교도들과 융화했던 것과 같다고 비교한다.

― 김시습에 대한 재평가

박세당은 인생의 사표(師表)로서 매월당 김시습을 추모하고 그의 정신을 이어받고자 했다. 그는 충청도 홍산현(충남 부여) 무량사에 모셔

---

7 太『全書』上, 卷2, 游回龍寺 出山後寄謝豐悅上人.

져 있는 김시습의 초상화를 보러 가기도 했다. 그때 그가 무량사에 초상화를 모신 유적을 보면서 느낀 감회를 쓴 글에는 김시습에 대한 사모의 정이 잘 나타나 있다.

不讀梵經不坐禪	불경도 안 읽고 좌선도 안 했는데
出家因似在家年	출가의 인연이 재가의 해와 같다
狂歌痛哭非無賴	미친 노래로 통곡하고 의지하며
孤月寒梅夙有緣	외로운 달, 찬 매화와 인연 맺었다
……	
藤蔓籠階草覆逕	칡넝쿨 계단엔 우거진 풀 길을 덮고
深林秋晚斷人行	깊은 숲 늦가을 인적이 없다
巖栖寂寞對遺跡	바위틈 적막만이 남은 자취 마주하고
招愴空懷千古淸	공허한 마음 천 년의 맑음을 회상하니
空山落日客心哀	빈산, 지는 해에 나그네 마음 쓸쓸하다
黃葉蒼苔遍古臺	가을 낙엽, 푸른 이끼 낡은 대에 깔려 있고
浮世萬緣已了何	허무한 세상 여러 인연 끊고
何須到此更徘徊	언제 다시 여기 와서 거닐어볼까[8]

무량사를 다녀와서 그는 자신의 거처인 수락산 석촌동에 매월당 영정을 모신 사당을 건립하고 자금을 모으면서 다음과 같은 글을 썼다.

이 산은 유자(儒者)나 불자(佛者) 구분됨이 없이 함께 노닐며 우러러봄으로써 그 만분의 일의 기상을 얻은 것이다. ……장차 산의 서쪽 기슭에 건물을 창건하고 홍산의 초상화를 전하여 그 가운데 안치할 것이니, 선생(夫子)이 남긴 정신이 이 산에서 영원히 끊어지지 아니하고 그

---

8 太『全書』上, 卷2, 訪梅月堂舊跡.

욱한 사람과 빼어난 선비들이 놀면서 여기에 온 사람들이 그림을 잃어 의지할 바가 없어서 한탄하고 근심함이 없도록 하며 무량사의 그것처럼 사모할 것이다.[9]

그는 이 사업을 개인의 일이 아니라 당시 뜻있는 사람들과 함께하여 김시습이 거처했던 옛터에 사우를 만들고, 양주의 선비들과 소를 올려 '청절사(淸節祠)'라는 사액(賜額)을 받았다. 1680년(숙종 6) 마침내 동봉 아래에 영당이 완성되었고(현재의 노강서원 자리임), 1686년에는 무량사에서 베껴 그린 초상화를 봉안하여 봄·가을로 향사를 행하게 되었다. 그리고 1700년(숙종 26) 양주 사람들의 청액운동으로 이듬해인 1701년(숙종 27)에 조정으로부터 '청절사'라는 편액(扁額)을 받게 된다. 이것은 박세당이 세상을 떠나기 2년 전에 마무리된 추모사업의 하나이다.

김시습 추모 사업이 순조로웠던 것만은 아니다. 아주 가까운 사이였던 처남 남구만은 김시습을 위한 제문(祭文)을 써달라는 부탁을 거절하였는데, 그 이유는 김시습이 머리를 깎고 승려가 되었다가 다시 환속하고 또 만년에 입산한 인물로 평상적인 성정을 가진 인물이 아니기 때문이라고 했다. 세칭 '통석삼교(通釋三敎)'라고 했지만, 서원에 모시기에 합당치 않은 인물이라며 제문 쓰기를 사양했던 일화가 있다.

박세당은 이런 비판에 괘념치 않았고, 오히려 김시습이 유불선 삼교를 포용하며 출가 수행한 사실에 대해 하등 이상하다고 느끼지 않고 그를 숭배했다. 이런 점에서 보면 박세당은 오로지 주자학만을 불변의 진리로 간주하지 않고 다양한 사상을 포용하여 새로운 가치관을 모색하려 했던 선구적 실학자이다. 그가 김시습이라는 인물을 남다르게 추모했던 것은 유가적 절개를 통해 보여준 만고의 선비정신

---

9 太『全書』上, 卷8, 雜著 "梅月堂影堂勸緣文."

뿐만 아니라, 불교나 도교의 자유로운 사상 편력을 시도했던 자유롭고 부드러운 포용적 태도 때문이라고 볼 수 있다.

― 적극적인 불사모연과 승려들과의 교유

박세당은 불교에 대해 호의적이었다. 물론 그의 시대를 벗어나서 완전히 자유로울 수는 없었기 때문에 배불의 내용이 있긴 하다. 여기서 불교를 이단이라 하고 악취와 같은 것이라고 하지만, 불교의 무엇이 그릇된 것인지는 말하지 않는다. 오히려 유교 자체의 부패와 탁한 선비들에 대해 질타하는 내용이 더 많다. 그래서 이 글이 그의 불교에 대한 부정적 사유를 대변하기에는 무리가 있다.[10]

그는 정통과 이단을 이분화하는 사유에 부정적이다. 무조건 유교의 가르침만이 옳고 불교나 노장철학의 가르침은 이단으로 배격하는 것을 옳게 보지 않았다.

> 공자가 일찍이 말하기를 "사람으로서 어질지 못한 자를 너무 미워하면 어지럽다." 하였으니, 비록 이단이라 할지라도 공격하는 것이 지나치면 도리어 해가 되는 수도 있을 것이다.[11]

말할 나위도 없이 조선후기에 들어와 시작된 학자 관료들 사이의 예송과 이단 논쟁은 심각한 국가적 위기이기도 했다. 박세당은 그러한 정통과 이단이라는 개념을 실제로는 자신의 이익을 옹호하려는 파벌 싸움으로 보았기 때문에 권력에 연연하지 않고 자연과 일치하는 은거의 생활을 꾸렸던 것이다. 이런 초탈한 자세로 인해 당연히 노장철학은 물론 불교도 수용할 수 있는 여지가 있었다.

---

10 太『全書』上, pp. 23~26. "論韓歐排浮屠."
11 太『全書』下,「논어사변록」, p. 155.

그는 수락산에 들어와 매월당의 사당인 청절사를 창건하기 이전에 석림암 중건의 불사를 도왔다. 당시 '성전(聖殿)'이라 불렸던 절에는 몇 사람이 있었고, 후대에 중건된 은선암에 16, 17명의 스님들이 기거하고 있었는데, 그는 김시습이 이 산에 머물 당시 융성했던 흥국사(興國寺)와 은선암(隱仙庵)을 상기하면서 그 중 석현(錫賢)과 치흠(致欽)에게 사찰의 건립을 권유했다. 이에 치흠은 숙고 끝에 채운봉의 서남, 향로봉의 북쪽에다 암자의 건립을 계획했고, 박세당은 이에 호응하여 중요한 시주자가 된다.

그는 「석림암기」에서 "수락산은 천지와 더불어 병립하여 그 빼어남이 예나 지금이나 다를 바 없지만, 세상에 이 산을 사랑하는 이 없어 오로지 매월당만이 감상하였거늘, 그분 떠난 지 이미 300년, 세상에 또다시 그를 이을 사람이 있겠는가?"[12]라고 기록했다.

당시 이런 불사에 대한 자신의 심정을 피력하는 서신에서 박세당은 불사를 돕는 것이 유교의 뜻에 반하지 않음을 말한다. "힘을 모아 그 일을 먼저 하니, 또 누군가 말하기를 그 말단이면 안 된다고 한다. 단지 승려들을 배척하고 만다면 이는 사람을 막는 것이다. 선의 문을 위함은 이단을 물리치는 것이라고 할 수 없다."[13] 즉 그에게 있어 불사를 돕는 것은 이단을 돕는 것과는 무관하게 오는 사람에게 자선을 베푼 것이다. 이어서 이러한 자선은 공자나 맹자의 정신과도 같은 것이라고 하여 말을 잇는다. 공자가 말하기를 예전의 과오를 기억하지 않는 것은 더불어 선으로 나아감이라고 했다. 맹자는 오는 자를 막지 말라고 했다. 훗날의 선비가 또한 이적(夷狄)에 있으면서 선으로 나아간다고 하는 이야기는 성현께서 사람의 접대를 후하게 하는 것이며, 사람과 더불어 선의 뜻을 위함이 본래 스스로 이 같은 것이다. 지금

---

12 太『全書』上, 卷8, p. 9, 「석림암기」.
13 太『全書』上, 卷7, p. 10, "答監益相書."

사람들처럼 각박하고 좁고 편협한 시각은 마치 원한 맺힌 적을 만드는 것 같다.[14] 박세당은 불사를 돕는 것은 인간의 일을 돕는 것이며, 인간을 후하게 접대하는 것은 성현의 가르침에 어긋나지 않을 뿐만 아니라, 지나친 척불은 너무 편협하고 각박하다며 오히려 비판하고 있다.

박세당은 적극적으로 승려들과 교유하고 불사를 도왔다. 그가 시를 나눈 스님들은 27명이다.[15] 대부분은 석림암과 인연 있는 스님들이고, 금강산 여행에서 만난 스님들도 있다. 스님들에 대한 호칭은 다양해 장로(長老)나 노사(老師) 혹은 상인(上人), 선사(禪師), 사(師), 용상(龍象)이라는 존칭을 쓰는 경우도 있고, 그냥 승(僧), 산승(山僧) 혹은 산인(山人)이라고 쓰는 경우도 있었다.

3. 박세당의 불교관

1) 탈속적 가치와 선불교

박세당이 노장철학의 주석서는 집필했지만, 불교에 관한 내용은 시와 사찰 창건기 등 단편적인 글뿐이어서 그의 불교관의 전모를 보기에는 부족한 감이 있다. 하지만 그런 한계 가운데서도 불교관의 일단을 살펴볼 수 있다.

당시 대부분의 서민이나 왕실에서 기복적인 불교 신앙이 이어졌다면, 박세당의 경우는 기복적인 불교가 아닌 선불교에 가깝다. 그는

---

14 太『全書』上, 卷7, p. 10, "答監盆相書."
15 금강산의 의현(顗絢), 회축(懷軸), 회룡사의 풍열(豊悅), 망월사의 청휘(淸暉), 혜지(惠智), 법징(法澄), 석왕사의 재헌(才憲), 승미(僧美), 칠장사 용화사 학수사의 축환(竺還) 승우(勝祐), 석림암의 해안(海眼), 종신(宗信), 만영(萬英), 수원(守源), 종언(宗彦), 수견(守堅), 묘찰(妙察), 천륜(天倫), 혜총(惠聰), 혜평(惠平), 설묵(雪默), 계정(戒淨), 옥명(玉明), 벽허(碧虛), 경련(敬璉), 지점(智霑), 성만(性敏), 원택(圓澤).

이 세상을 진세(塵世), 부세(浮世), 홍진(紅塵) 혹은 진계(塵界)라고 표현하고, 그에 대비되는 불교의 세계를 묘도(妙道), 대도(大道), 공문(空門), 절진(絶塵), 이속(離俗)으로 표현함으로써 그의 시에 나타난 가치는 속세의 명리(名利)를 벗어난 탈속적 가치의 세계임을 표현하고 있다. 그는 세상사에 연연하는 마음을 진인(塵人), 속사(俗士), 명리객(名利客)으로 말한다.

浮世爲皆妄	뜬세상 모두 허망하나
空門事亦眞	불교의 일은 진실하다
爾能離毁譽	그대 능히 영욕을 떠날 수 없고
吾欲斷根塵	나는 감각 욕망 끊고 싶다.
纏縛違天性	번뇌는 천상에 위배되고
逍遙得佛身	소요는 부처의 몸 얻는다
唯應急流退	오직 급한 물길을 나와서
不負點頭人	아부하는 사람 되지 않으리다[16]

박세당은 속세는 미망의 세계이고, 불교는 진실의 세계라고 말한다. 영욕을 떠나서 욕망을 끊고 번뇌는 천성(天性)에 위배되므로 한가하게 소요하면서 성불하리라고 말하는 그에게 불교는 속세의 명리를 떠난 안식의 피난처이다.

선(禪)에 관한 저술 없이 단편적으로 표현되는 그의 언어에서 보건대, 우선 남종과 북종의 중국 선불교가 혐분(嫌分)으로 표현된다. 견성(見性)의 세계에서 남북이 무슨 상관이겠느냐는 그의 말에서 17세기 한국의 당파적 분당이 연상된다. 그는 서인(西人)의 소론(小論)에 속하지만 사실상 정치적으로 권력을 떠나 자유스런 입장에 서고자 했다.

---

16 太『全書』上, 卷1, p. 10, "別德藏上人."

깨달음의 견지에서 보자면 궁극의 진리에서는 남종과 북종의 구별은 무의미한 것이다. 견성의 세계는 지금 현재의 달빛을 말할 뿐이라고 하여 자신이 체득한 선의 경지를 노래한다. 금강산의 아름다운 달밤에 선사와 함께 나누는 그의 선적 취향은 세속의 권력에서 벗어나 삼매에 있으며, 이미 선종의 정통과 이단마저도 초탈한 선객의 무심의 경지를 느낄 수 있다.

求詩倦謁公卿宅	시를 구하려 애써 고관 댁 찾는 것 싫고
見性嫌分南北宗	견성에서는 남종 북종 가르는 것도 미워한다
只說仙山今夜月	다만 신선의 산에서는 이 달밤만을 말할 뿐
夢中依舊照千峰	꿈속에서도 의구하게 천 봉우리를 비춘다[17]

물론 그가 본격적으로 불교에 빠져버린 것은 아니다. 스님들과 나눈 시에서는 선의 공함을 함께 나누었지만, 혼자 쓴 '불교'라는 시에서는 많은 영웅들이 불교에 매료될 수 있음을 은근히 경계하기도 했다.

竺敎初來無許巧	불교가 처음 들어올 때 정교함이 없고
唯談地獄與天堂	오로지 지옥과 천당을 이야기했을 뿐
穿鑿大道名禪寂	대도에 천착함이 선의 고요함이라 하는데
盡誤英雄墮渺茫	모든 잘못된 영웅들이 그 아득함에 빠졌다[18]

박세당은 불교의 진면목을 기복이 아닌 선불교에서 발견했고, 스님들과 나눈 시에서는 자신이 처한 세상을 속세로, 그리고 선의 세계를 이상으로 그림으로써 척박한 17세기 불교계가 여전히 지식인의

---

17 太『全書』上, 卷1, p. 4, "贈楓嶽僧懷軸乞詩."
18 太『全書』上, 卷4, p. 5, "竺敎."

관심 속에 살아남아 있었음을 확인시켜주었다.

　문제는 박세당이 승려들과의 교류에서만 이런 불교의 세계를 이야기한 것이 아니라, 지인의 죽음 앞에서 자신의 허무한 감정을 선적인 공(空)으로 표현하고 있다는 점이다. 여기에서 우리는 세속에 연연하지 않고 비교적 탈속적인 그의 면모를 알 수 있다.

伊跖伊顔同一幻	이 발바닥 이 얼굴이 똑같은 환상
爲榮爲辱豈關身	영욕의 됨됨이 어찌 나와 관련 있으리
百年未半泉臺永	백 년에서 반도 못 되게 살다 황천길에 오르니
萬事俱空毀譽眞	모든 것 공하나니 영욕이 진실할까
綠水紅蓮悲末路	푸른 물 붉은 연꽃에 마지막 가는 길 슬프네
玉堂金馬着何人	영화로운 벼슬 누가 집착하는가
何奴稚小嚴親老	노비도 어린이도 늙으신 부모도
交友相看血滿巾	친구들 서로 보고 피눈물이 수건에 흥건하구나[19]

　이것은 윤지완의 죽음을 애도하는 만사(輓詞)인데, 여기에 만사가 모두 공허하다는 ‘만사구공(萬事俱空)’이라는 용어는 인생의 허무를 자각하면서 그가 실감한 제행무상(諸行無常)의 한 표현이라고 할 수 있다. 그가 명리를 벗어나 수락산 석촌동에 머물 수 있었던 것은 적어도 이런 선적 차원을 삶 속에서 잃지 않고 있었기 때문이다.

2) 자비와 인연법

　박세당은 불교의 정신을 선으로 이해하면서, 또한 자비와 인연법에 대해 정확히 이해하고 있다. 석촌동에 머물면서 그는 석림암의 이모저모에 대해 소상하게 알게 되었고 그곳 스님들과 왕래했는데, 주

---

19 太『全書』上, 卷1, p. 5, 「尹都事 趾完挽」.

지 스님인 해안이 너구리 두 마리를 기르는 것에 대해 전생에 인연이 있는 것으로 표현하고, 아름다운 일로 인식하고 있다.

小狸小狸兩小狸　　작은 너구리 작은 너구리, 두 마리 작은 너구리
長老爲爹狸爲兒　　스님이 아버지 되고 너구리가 아기 되었네
前緣後緣緣緣已　　앞 인연 뒤 인연, 인연 되었으니
定三生債負誰能　　삼생에 정해진 빚을 누가 짊어지는가[20]

스님의 밥을 얻어먹고 스님의 옆에서 재롱을 떨며 놀다가 느닷없이 쥐도 잡고, 밥상 위의 반찬도 훔치는 말썽꾸러기 너구리에 대해 관대한 스님이 아무래도 너구리와 전생의 인연이 있는 것이라 말하고 있다.

하지만 그는 석가모니불이 전생에 호랑이에게 몸을 바친 일화에 대해서는 이해하지 못한다. 오히려 어리석지 않는가 하고 반문한다.

捨身餧虎亦何爲　　몸을 보시하여 굶주린 호랑이 먹이로 준 것
　　　　　　　　　또한 무어냐
利獸害人眞自癡　　짐승 이롭고 사람 해로우니 참으로 어리석구나[21]

배고픈 호랑이에게 몸을 던져 보시한 석가모니불의 전생담 일화를 알고 있지만, 그것을 거룩한 행위로 찬탄하기보다는 어리석은 일로 간주한다. 그의 생명관은 인간의 생명이 짐승의 생명보다 소중한 인간 중심이며, 전생의 일화보다는 현실을 중시하는 현세 중심의 가치로 전형적인 유가의 가치관이다. 그러면서도 그는 자비와 인연법에

---

20 太『全書』上, 卷4, p. 20, 「小狸歌戱海眼長老」.
21 太『全書』上, 卷4, p. 20, 「贈宗信師」.

대해서는 긍정적으로 수긍하고 있어 흥미롭다.

3) 불성

박세당은 불성(佛性)이라고 해서 특별한 것이 아니고 참된 인성(人性)이라고 한다. 그래서 불도(佛道)를 수행하면 사람에게 도움이 되지 결코 해롭지 않다고 말한다.

幻泡浮生促	아지랑이 거품같이 덧없는 삶은 빠르기만
畢世念相守	온 세상 사람들 서로 지키려고만 하네
誰云寂空體	누가 고요한 공의 본체를 말하는가
常道不可有	영원한 도는 있을 수 없는데
佛猶同人性	부처도 또한 인성(人性)과 같구나
恩豈爲身垢	그 은혜가 정해진 것, 속이기 어려운데
如來試往叩	부처가 적당히 공부했을까[22]

또한 그는 천성(天性) 혹은 진성(眞性)은 불성(佛性)과 같은 개념으로 보고, 번뇌망상(煩惱妄想)은 천성에 위배된다고 이해한다. 그리고 번뇌를 벗어나 자유로운 경지가 되면 부처의 몸을 얻는다고 했으니, 다름 아닌 불성을 얻는 것으로 받아들이고 있는 셈이다.

纏縛違天性	번뇌는 천성에 위배되고
逍遙得佛身	소요는 부처의 몸을 얻으니[23]

그는 석림사에 머무는 스님에게 보낸 시에서도 당초의 진성이 시

---

22 太『全書』上, 卷4, p. 28, 「天倫索題卷首」.
23 太『全書』上, 卷1, p. 10, 「別德藏上人」.

끄러운 환경에 사라지고 고요한 환경에 막히지 않는다고 말하면서
인간에 내재한 불성을 천성으로 파악하고 있다.

三十年前來掛錫	30년 전 와서 머물더니
前緣多在此山中	전생 인연이 이 산중에 많구려
去留初不迷眞性	가고 머문 당초엔 참된 성품 미혹되지 않았으니
喧寂曾何礙道風	시끄럼과 고요함이 합쳐진들 어찌 도풍(道風)이 막히리
空界自將塵界異	불교의 세계는 스스로 속세와 다르니
雙林應如石林同	사라쌍수의 숲이 응당 석림암과 같다
早花晚葉隋時好	이른 봄의 꽃과 늦가을 낙엽이 계절 따라 좋구나
淸賞能招谷口翁	아름다운 감상에 이 늙은이를 초대할 수 있으리[24]

그는 불성을 거창한 깨달음의 경지로 보지 않고 인간의 천성으로
보며, 때로는 스님의 성품을 불성이라고도 한다. 다정다감한 성격의
스님에게 보낸 시 중 한 불성 가운데 웃음과 성냄의 감정이 묘하게
섞였다는 다소 장난스런 글을 남긴 것에서도 그러한 이해를 엿볼 수
있다.

禪師多笑復多嗔	선사께서 웃음 많고 성냄도 많네
嗔似秋容笑似春	성낼 때는 가을 같고 웃을 땐 봄날
一佛性中嗔笑相	한 불성 가운데 성냄과 웃는 모습 있으니
畵工巧妙合傳神	화공의 기교가 신령스런 전함에 부합하구나[25]

---

24 太『全書』上, 卷1, p. 10, 「惠平長老以獨不得贈篇爲歉輒以一律」.
25 太『全書』上, 卷4, 「戲贈戒淨」.

그에게는 불성이란 엄청난 것이 아니라 자연스런 인간의 본성이다. 그러므로 성내고 웃는 천진한 모습 그 자체를 불성으로 본 것이고, 그런 감정의 어울림도 또한 불성을 떠난 것이다.

4. 박세당 불교관의 의미

박세당이 생존한 17세기 현종, 숙종대의 불교계는 궁중 내의 사찰까지 폐찰되는 최악의 상황으로 알려지고 있다. 그러나 이런 상황에서 나라의 고위관리였고 유학자인 박세당이 수락산 석촌동에 머물면서 인근의 불교 사찰을 유람하며 시를 쓰고 많은 스님들과 교유했다는 것은 불교의 생명력을 잘 보여주는 것이다.

이것은 비단 박세당만의 특별한 교유가 아니라, 당시의 수많은 지식인들이 공유하였던 일종의 문화이기도 했다. 불사를 돕는 일이 공자 맹자의 정신에 어긋나지 않다고 서신을 보낸 척화오신(斥和五臣) 중 한 사람인 신익성(申翊聖)의 집에서 처능선사가 오랜 세월 공부했으며, 박세당과 기끼이 교유한 이경석, 최서정 혹은 박세당을 비판했던 김창흡까지도 승려들과 교유했던 사실을 볼 때 당시 유생과 승려의 교유가 특이한 사항은 아니었다.

당시 나라의 정치 주도 세력이라고 할 수 있는 서인(西人)들의 정신적 지주는 율곡과 우계(牛溪)였는데, 특히 율곡이 주자학의 사표로 문묘에 배향되는 과정에서 그의 금강산 불교 수행이 문제가 되었지만, 많은 논란 속에서도 문묘 배향이 확정되었다. 당시 주도 세력인 노론의 경우로 그렇지만 소론에 속했던 박세당의 경우 주자를 비판했다고 하여 사문난적(斯文亂賊)으로 몰리는 우환을 당하지만, 그의 노장철학 연구나 불교에 대한 우호적 태도가 비난받지는 않았다.

박세당의 불교관에서는 기복불교의 면은 거의 찾아볼 수 없다. 그의 단편적인 글에서 드러난 불교는 세속을 초월한 선불교의 묘리였으며, 그것은 박세당이 꿈꾸는 깨끗한 은둔적 삶과도 일치했다.

그는 불교의 인연설을 자연스럽게 받아들이고 있으며, 그에게 성리학적 인성과 불성의 차이란 없다. 그는 대립적인 사유로부터 벗어나는 초탈의 경지를 선으로 인식했는데, 그것은 속세의 명리(名利)를 떠난 선의 정신 바로 그것이었다.

호랑이에게 몸을 보시하는 불교의 전생 이야기 같은 점에 대해서는 왜 금수(禽獸)가 인간의 가치보다 높은지 상식적으로 이해하지 못했다. 그런 점에서 그는 윤회의 사상까지 받아들이지는 못했던 것이다. 또한 공(空)과 참선을 이해하기는 했지만, 그 스스로 참선을 수행한 것 같지는 않다. 인욕(人慾)을 벗어나 대자연과 더불어 사는 탈속적인 가치를 긍정했던 것은 분명하지만, '외유내불(外儒內佛)'이라고 말할 정도까지는 못 된다. 그 전의 시대에 비해 보다 자유로운 학문적 탐구를 했다고 말할 수 있고 불사(佛事)에 기여한 바가 크지만, 불교신앙에 독실했다고는 보기 어렵다. 윤회에 대한 신앙 혹은 정토신앙에 대한 언급은 없다. 불교에 대한 호감이 있기는 하지만, 그것은 탈속적 선불교 정도에 국한되었다. 노장철학에 관심을 두고 주석 작업까지 한 그에게는 너무도 당연한 수용이었던 것이다.

박세당의 불교관이 갖는 의의는 새로운 가치관을 창출해내지 못하고 경직되어가며, 진리의 입장이 당파적 사유에 얽매인 지식인들에게 보다 자유로운 사고의 틀을 제시한 것이라고 할 수 있다.

그것은 박세당이라는 인품이 가진 정직성과 철저성에 바탕을 두고 있다. 노장철학이나 불교 및 유교와의 교류 속에서 상호 발전을 한 것인데, 그의 시대에는 그런 회통적 소통이 이루어지지 않았다. 따라서 그는 매월당 김시습의 유불회통적 사유를 계승하고, 사회적으로 소외 계층인 불교의 인물들에 대해 편견을 갖지 않았다. 그는 이러한 사상적 포용과 교류가 공자의 정신에 어긋난 것이 아님을 확신했다. 경직된 주자학을 탈피하여 공자의 본래 정신으로 돌아가고자 했던 그의 확고한 신념 덕분에 가능했던 일이다. 그는 불사에 적극적이었고, 승려들을 동정하고 인정했으며, 시를 통해 자신의 불교적 세계관을 펼쳐 보인 점에서 탈주자학적 사상의 지평을 더욱 확대했다. 이후 조선후기 실학적 다양성을 통해 그의 유불회통 정신은 이어지고 있다.

제 **2** 부

박세당의 경학사상

제1장 박세당의 탈주자학적 격물치지설
—『대학사변록』을 중심으로

1. 전통적 격물치지설

1) 주자의 격물치지설

본시 『예기(禮記)』 가운데 한 편으로 있던 『대학(大學)』이 사서(四書)의 대열에 편입되고 인식론적인 고찰인 '격물치지설(格物致知說)'을 문제 삼은 것은 정이천(程伊川; 1033~1107)과 주자(1130~1200)에 의해서이다. 주자는 『대학고본(大學古本)』에 격물치지설이 빠진 것은 페이지가 뒤바뀐 것이 있기 때문이라고 하여 『대학장구(大學章句)』로 재정리하였다. 그는 『대학』을 팔조목으로 설명함에 있어 삼강령과 관련지어 격물(格物), 치지(致知), 성의(誠意), 정심(正心), 수신(修身)은 명덕(明德)을 밝히는 일로, 제가(齊家), 치국(治國), 평천하(平天下)는 백성을 새로이 하는 일로, 그리고 격물치지(格物致知)는 지극한 선(善)의 소재에 대한 앎을 구하는 것으로 이해했다.

주자는 격물(格物)을 궁리(窮理)와 같은 개념으로 보며, 물(物)이란 사(事)와 같은 것이고, 물리(物理)나 사리를 궁구하는 것이 모두 격(格)의 의미라고 하였다.[1]

그는 천하에 이치가 다 있는데 그 물리와 사리를 밝힘에 대해 말

---

1 『大學章句大全』 經1章 古之欲明明德於天下者註 "格至也 物猶事也 事物之理 欲其極處無不到也." 『二程全書』 卷2 上 "格至也 窮理而至於物則物理盡."이라고 하니, 곧 "格은 이르른다는 것이며, 사물의 이치를 끝까지 캐물어 이르른다는 것을 말한다."는 정이천의 사상을 계승한 것이다.

하기를 "천하의 사물에 이르러 반드시 그러한 까닭이 있는 연고(所以然之故)와 그 마땅한 바의 법칙(所當然之則)이 이른바 이(理)이므로"[2] 그것을 연구한다는 것이다. 그러한 까닭과 마땅한 바를 이(理)라 한다면, 이는 자연법칙은 물론 도덕법칙까지 포용하는 개념이다.

> 이른바 격물(格物)이 치지(致知)에 있다 하는 것은 앎에 이르고자 함이 물(物)에 나아가 그 이치를 궁구함에 있다. 무릇 사람의 심령은 모르는 것이 없으며 천하의 사물은 이(理)가 있지 않음이 없건마는 다만 이에 대하여 궁구하지 못하므로 그 앎에 미진함이 있게 된다. 이것(格物)으로부터 대학의 가르침이 시작하니, 반드시 배우는 사람으로 하여금 모든 천하의 사물에 나아가 그 이미 획득한 이치를 가지고 더욱 궁구하지 않음이 없게 한다.[3]

주자에게 격물과 궁리는 같은 말이라고 할 수 있다. 정이천은 물(物)을 사(事)라고 하지 않고 "물은 이(理)와 같은 것이다(物猶理也)."[4]라고 하여 사물의 배후의 이를 끝까지 캐물어간 후에 이치를 터득할 수 있다고 하였다. 즉 격물의 정신이 궁리에 귀결됨을 말하고 있다. 궁리한다는 것은 사물에 대한 자연과학적 인식이 주요 목적은 아니다. 그 인식의 목적은 자신의 심성 혹은 도덕관념을 획득하여 행위를 바르게 하는 데 있다고 볼 수 있다.[5]

---

2 胡廣 『大學或問』, p. 19, "至於天下之物 則必各有所以然之故 與其所當然之則 所謂理也."

3 『大學章句大全』 傳5章 所謂知之至也註 "此謂致知在格物者 言欲致吾之知 在卽物而窮其理也 蓋人心之靈 莫不有知 而天下之物莫不有理 惟於理 有未窮故 其知有不盡也 是以 大學始敎 必使學者 卽凡天下之物 莫不因其已知之理 而益窮之 以求至乎其極."

4 『二程全書』 卷28 大學曰物有本末註 "格猶窮也 物猶理也."

5 曾昭旭, 「朱子. 陽明과 船山의 格物義」, 『退溪學報』 26. 그는 주자학(朱子學)의 인식론을 세 가지로 나눈다. 첫째 성품의 성품 되는 까닭을 인식하는 것(推致性之所

주자가 "격물이란 것이 가장 좋은 말이다. 물(物)은 사물이며 사물의 이치를 궁리하여 지극한 경지에 도달하는 것이다……. 문자를 강론하고 사물을 응접(應接)하며 각각 체험하여 넓게 나아가 (지식이) 넓어지니 증자(曾子)의 삼성(三省)과 같은 것이다."[6]라고 한 것 역시 도덕적 법칙을 인식하는 일의 중요함을 말해주는 것이다.

학자는 모름지기 궁리하고 격물하여(窮格) 그 (정성을) 다함이 요청되는데, 부모를 섬긴즉 마땅히 그 효도를 다하고 형제 간에 마땅히 그 우애를 다 하는 것이 이와 같은(格物) 종류이다. 모름지기 이것은 (정성을) 다함을 체득하기를 요하는 것이다. 만약 털끝만큼이라도 다하지 못한다면 이는 궁리하고 격물함(窮格)이 완전해지지 못한 것이라고 하는 것이다.[7] 여기에서 궁리의 목표하는 바가 도덕적임을 알 수 있다.

물론 객관사물(客觀事物)에 대한 격물이 전적으로 인식의 대상을 배제한다고는 볼 수 없다. 그는 "눈앞의 사사물물이 모두 지극한 이치가 있으니 풀 한 포기, 나무 하나, 하나의 날짐승과 길짐승에도 모두 제각기 이치가 있음과 같이 초목은 봄에 나고 가을에 없어지며 사는 것을 좋아하고 죽는 것을 싫어하며…… 모두 음양의 도리에 따르는 것이다."[8]라고 하거나 "이렇게 오래 힘들여 연구하다가 일단 확연히 통함에 다다르면 모든 사물의 겉과 속, 정밀함과 조잡함, 이런 것들을 막론하고 도달하여 우리 마음 전체를 씀에 밝지 않은 것이 없게 된다. 이것을 일러 격물이라고도 하고 앎의 지극함이라고도 한다."[9]

以爲性), 둘째 행위가 마땅한가, 부당한가를 인식하는 것(推致一已行爲經驗之當否), 셋째 객관사물의 이치를 인식하는 것(推致客觀事物之理)이라고 하면서 마지막 객관사물의 이치를 인식하는 것은 무의미한 것이라고 한다.

6 『朱子語類』 卷15, 大學2, 經下, "格物二字最好 物謂事物也 須窮極事物之理到盡處……若講論文字應接事物 各各體驗 漸漸推廣地步 自然寬滑如曾子三省."

7 『朱子語類』 卷15, 大學2, 經下, "但學者 須要窮格得盡 事父母則當盡其孝 處兄弟則當盡其友 如此之類須是要見得盡 若有一毫不盡 便是窮格不至也."

8 『朱子語類』 卷15, 大學2, 經下, "目前 事事物物 皆有至理 如一草一木 一禽一獸 皆有理 草木春生秋殺 好生惡死……皆是順陰陽道理."

고 하였고, 정이천도 "물(物)마다 모두 이치를 가지고 있다. 예컨대 불이 뜨거운 까닭이나 물이 차가운 까닭이나 마찬가지이다. 임금과 신하, 아버지와 아들 사이에도 모두 이치가 있다."[10]고 하여 물(物)의 의미를 도덕적 원리로만 한정하지는 않았다.

이 인식에서 중요한 것은 홀연히 깨닫는 활연관통(豁然貫通)의 경지가 있다는 점이다.[11]

이것은 "날마다 연구함(格)이 오래되어 통하는 경지에 처하면 이 도리는 억지로 집착하여 나날이 한 사물을 연구함(格)이 단지 한 사물만 연구함(格)이 아니라 쌓이고 쌓여 오래되면 통하고 이 경계에 도달하여 곧 밝은 지혜로 통찰하여 관조하니 사물을 연구함을 기다릴 필요가 없는 경지이다."[12]라고 하니, 이는 어느 순간 깨달음에 이르게 되면 일일이 하나하나의 사물을 연구하지(格) 않아도 그 이치를 알 수 있게 되는 '경지'가 있음을 말한다.

지지(知止)란 활연관통의 경지에 이르러서야 비로소 그침을 아는 것이다. 말하자면 그친다는 것은 곧 지극한 곳에 이른다는 말이다. 모름지기 그 이치에 극진(極盡)하니 이것이 머무는 경지라 할 수 있다. 만약에 8분을 터득하고 2분이 남아 있는 것과 같다면 미진한 것이다. 주자의 격물치지론은 사물이나 인간의 도리와 이치를 궁구하여 활연관통의 경지에 머무는 데 그 목적이 있다.

---

9 『大學章句大全』 傳5章 此謂知之至也註 "至於用力之久而一但豁然貫通焉 則衆物之表裏精粗無不到 而吾心之全體大用無不明矣 此謂物格 此謂知之至也."

10 『二程全書』 卷20, 楊遵道錄 "物物皆有理 如火之所以熱 水之所以寒 至於君臣父子間 皆是理."

11 '활연관통'의 설도 정이천의 설을 계승한 것으로 볼 수 있다. 『二程全書』 卷19에 "반드시 오늘 한 가지를 연구하고 내일 또 한 가지를 연구하여 익힌 것이 쌓여서 이미 많아진 후에 툭 트여 자연히 관통하는 경지를 가지게 된다(須是今日格一件 明日又格一件 積習旣多 然後脫然自有貫通處)."는 언급이 있다.

12 『性理大全』 卷48, 學6 致知, "晦翁云 日格一物 積久自有豁然貫通處 此道儘着 王琬索 日格一物 豈是只格一物 積久貫通 到此境界卽明睿容洞照 不待物物盡窮矣."

격물(格物)과 치지(致知)의 관계에서 치지는 격물의 목표가 될 수 있다. 지(知)라는 것은 밖에 있는 것이 아니라 내가 본래 가지고 있는 것이다. 그러나 지(知)에 도달하지 못하면 얻을 수 없다. 치(致)도 반드시 도(道)가 있어야 하므로 치지는 격물에 의해 있는 것이다.

"치지(致知)와 격물(格物)은 단지 하나의 일이다. 오늘 격물하고 내일 또 치지하는 것은 옳지 않다. 격물은 이치로써 말하고 치지는 마음으로써 말한다."[13]라고 했다. 즉 격물은 인식하는 일이요, 치지는 그 부산물로 내 마음에 깨달아 인식된 것이라 하겠다.

치지는 친애해야 할 대상을 친애하고, 윗사람으로 존경해야 할 대상을 존경하는 것과 같은 것에 도달하는 것이다. 능히 추구하지 않는다면 이는 외부에 대해서 다하지 못한 것이다. 친애해야 할 대상을 친애하고자 하고, 윗사람으로 존경해야 할 대상을 존경하고자 하나 자기 내면에까지 이르지 못한다면 이는 내면으로까지 다하지 못하는 것이다. 모름지기 밖에 대상을 두루 잘하고 안에 잘 갖추어지면 이런 것을 치지라고 한다.[14] 격물과 치지는 인간의 도리와 같은 것을 형식적으로만 인식하는 것이 아니라, 그 아는 것을 내면화할 때 비로소 치지라고 한다는 것이다.

치지는 천하의 이치에 나의 인식이 미치지 않는 곳이 없어야 한다고 말한다. 만약 하나는 아는데 둘은 모른다거나, 큰 것에 대해서는 아는데 작은 것에 대해서는 모른다거나, 높고 먼 일에 대해서는 아는데 그윽하고 깊은 것에 대해서는 모른다면 모두 앎에 이르렀다고 할

---

13 『性理大全』 卷48, 學6 知行, "知者 吾之所固有然不致則不能得之 而致之必有道 故曰致知在格物." 學6 致知, "致知格物 只是一事 非是 今日格物 明日又致知 格物以理言 致知以心言."

14 『朱子語類』 卷15, 大學2, 經下, "知至謂如親其所親 長其所長 而不能推之天下則 是不盡之於外 欲親其所親 欲長其所長 而自家裏面有所不到 則是不能盡之於內 須是其外無不周 內無不見 方是知至."

수 없다. 마치 등불이 집 안에서 비칠 때 크고 작은 사물에 모두 이르는 것과 같다.[15] 그렇다면 이런 지식은 자연과학적인 객관적 지식이 아니라 양심에 투철한 인간의 도리에 대한 지식이다. 이것은 단지 아는 것이 아닌 실천과 체화를 요구한다.

2) 왕양명의 격물치지설

왕양명(王陽明; 1472~1528)은 주자의 격물치지 해석에 대해 비판적인 태도를 가진다. 그는 격물(格物)의 격(格)을 궁(窮)이나 지(至)가 아닌 정(正)으로 해석하고 있다. 『맹자(孟子)』의 대인(大人)은 임금의 마음을 격(格; 바로 한다)한다(大人格君心)는 말과 같다는 것이다. 즉 그 마음의 바르지 못함을 버리라는 뜻이다.

물(物)이란 사(事)이다. 무릇 뜻이 일어나는 곳에는 반드시 그 일이 있다. 뜻이 있는 곳의 일을 일러 어떤 것이라고 한다. 격(格)이란 정(正)으로 한다는 뜻이다. 그 바르지 못한 것을 바로잡아 올바른 데로 돌아가는 것을 말한다. 그 바르지 못한 것은 악을 제거하는 것을 말한다. 올바른 데로 돌아가는 것은 선을 행하는 것을 말한다. 대체로 이런 것을 일러 '바로잡을 격'이라 한다.[16]

여기서 격물은 '마음을 바르게 한다(正其心)'는 의미이며, 격(格)에 대해 지(至)가 아닌 정(正)의 의미로 설명하고 있다. 격물은 맹자가 말

---

15 『朱子語類』卷15, 大學2, 經下, "知至謂天下事物之理 知無不到之謂 若知一而不知二 知大而不知細 知高遠而不知幽深 皆非知口之至也 要須四至八到 無所不知 乃謂至耳 因指燈曰 亦如燈燭在此 而充照一室之內 未嘗有一些不到也."
16 『王文成公全書』卷26, 續編一「大學問」"物者事也 凡意之所發 必有其事 意所在之事謂之 物格者正也 正其不正 以歸於正之謂也 正其不正者 去惡之謂也 歸於正者 爲善之謂也 夫是之謂格."

한 '大人格君心'과 같으니 이것은 '마음의 부정(不正)을 제거하여 그 본체의 정(正)을 온전하게 해주는 것'이다. 다만 마음의 가는 곳의 부정을 제거하여 그 바름을 온전하게 하려는 것이기 때문에 때와 장소를 가릴 것 없이 천리(天理)를 보전하는 것이고, 궁리(窮理)란 곧 이를 말하는 것이다.[17] 이를 보면 그의 격물은 근본적으로 부정한 의념(意念)을 바로잡는 것이다.

그는 양지(良知)를 말하고 하나의 도덕적 표준으로 제시한다. 동시에 실천적인 행위의 입법자임을 명시하고 있다. 그러므로 양지를 따르고 이를 성취한다면 자연히 격물이 행해지며, 심중(心中)의 악은 제거되고 선은 길러진다.[18] 물(物)은 밖에 있는 것이 아니라 내면에 속한다.

> 뜻이 있는 곳이 바로 어떤 것(物)이다. 만약 뜻이 어버이 섬기는 데 있다면 어버이 섬김이 바로 하나의 어떤 것이다. 뜻이 임금 섬기는 데 있으면 임금 섬김이 바로 하나의 어떤 것이다. 뜻이 백성을 사랑하고 만물을 아끼는 데 있으면 백성을 사랑하고 만물을 아낌이 바로 하나의 어떤 것이다. 뜻이 보고 듣고 말하고 행동하는 데 있으면 보고 듣고 말하고 행동함이 곧 하나의 어떤 것(一物)이 된다.[19]

양명의 이론 가운데 가장 특색 있는 점이 치양지론(致良知論)인데, 이는 치지(致知)를 밖에서 구하는 것이 아니라 자신이 선천적으로 소유한 양지(良知)에 이르는 것이라고 주장한다. 격물치지란 사사물물에

---

17 『傳習錄』 卷上, 徐愛 錄, "格物如孟子大人格君心之格 是去其心之不正 以全其本體之正 但意念所在 卽要去其不正以全其正 卽無時無處不是存天理 卽是窮理."

18 宋在雲, 『陽明哲學의 研究』, 思社研, 1991, p. 129 참조.

19 『傳習錄』 上, "意之所在 便是物如意在於事親 卽事親便是一物 意在於事君 卽事君 便是一物 意在於仁民愛物 卽仁民愛物便是一物 意在於視聽言動 卽視聽言動 便是一物."

내 마음의 양지가 발휘되면 사사물물이 모두 그 이(理)를 얻는 것이다. 내 마음의 양지는 이른바 천리(天理)이며, 내 마음의 양지에 이르는 것이 치지이다. 사사물물이 모두 그 이(理)를 얻음은 격물이다. 이것은 마음과 이(理)가 하나가 되는 것이다.[20]

양명의 논지는 이치가 밖에 있는 것이 아니라 내 안에 있으므로 눈을 안으로 돌려 치양지(致良知) 하자는 것이다. 따라서 주자와는 다른 이론임을 알 수 있다.

격(格)을 정(正)으로 해석하거나 치지를 치양지로 해석함으로써 주자의 이론과 달리했으면서도 그 목표하는 바는 도덕의 당위성을 규명하는 것이기 때문에 유교의 정신을 버리는 것이 아님은 물론이다. "공부하기 어려운 곳이 모두 격물치지(格物致知)에 있는데 이것은 곧 성의의 일이다. 의(意)가 이미 성실해지면 대개 마음 또한 스스로 바르게 되고 몸 또한 스스로 닦아지는 것이다."[21] 라고 하는 것도 격물치지가 다름 아닌 도덕적 실천의 조건임을 말하는 것이다.

그러나 양명은 활연관통의 치지(致知)가 아닌 확충하여 이르는 확충치저(擴充致底)를 주장한다.

오늘 양지(良知)가 있으면 단지 오늘 알고 있는 것만큼 철저하게 확충해 나아가고, 내일 양지가 다시 열리어 깨달으면 또 내일 그 아는 것을 철저하게 확충해 나아가면 되는 것이다……. 예를 들면 수목(樹木)에서도 그렇다. 자라면 자란 만큼의 물을 더 주어야 하는 것이다. 한 줌 밖에 안 될 때부터 한 아름이 될 때까지 물을 대는 법으로서 가득

---

20 『王文成公全書』「傳習錄」中, "所謂致知格物者 致吾心之良知於事事物物也 吾心之良知卽所謂天理也 致吾心之良知者 致知也 事事物物 皆得其理者 格物也 是合心與理爲一者也."

21 『王文成公全書』卷1, 「傳習錄」, "工夫難處 全在格物致知上 此卽誠意之事 意旣誠 大段心亦自正 身亦自修."

한 물이 있다고 해서 물을 모두 거기에 준다면 싹을 적시는 것은 물론 이지만 결국 썩히고 마는 것이 된다.[22]

그는 배우고 따지고 독실히 실행하는 일이나, 남이 한 번 하는데 자기는 백 번 하는 데까지 힘을 쓰는 일, 넓히고 채움의 극치(擴充之極)가 자기 본성을 극진히 하고 하늘을 아는 데 이를지라도 모두 다 양지를 발휘하는 일에 지나지 않는다고 말한다.[23]

양명은 주자와는 달리 이(理)를 심중에 있다고 하였고, 격물을 사물에 대한 시정(是正)의 의미로 보았다. 주자의 홀연히 깨닫는 활연관통처에 반대하고 점차적으로 알아나가는 점수적(漸修的)인 태도를 취하였으며, 격물치지의 목적을 정심수신(正心修身)에 둠으로써 유교의 본지를 구현코자 했던 것이다.

2. 박세당의 격물치지설

1) 물(物)과 사(事)의 구분

주자의 물(物)은 사(事)와 차별 없이 다 같이 격물(格物)의 대상이 되고 있는 데 반해, 박세당은 물(物)을 단순한 사물(things)이 아닌 대상(objects)이라고 한다.[24] 물론 사(事)는 오직 인식 행위만을 의미하는 것

---

22 『傳習錄』 卷下, 黃以方 錄, "今日良知見在如此 只隨今日所知擴充到底 明日良知 又有開悟 便從明日所知擴充到底……如樹有 這些萌芽 只把這些水去灌漑 萌芽 再長便又加水 自拱把以至合抱 灌漑之功 皆是隨其分限所及 若些小萌芽 有一桶 水在 盡要傾上便浸壞他了."

23 『傳習錄』 中, 答顧東橋書 "大學問思辨篤行之公 雖其困勉至於人一已百 而擴充 之極 至於盡性知天 亦不過致吾心之良知而已."

24 李丙燾, 「朴西溪의 反주자학적 사상」, 『大同文化研究』 3집, p. 8. 서계의 사(事)는 things, 물(物)은 working이라고 표현하는데, 이미 송(宋) 여립무(黎立武)의 『대학발미(大學發微)』의 설이기도 하다.

은 아니며, 물(物)에 비해 상대적으로 일종의 활동의 뜻이 있다고 볼 수 있다. 박세당은 사와 물이 다르다는 것에 대해 예를 들기를 물(物)이란 것은 천하(天下), 국(國), 가(家), 신(身), 심(心), 의(意), 지(知)이며, 사(事)는 평(平), 치(治), 제(齊), 수(修), 정(正), 성(誠), 치(致), 격(格)이라고 한다.[25] 이는 물(物)을 인식 내지 활동의 대상으로 보는 것이다. 명덕(明德)에 있어서 물(物)은 덕(德)이고 사(事)란 명(明)이며, 신민(新民)에 있어서는 민(民)이 물(物)이고 신(新)은 새롭게 하는 활동이다.[26]

주자는 격(格)을 지(至) 또는 궁(窮)이라고 해석하여 사물에 이르는 것 또는 궁리라고 하였다. 이에 대해 박세당은 격(格)을 지(至)로, 물(物)을 사(事)로 해석한 것은 모두 타당하지 않다고 하면서 격물(格物)에 있어 격(格)은 지(至)라고 한다면 물에 이른다는 지물(至物)은 문득 말이 되지 않는다고 비판한다. 만약 이것을 고쳐 사에 이른다라고 하는 지사(至事)라고 해도 이치가 또한 밝혀지지 않으니 결국 그것을 정당한 것으로 간주할 수 없다.[27] 격(格)을 지(至)로 해석했던 과거 주자의 해석을 정면으로 비판하는 대목이다.

2) 정칙(正則)으로서의 격(格)

박세당은 격(格)을 정(正)이라고 해석한다. 격은 법칙이며 바로잡는다는 것이다. 물(物)이 있으면 반드시 법칙이 있으며, 물의 격(格)이 있다는 것은 그 법칙이 바름을 얻도록 추구하는 것이다. 대개 나의 앎을 이 일의 당면한 데까지 미치게 하여 그 대처하고 응함을 다하는

---

25 『思辨錄大學』 太『全書』 下, p. 3, 物有本末註, "物者如下文 曰天下 曰國 曰家 曰身 曰心 曰意 曰知 是也 事者始其 曰平 曰治 曰齊 曰修 曰正 曰誠 曰致 曰格 是也."

26 앞의 책, 太『全書』 下, p. 4, "盖在明德 新民則德與民爲物 而明與新爲事."

27 『思辨錄大學』 太『全書』 下, p. 4, "註訓格爲至 訓物爲事 皆恐未當格 雖有以至 爲義者 但若於格物而謂格爲至 則至物云者 便不成語 若易爲至事 理亦不縣 終 未見其得."

것인데, 그 요령은 오직 이 물의 법칙을 찾아 그 바름을 얻게 하는 데 있다.[28] 일상용어에서도 격언은 사리의 바른말이며, 격비(格非)라고 할 때에도 그릇된 마음을 바로잡는다는 뜻이 있다.

그는 『맹자』에서도 격(格)을 정(正)으로 보는 견해가 있다고 하면서 다음과 같이 말했다.

> 격(格)의 뜻이 어찌 궁구(窮究)에 조금이라도 관계가 있겠는가. 『맹자』의 격(格)한다는 말이나 『대학』에서 말한 격물(格物)의 뜻이 글자가 같고 임금을 바르게 하며 물(物)을 바르게 한다는 뜻이 분명하고, 그 의미를 바꿀 수 없는 것이다.[29]

박세당이 말하는 격(格)이 양명의 격에 관한 이론과 유사한 면이란 내심의 악에 관한 사의(事意)를 바로잡는 것이다. 그것은 주자의 객관적인 지식 추구의 방법을 주관적인 방법으로 대치하기 위한 의도에서 나온 것이다. 그러므로 그 정(正)은 마음을 '바로 한다'는 동사의 뜻이다. 그러나 박세당의 정은 '올바른' 대상의 법칙이라는 형용사 또는 '올바름'을 얻음이라는 명사로 사용된다.[30] 다시 말하자면 박세당은 정칙(正則)의 의미로 썼고, 양명의 경우는 시정(是正)의 의미로 썼다. 양명학은 객관적인 대상으로 인식함이 아니라 먼저 치양지(致良知)함으로써 도덕의 이치를 깨닫는 것이므로 개관적 대상에서 정칙을 추구하려는 박세당과는 다른 것이다. 박세당은 양명학의 근거인 치양지에 관한 언급이 없지만 주자보다 양명에 가까운 해석을 한다는 점

---

28 『思辨錄大學』太『全書』下, p. 4, 古之欲明明德註 "格 則也 正也 有物必有則 物之有格 所以求其則而期得乎正也 盖欲使吾之知 能至乎是 事之所當而處之無不盡則 其要唯在乎尋索是物之則而得其正也."

29 『思辨錄孟子』太『全書』下, p. 123, 離婁上 孟子曰人不足與適也註 "格之爲義 豈有微涉於窮也 格君格物爲語則同 正君正物以義 則明 不能易其義."

30 윤사순, 『韓國儒學論究』, p. 267 참조.

에 유의해야 한다.

3) 점가적(漸加的) 방법

박세당은 격물(格物)을 하고 나서 치지(致知)한다거나, 치지하고 나서 격물한다고 보지 않는다. 그는 "앎에 이르고자 하면 먼저 물(物)을 격(格)해야 한다고 말하지 않고, 앎에 이르는 것은 물(物)을 격(格)하는 데 있다고 한 것은 물(物)을 격(格)하는 것이 앎에 이르는 것이기 때문인데 그 일이 한가지이다."[31] 라고 한다. 이는 격물과 치지가 순서적으로 선후가 있지 않고 동시적이라는 뜻이다.

이런 입장이 바로 주자의 격물해 나가다가 활연히 사물의 이치를 관통한다는 이론과 다를 뿐만 아니라, 치양지(致良知)하여야 비로소 격물이 된다는 양명의 이론과도 차이가 있는 면이다.

특히 주자처럼 하루아침에 활연관통의 경지에 이르는 것은 학자의 자세로서 부당하다고 여기고 있다. 그런 경지는 평생토록 수고해도 얻지 못할지도 모르는 경지라고 비판한다.

지금 이른바 이치가 능히 이르지 않은 것이 없고, 앎이 능히 다하지 않은 것이 없는 이전에는 그 하는 일이 모두 성실하지 못한 것을 면치 못한다고 하면, 이것은 거짓이 될 뿐이고 귀신이 될 뿐이다. 사람의 날마다 하는 일이 부자, 군신관계의 큰 법과 인륜이 아닌 것이 없는데, 그 반평생의 닦는 일도 귀신의 관문에 막혀 힘써 거짓을 하는 것을 면치 못하다가 하루아침에 확 트이는 경지에 이르러 모든 사물이 겉과 속 정교함과 거친 면에 이르지 않는 것이 없게 되고, 내 마음의 온전한 본체와 커다란 작용이 밝혀지지 않는 것이 없게 되며, 내 마음의

---

31 『思辨錄大學』 太 『全書』 下, p. 4, 古之欲明明德註 "不言欲致知 先格物而曰致知 在格物者 格物所以致知 其事一故也."

온전한 본체와 커다란 작용이 밝혀지지 않는 것이 없게 되는 것을 기
다려, 그런 뒤에야 임금을 섬기되 충(忠)을 성실히 할 수 있고, 어버이
를 섬기되 효(孝)를 성실히 할 수 있다고 한다면, 마침내 이치에 미루
어보아도 결국 그런 일이 없을 것이다.[32]

이런 대목은 그가 『대학』의 격물치지설에서뿐만 아니라 『논어』의
주석에서도 주장하는 내용으로, 주목할 필요가 있는 인식 이론이다.
『논어』에서는 "모든 이치를 아침에 깨달아 만 가지 이치의 세밀하고
거친 것과 마음의 본체와 작용에 조금이라도 다 알지 못하는 것이 없
음을 어찌 처음 배우는 학도들의 능력으로 얻을 수 있겠는가. 그렇게
철저히 깨달음을 기다린 뒤에야 그 뜻이 정성되고 마음이 바로 됨을
구하려 하면 학자들이 죽을 때까지 한 가지 일의 뜻을 정성되게 하고
마음을 바르게 하는 자가 없을 것이다."[33]라고 말한다. 하루아침에
모든 이치를 관통해버린다는 것이 박세당에게는 공허한 것이다.
　즉 활연관통과 같은 지지(知至)의 해석은 선불교의 돈오(頓悟)를 연
상시키는 것으로, 유학의 치지(致知)의 방법이 아님을 강조한다. 처음
배우는 이들이 천지와 귀신 그리고 아래로는 초목의 미세한 것까지
모두 다 통달하려고 하면 마침내 스스로 반성해야 할 것도 깨닫지 못
할 것이며, 어지럽고 미혹되어 본래의 천리(天理)를 잃을 수도 있다는
말이다.[34]

---

32 『思辨錄大學』太『全書』下, p. 5, 物格而後知至註 "今乃謂 理未能無不到 知未
　能無不盡之前 其所爲皆不免於不誠則是爲僞而已 爲鬼而已 人之日用無 無非父
　子君臣大經大倫之間 而其半生修爲未免隔閡鬼關龜勉爲僞以待一朝豁然貫通 使
　衆物之表裏精粗無不到 吾心之全體大用 無不明然後 事君得誠其忠 事父得誠其
　孝則推之於理 終有所不然者矣."
33 『思辨錄論語』太『全書』下, p. 75, 公冶長 子貢曰夫子之文章註 "若其一貫萬理
　物之精粗 心之體用 無豪髮之未盡者 又豈初學之所可得而能也 待此功到然後 求
　其得意誠心正則 學者將有至死而不得一事之誠其意 正其心者 又恐無此事."
34 『思辨錄大學』太『全書』下, p. 19, 此謂知之至也註 "今欲使初學之士 上窮于此

제아무리 심오한 이치를 깨달아 알았다 하더라도 자신의 실천적 체험이 없는 활연관통처라면 삶의 이치와는 거리가 있는 공리공론일 수 있다. 박세당은 참된 인식에 이르는 것은 실천적 경험을 전제로 할 때 의미가 있다고 주장한다.

그는 형이상학적인 대상에 대한 치지(致知)란 완벽해질 수 없는데, 그 완벽한 앎을 기다린 이후에 성실한 뜻이 있다는 것은 곤란하다고 말한다. 즉 완벽한 치지에 도달한 사람이 왜 정심(正心)과 수신(修身)에 힘쓸 필요가 있으며 제가치국(齊家治國)이 필요할 것인가 반문하고 있다.

참된 인식에 이르는 것은 하루의 깨달음을 통해서가 아니라 경험하는 생활 속에서 가능한 것이다.

> 저 갓난아이가 우물에 들어가는 것을 보고 두려워하는 것을 성(誠)이라 하지 않을 수 없는데, 어찌 반드시 천하의 사물을 다 궁구하고 내 마음의 앎을 다 극진히 하는 것을 기다린 뒤에라야 이 일을 할 수 있는 것인가.[35]

일상의 사소한 일을 실천하면서 앎에 이르는 것이지, 모든 이치를 활연관통하고서야 비로소 올바른 실천이 가능하다는 것은 사실과 다르다고 본다. 실천과 경험이야말로 앎에 이르는 가장 효과적인 방법이라는 것이 박세당의 입장이다. 활연관통이 아니라 점가(漸加), 곧 점점 보태서 얻는 것이다.

下窮于草木之微 縣跂乎不及之塗馳騁乎 無窮之境 卒莫省 夫所自反其不眩亂迷惑 而失其本心之所受."

35 『思辨錄大學』太『全書』下, p. 5, 古之欲明明德註 "彼見赤子之入井 而秌惕者 不可謂非誠 則又豈必待盡格天下之物 盡致吾心之知 而後能此耶."

재어 헤아린 바로 인하여 차츰 깊은 데를 더 들어가고 또 깊게 들어간다면 그 깊은 데를 다 들어갈 수 있을 것이며, 정묘한 것을 더 정묘하게 하고, 구비한 것을 더욱 구비하게 한다면 그 구비하는 것을 다하게 되고 그 정(精)한 것을 다할 수 있을 것이니, 그렇게 되면 어찌 어둡고 어지럽고 빠지고 넘어지는 걱정이 있겠는가?[36]

이는 어느 날 홀연한 깨달음에 의해 참된 인식에 이르는 것이 아니라, 현실적 삶을 통한 경험을 바탕으로 인식의 영역을 차츰차츰 점진적으로 확대하는 것이다. 여기서 우리는 그의 인식론이 매우 실학적임을 읽어낼 수 있다.

4) 이발적(已發的) 치지(致知)

주자가 아직 마음이 발생하기 전인 미발시(未發時)에 공부하는 것을 함양(涵養)이라고 하는 데 반해, 박세당은 그것을 공허한 이론으로 본다. 일상생활에서 모든 동작이 사물(物)을 떠날 수 없으며, 또 하는 일이 없을 수도 없으므로 비록 한가로이 있고 홀로 지내는 경우라도 앉고, 눕고, 말하고, 침묵하고, 보고, 듣는 일이 아닌 것이 없다.[37] 즉 일상생활 가운데 이치가 발견되는 것이지, 마음이 발생하기 전인 미발시에 공부한다는 것은 부당하다고 본다. 이 또한 경험주의의 발상이며 실천적 방법론이다.

따라서 미발시의 공부란 공허한 것일 수밖에 없고, 진리는 경험을 통해서만 파악될 수 있음을 강조한다.

---

36 『思辨錄』太『全書』下, p. 2, 序 "因其所及而稍遠之 遠之又遠 可以極其遠矣 因其所測而稍深之又深 可以極其深矣 因其所得而漸加備 因其所識而漸加精 使精者益 精備者益備."
37 『思辨錄中庸』太『全書』下, p. 34, 道也者註 "人之生也 一動一靜 不能離物則亦不能無事 雖自其閒居獨處而言之坐臥語默視聽之間 無非事也."

물(物)이란 반드시 그의 즐겨 하는 것에 힘입어야만 비로소 길러지는 것이다. 그래서 몸은 고기로써 양분을 얻고, 마음은 이(理)와 의(義)로써 양분을 얻으며, 밀보리는 비이슬과 사람의 가꿈으로써 양분을 얻게 되는 것이다. 지금 주자의 말은 그렇지 않아서 텅 비어 아무것도 없는, 모든 것이 싹트지도 않는 사이에서 있는 듯 없는 듯한 뜻으로 대충 하는 방법으로는 기쁘게 해줄 것이 없으니, 그 기름에 있어서도 희미하고 멀지 않은가? 그러므로 그의 잘못은 함양의 설을 주장 하면서도 그 함양의 뜻을 터득하지 못하는 데 있다고 할 것이다.[38]

대상(物)이 없이는 관념이 무의미하다고 보는, 이미 발행한 기발(已發) 중시의 태도라고 하겠다. 이처럼 그가 격물치지(格物致知)의 방법으로 미발시의 공부를 반대한 것은 분명히 경험을 중시하는 점이며 새로운 접근 방법이었다는 것에 주목하지 않으면 안 될 것이다. 박세당은 모든 공부는 무엇인가 구체적인 것이며, 미발(未發)의 공부란 모순이라고 하였다. 만약 그 잠깐 사이에 일어나지 않고 보지도 듣지도 않을 때라면 수양하는 공부를 할 수도 없는 때이다. 그런 때에는 모든 생각이 텅 비어 불선(不善)만이 존재하지 않을 뿐 아니라, 비록 선(善)일지라도 또한 가슴속에 존재할 겨를도 없는 경우인데 싹트지도 않은 실마리를 다스릴 수 있겠는가 반문한다. 만약에 이를 다스리려 한다면 생각이 이미 싹트고 일이 벌써 싹튼 것이니, 공부는 이때에는 벌써 할 수 없다고 한다. 비록 대강대강 수습한다 했지만 결국은 생각을 쓰지 않을 수가 없을 것이므로 본시 미발이 될 수는 없다. 설사 잠자리 속에서 생각하는 것이라도 은미(隱微)하기는 하지만 그것을 미

---

38 『思辨錄中庸』 太 『全書』 下, p. 34, 道也者註 "夫物必待其所悅而後得養 是以體以芻豢而得其養 心以理義而得其養 麰麥必雨露人事得其養 今則不於蕩蕩空空 萬事未萌之間 而用夫似有似亡之意 以爲略略收拾之方 則所悅者無焉爾 其於養也 不亦微乎 不亦遠乎 故曰其失在於執涵養之說 而不得其所謂也."

발이라고 간주할 수는 없다는 입장이다.[39] 따라서 그에게는 구체적이고 현실적인 것이 사유의 대상이 되므로 현실생활에 기초한 학문을 중시할 수 있었다.

3. 박세당 격치설(格致說)의 특징

박세당의 격물치지설을 요약해보면 다음의 특징이 도출된다.

첫째, 물(物)은 사(事)와 같다고 한 주자의 설을 반대하고 물(物)과 사(事)를 다른 것으로 보았다. 물(物)을 대상(objects)이라 한다면 사(事)는 행위(work)라고 할 것이다. 즉 대상은 물질적 대상만을 지칭하는 것이 아니다. 정신적 대상도 사(事)와 구별되는 물(物)이라 할 수 있다.

둘째, 격물(格物)은 사물(事物)의 이치를 궁구하는 것이 아니라 인식의 대상에서 바름을 구하는 것으로 해석한다. 이는 양명(陽明)의 격(格) 해석인 시정(是正)의 의미와 유사하나, 실제의 일에 처하여 객관적 대상에서 정칙(正則)을 추구한다는 점에서 차이가 있다.

셋째, 선천적인 인간의 이성을 인정하고 있으며, 인성(人性)과 물성(物性)의 차이를 구분하여 인성을 인식의 주체로 강조한다.

넷째, 격물치지의 방법으로 활연관통을 반대하고 일상생활에서 점차적으로 축적해가는 점가적(漸加的)인 방법을 사용하여 지식을 확대해야 한다고 주장한다. 이 점에서도 주자보다는 양명의 확충설(擴充說)에 가깝다고 볼 수 있다.

---

39 『思辨錄中庸』太『全書』下, p. 34, 道也者註 "若其於霎然之頃 思慮不起 視聽俱冥 則亦非用工之所可及 當此之際 萬慮皆空 不但不善之不暇存 雖善亦不暇存乎胸中 夫善惡之念 皆不暇萌 又當以何法 治其未萌之端乎 及欲治之 思已萌矣 事已芽矣 其於用功 得無後乎 雖云略略收拾 終亦不能不用其思 則固不得爲未發設 說如寐中之存想 微則微矣 若謂之未發則不可也."

다섯째, 미발시(未發時)의 수행은 공허한 것이며, 오직 기발(己發)에서만 진리를 찾아야 하고 수양도 할 수 있다고 봄으로써 구체적이고 현실적인 수양과 실천을 강조한다.

이런 점에서 볼 때 윤리적인 최고 경지를 알고 거기에 머물러 훌륭한 삶을 영위하는 이상이 제시되지 않는다는 점이 박세당의 격물치지설의 난점으로 남는다. 그럼에도 그의 격물치지설은 탈주자학적(脫朱子學的) 의미로서 의의를 갖고 있을 뿐만 아니라, 경험을 존중한다는 점에서 실학적 철학의 바탕을 이루었다.

제2장 박세당의 이기와 심성에 관한 견해

1. 주자의 이기와 심성설 ─ 전통적 이기(理氣)와 심성설(心性說)

주자에게 이(理)는 사물이 '그렇게 된 까닭인 것' 곧 '소이연지고(所以然之故)'임과 동시에, 사물의 '마땅한 법칙인 것' 곧 '소당연지칙(所當然之則)'이라는 이중적 성격을 갖는다.[1] 여기에서 '소이연(所以然)'의 이(理)는 논리적으로 만물에 앞서는(先在) 보편적 원리인 데 비하여 '소당연(所當然)'의 칙(則)이란 준칙, 법칙을 의미하며 확고하여 변하지 않는다는 뜻을 가지고 있다. 이것은 사물의 영역에서 꼭 해야만 하는 일을 의미하는 것으로 곧 당연함을 말한다. 이는 딱 알맞는 것을 의미하기도 하는데, 지나침도 없고 모자람도 없는 상태와 같은 것이다. 사람들은 자신의 삶에 부과된 어떤 대상을 연구하고 이치를 궁구할 때는 사물의 영역에서 당연한 법칙(當然之則)을 궁구했다. 다시 말해 그것의 그러해야 하는 바, 딱 들어맞는 바가 무엇인가에 대한 탐구가 바로 이(理)에 대한 탐구였다.

주자는 소이연의 이(理)에 대해 "이(理)는 일찍이 기(氣)를 떠나 존재하지 않지만 그 나온 바를 추론하면 이(理)가 앞선다는(先在) 것을 인정해야 한다."[2]라고 했다. 곧 이가 기의 근원임을 말한다. 그러나 소당연의 이(理)에 대해서는 만물에 내재하는 원리로서 기(氣)를 떠나 존

---

1 胡廣, 『大學或問』, "至於天下之物 則必各有所以然之故 與其所當然之則."

2 『朱子語類』 卷1, 理氣上 太極天地上 "此本無先後之可言 然必欲推其所從來 則須說先有是理."

178

재할 수 없다고 했다. "대개 기(氣)는 뭉쳐서 맺어지는 곧 응결(凝結)하고 작용하고 행위 하지만(作爲), 이(理)는 정과 의지(情意)도 없고 계산하고 헤아림(計度)도 없으며 작용하고 행위 함(作爲)도 없다. 다만 이 기가 뭉치고 모일(凝聚) 때 이는 그 속에 내재한다."[3]고 했다.

이 이(理)는 우주 자연의 법칙이기도 하려니와 '인간이 그에 의해 인간일 수 있는 원인'임과 동시에 '인간이 마땅히 행해야 할 법칙'이기도 하다.

이(理)는 반드시 기(氣)라고 하는 상대적인 개념과 더불어 논의되었다. 우주 가운데의 법칙성을 '이'라고 하는 데 반하여 물질을 구성하는 원소를 '기'라고 했다. 이(理)만으로는 물질의 성립과 악(惡)의 기원을 설명하기 곤란하며, 기(氣)만으로는 규범이 유래하는 바를 설명하기 곤란하므로 이와 기를 함께 고려한 것이다.

주자에게 이기(理氣)는 서로 떨어질 수도 섞일 수도 없는 불리부잡(不離不雜)의 관계이다. "이른바 이(理)와 기(氣)는 분명히 두 가지이지만, 다만 물(物)에 대하여 본다면 두 가지는 혼연히 하나나 둘로 나눌 수 없다. 하지만 두 가지가 각기 하나임을 방해하지도 않는다. 이(理)에 대하여 본다면 아직 물(物)이 없는 때에도 물리(物理)는 존재한다. 그러나 또한 다만 그 이(理)가 있을 뿐이요, 아직 물(物)이 있는 것은 아니다."[4]라고 하여 이기 관계의 상호성을 표현한다.

주자에 의하면, 천지만물이 존재하기 전에 먼저 이 이(理)가 있었음에 틀림없다. 그러나 이 이(理)는 허공에 매달려 있는 것이 아니다. 천지만물의 이(理)가 있으면 곧 이 이(理)는 전적으로 천지만물 속에 있

---

3 『朱子語類』 卷1, 理氣上 太極天地上 "蓋氣則能凝結造作 理却無情意 無計度無造作 只此氣凝聚處 理便在其中."
4 『朱子大全』 卷46, 答劉叔文 "所謂理與氣 此決是二物 但在物上看 不可分開 各在一處 然不害二物之各爲一物也 若在理上看 則雖未有物 而已有物之理 然亦但有其理而已 未嘗實有是物也."

게 된다. 이(理)가 있으면 곧 기(氣)가 있게 되고, 기(氣)가 있으면 곧 이(理)가 전적으로 이 기(氣) 안에 있게 되는 것이다.[5] "원래 어느 것이 먼저이고 어느 것이 뒤인가 하는 것은 정할 수 없다. 그러나 그 유래를 고려한다면 먼저 이(理)가 있다고 하지 않을 수 없다. 하지만 이(理)는 기(氣)와 별개의 일물이 아니라 기(氣) 가운데 존재한다. 이 기(氣)가 없다면 이 이(理)도 기댈 곳이 없다.[6] 그렇다면 주자에게 있어 이(理)와 기(氣)는 하나이면서 둘이고, 동시에 둘이면서 하나인 '일이이이이일(一而二二而一)'의 관계로 이해해야 할 것이다.

심성론(心性論)에서 주자는 인간의 성(性)을 이기론적으로 해명함으로써 성을 천지지성(天地之性 또는 本然之性)과 기질지성(氣質之性)으로 구분하였다. "천지지성을 논할 때는 오로지 이(理)를 가리켜서 말한 것이요, 기질지성을 논할 때는 이(理)와 기(氣)를 섞어서 말한 것이다."[7] 이른바 성(性)이 곧 이(理)라고 하는 '성즉리야(性卽理也)'의 성은 바로 본연지성(本然之性)을 가리키는 것으로, 함축된 의미는 인의예지신(仁義禮智信) 등의 도덕 원칙이요, 순수지선(純粹至善)의 천리(天理)이다.

주자의 경우 본연지성은 누구나 순수지선한 데 비해, 기질지성은 개인차가 있으며 악의 요소를 포함하게 된다. 따라서 악의 가능성은 기질지성에 달려 있지만, 기질지성이 언제나 악한 것은 결코 아니다.

주자는 순수지선한 성(性), 곧 인, 의, 예, 지의 완전한 덕을 인간이 생득적으로 처음부터 갖고 있었다고 본다. 그리고 그 완전한 본연의 성품이 기질의 치우침과 인욕에 가려져 있는 것이 일상적인 모습이

---

5 陣淳, 『北溪字義』, 김영민 역, 예문서원, 1993, pp. 189~190, 太極 "畢竟未有天地萬物之先 必是先有此理 然此理不是懸空在那裏 纔有天地萬物之理 便有天地萬物之氣 纔有天地萬物之氣 則此理便全在天地萬物之中……然則재有理 便有氣 纔有氣 理便全在這氣裏面."

6 『朱子語類』卷1, 理氣上 太極天地上.

7 『朱子語類』卷4, 性理1, 人物之性氣質之性註 "然理又非別爲一物 卽存乎是氣之中無是氣 則是理亦無褂搭處."

라고 한다. 따라서 주자의 수양론은 이러한 가려진 것을 제거하여 본래의 완전한 성품을 회복하자는 것이다. 기질지성 그 자체는 악이 아니라 기질의 치우침(偏)에서 비롯된 악이다. 따라서 인욕을 배제한다는 의미는 편협한 사욕을 제거한다는 말이지, 인간의 욕망을 무조건 악이라고 경시하는 것은 아니다.

또한 인간의 주관인 자아의식을 심(心)이라 하고 그것의 본체와 작용을 설명한다. "마음에는 체(體)와 용(用)이 있다. 발하기 이전은 심(心)의 체(體)이며, 이미 발하였을 때는 심(心)의 용(用)이다. 어찌 일정하다 하겠는가? 대체로 주재 운용하는 것은 심(心)이다. 성(性)이란 그렇게 되어야 할 이(理)요, 성(性)은 심(心) 속에 있는 이(理)인데 주재 운용은 심(心)에 있다. 정(情)은 하나의 길인데 이 길을 따라서 가는 것 또한 심(心)이다."[8] 즉 심의 마땅한 이치를 성이라 하고, 정은 심이 가는 하나의 길이라 보고 있다.

주자는 심(心)이란 형기(形氣)의 삿됨에서 발생하기도 하고 성명(性命)의 바름에서 근원하기도 한다고 하여 인심(人心)과 도심(道心)을 구별한다. 그리고 "사람은 육체를 갖지 않음이 없으므로 비록 뛰어난 지혜를 가진 자라 하더라도 인심(人心)은 없을 수 없으며 또한 이 성(性)을 갖지 않음이 없다. 어리석은 사람이라 할지라도 도심(道心)은 없을 수 없다. 둘 사이는 가까운 방촌(方寸) 사이인데, 이것을 다스릴 줄 모른다면 인심은 더욱 위태로워지고 도심은 더욱 미미하게 되어 천리(天理)의 심(心)이 마침내 인욕(人欲)의 사(私)를 이길 수 없게 된다."[9]

---

8 『朱子語類』 卷5, 性理2, 性情心意等名義 "心有體用 未發之前是心之體 己發之際 乃心之用 如何指定說得 盖主宰運用底便是心 性便是會恁地做底裏 性則一定這 理 到主宰運用却在心 情只是幾箇路子 隨這路子恁地做去底 却又是心."

9 『中庸章句大全』 序, 喜怒哀樂之未發註 "然人莫不有是形 故雖上智不能無人心 亦莫不有是性 故雖下愚不能無道心 二者雜於方寸之間 而不知所以治之 則危者 愈危 微者愈微 而天理之公 卒無以勝夫人欲之私矣."

고 하였다.

"인심(人心)은 오로지 위태롭고 도심(道心)은 오로지 미세하다. 오로지 정밀하고 오로지 한결같이 하여 진실로 그 중(中)을 잡으라."에 대한 해석에서 "반드시 도심으로 하여금 늘 한 몸의 주인이 되게 하고 인심으로 하여금 매양 도심의 명령을 듣게 한다면, 위태로운 것은 편안하게 되고 은미(隱微)한 것은 드러나게 되어 동정(動靜)과 언행에서 저절로 과불급(過不及)의 잘못이 없게 될 것이다."[10]라고 하였다.

또한 "한 사람의 마음이 도리에 합당하면 천리가 되고, 정욕을 따르면 인욕이 된다."고 하면서 천리를 보존하고 인욕을 제거할 것을 강조하였다. 성(性)의 욕망을 정(情)이라 하여[11] 인욕과 정이 관련되어 있음을 말하였고, 희로애락이 발한 것을 정(情)이라고 한 반면 희로애락의 미발시(未發時)를 성(性)[12]이라 함으로써 성과 정의 차별성을 말하였다. 성(性)과 정(情)을 심(心)의 체용(體用)으로 보는 견해라고 할 것이다.

주자는 이러한 이기(理氣)와 심성론(心性論)을 바탕으로 하여 인간의 도덕적 수행 이론을 정립하였고, 특히 영원불변의 이(理)를 강조함으로써 실천윤리로서 대의명분을 중시하는 도학을 수립하였다.

2. 왕양명의 이기와 심성론

왕양명(王陽明)은 "이(理)는 조리(條理)요, 기(氣)는 운용이다. 조리가

---

10 『中庸章句』序, "必使道心常爲一身之主 而人心每聽命焉 則危者安 微者著 而動靜云爲自無過不及之差矣."

11 『詩傳集註』序, "性之欲卽所謂情也."

12 『中庸章句』第1章, "喜怒哀樂情也 其未發性也."

없으면 운용할 수 없고, 운용이 없으면 이른바 조리를 볼 수 없다."[13]
고 하여 이기(理氣)를 일체로 파악함과 동시에 기(氣)의 현실적 작용을
인정하여 주기적(主氣的)이라 할 수 있다.

이(理)는 주자의 경우처럼 천지만물 이전에 선재(先在)한 것이 아니
다. 천지만물과 자신의 영묘(靈妙)한 마음과는 '일기(一氣)가 유통(流通)
한 것'이라 한다.[14] 양명은 이(理)와 기(氣), 지(知)와 행(行), 심(心)과 물
(物)의 구별을 구질구질하다 하여 이즉기(理卽氣), 심즉물(心卽物), 동즉
정(動卽靜), 체즉용(體卽用)의 논리를 편다.

> 이 마음에 사욕의 가림이 없으면 곧 천리(天理)이다. 밖에서 한 푼을
> 더할 필요가 없다. 이 순수한 천리의 마음을 가지고 그것을 아버지 섬
> 기는 데 표현하면 바로 효도이고, 임금을 섬기는 데 표현하면 바로 충
> 성이며, 벗을 사귀고 백성을 다스리는 데 표현하면 바로 믿음과 어짊
> 이다. 단지 이 마음에서 인욕을 제거하고 천리를 간직하는 데 공을 들
> 이면 바로 된다.[15]

인심(人心)과 도심(道心)은 하나이지 결코 둘이 아니다. "인심이 올바
름을 얻으면 도심이 되는 것이요, 도심이 올바름을 잃으면 인심이 되
는 것이다."[16]라고 한다. 인심을 인욕이라 하고 도심을 천리라고 한
것에 대해 도심이 주가 되고 인심이 명을 듣는 것이니 두 마음이 되
고 말 것이라고 비판한다. 천리와 인욕은 병립할 수 없다는 것이다.

---

13 『傳習綠』中, 答陸原靜書 "理者 氣之條理 氣者 理之運用 無條理則不能運用 無
　運用則亦無以見其所謂條理者矣."
14 『講座東洋思想』卷2, 中國思想, 東京大學出版會, p. 222.
15 『傳習錄』上, 至善 "此心無私欲之蔽 卽是天理 不須外面添一分 以此純乎天理之
　心 發之事父便是孝 發之事君便是忠 發之交友治民 便是信與仁 只在此心去人欲
　存天理上用功 便是."
16 『王文成公全書』卷1, 「傳習錄」上 "人心之得正者卽道心 道心之失其正者卽人心."

즉 천리가 있어 주가 되고 인욕이 따르며 명을 듣는 것은 마음을 둘로 나누는 것이라고 하여 반대하였다.

인욕이 지나치면 양지(良知)를 해치지만 자연스러운 흐름은 인간의 정이라고 하여 주자학과는 다른 면을 보이고 있다. "칠정(七情)이 그 자연의 흐름을 순종함은 모두 양지(良知)의 작용으로서 선악을 분별할 수는 없다. 다만 그것들이 무엇에 집착되어서는 안 된다. 칠정이 무엇에 집착하면 욕정이 되어 양지를 가리게 된다."[17]라고 한다.

칠정도 그 자연적인 발로는 양지의 작용이다. 비록 심체(心體)를 무선무악(無善無惡)이라고 하였더라도 정과의 관계를 중요시하기 때문에 감정을 소멸해버리는 멸정(滅情)이나 고요함을 위주로 하는 주정(主靜)을 반대하는 것이다.

주자가 이(理)를 형이상학적인 도(道), 기(氣)를 형이하학적인 기(器)로 준별하고 있는 것에 대하여, 양지(良知)의 유행을 기로 봄으로써 양지와 기를 이물(二物)로 보지 않는 특색이 주목된다. 그는 "무릇 양지(良知)는 하나이다. 그 묘용(妙用)으로 말하면 신(神)이라고 하고, 그 유행으로 말하면 기(氣)라고 한다. 그리고 그 응결(凝聚)로 말하면 정(精)이다."[18]라고 한다. 마음의 작용은 기요 정이라는 점에 유의해야 할 것이다.

양명은 양지와 더불어 역행(力行)을 강조한다. 양지는 후천적 지식에서 구해지는 것이 아니며, 역행은 소극적인 고요함과 반대되는 것이다. 양지의 지(知)는 천변만화(千變萬化)하지만 결국 좋아하고 싫어하는 것(감정)에 지나지 않으며, 역행의 행(行)은 좋아하고 싫어함을 실천에까지 관철하는 것을 가리킨다.[19]

---

17 『傳習綠』下, 知譬 "七情順其自然之流行 皆是良知之用 不可分別善惡 但不可有所著 七情有著 俱謂之欲俱爲良知之蔽."

18 『傳習錄』中, 答陸原靜書 "夫良知一也 而其妙用而言謂之神 以其流行而言謂之氣 以其凝聚而言謂之精."

19 楊國榮, 『陽明學通論』宋河璟 譯, 博英社, 1994, p. 366 참조.

이런 점에서 왕양명은 주로 도덕의 실천 가운데 자발적인 감정과 의지를 중시하여 주자학과는 차원을 달리했다.

3. 박세당의 이기와 심성론

1) 이기(理氣)의 관계

박세당은 원시유학에서 다루지 않았던 이기론에 대한 견해가 주자학에서 형이상학적으로 흐른 면에 대해 다분히 부정적이다.

『논어』에도 공자를 일컬어 '명(命)과 인(仁)을 드물게 말하였다.'고 하였고, 자공도 또한 '성(性)과 천도(天道)는 얻어들을 수 없음을 탄식하였다.'고 하며, 공자는 난신(亂神)을 말하지 않았다. 자로가 섬기는 것을 묻자 '능히 사람을 섬기지 못하면 어찌 귀신을 섬기리.' 하고 대답하였으니, 이런 것을 끊어 멀리한 것이 또한 너무나 절실하다. 그런데 지금 이르기를 '천지와 귀신의 높고 깊고(高深) 그윽하고 오묘한(幽玄) 이(理)도 마땅히 궁구해야 할 것이며, 한 포기의 풀과 한 그루의 나무와 한 티끌의 미세한 것까지도 또한 살피지 않으면 안 된다.'라고 하였으니 공자의 본지(本旨)와는 다른 것이다.[20]

아마도 이러한 논조는 원시유학을 통해 주자학적 가치 체계를 벗어나려는 박세당의 기본적인 입장일 것이다. 이러한 태도는 여러 곳에서 발견할 수 있다.

---

20 『思辨錄大學』太『全書』下, p. 9, 第5章 此謂知之至也註 "論語稱夫子罕言命與仁 子貢亦軟性與天道之不可得聞 子不語亂神 子路問事鬼神答以未能事人焉能事鬼 其所以絶之者 亦已深矣 今日天地鬼神高深幽 顯之理在所當窮以至一草一木一塵之微亦不可不察則殆有異於夫子之旨."

그는 이(理)에 대하여 이성(理性)과 내심(內心)의 도덕적 능력으로 간
주한다.

> 나의 마음이 스스로 이(理)에 밝아서 선악의 당부(當否)를 분별하게 되
> 고, 또 사람의 마음은 모두 같아서 내가 행하는 선악을 저 사람이 아
> 는 것과 역시 저 사람이 행하는 선악을 내가 아는 것이 같음을 알게
> 된다. 그러므로 밖으로는 다른 사람을 두려워하고, 안으로는 이(理)를
> 살펴서 따라 행하여 자연히 남음이 있다.[21]

즉 이(理)를 도덕적 능력임과 동시에 도덕성 그 자체로 본다.

주자가 "대개 성(性)을 말하면서 그것을 이(理)라 하고, 도(道)를 말하
면서 또한 그것을 이(理)라 하니, 이는 성과 도가 같게 되어 구별할 수
없을 것이다."[22]라고 한다. 성과 도가 같은 개념으로 되어 혼동을 주
기에 그는 이를 반박한다.

> 대개 이(理)는 천(天)에 근본하고 도는 일에서 행하는 것이니, 성(性)의
> 밝음이 이(理)이고 성의 나타남이 도인 것이다. 위로는 하늘에서 받고
> 아래로는 일로 베풀어지니, 본말(本末)의 구분을 문란하게 할 수 없으
> 며, 선후(先後)의 위치를 바꿀 수 없다.[23]

---

21 『思辨錄中庸』太『全書』下, p. 32, 道也者不可須臾離也 "吾心自明於理有以辨善
　惡之當否 久知人心皆同彼之知吾所爲之善惡故 亦猶吾之知彼所爲之善惡故外懼
　乎人內察乎理循而行之而自有餘耳."

22 『思辨錄中庸』太『全書』下, p. 32, 道也者不可須臾離也 "夫言性也而曰理 言道
　也 而亦曰理 是性與道之情 同 而不得其辨也."

23 『思辨錄中庸』太『全書』下, p. 33, 道也者不可須臾離也 "盖理根於天道行於事
　性之所明者 理而所發者道 上以稟於天下以施於事 本末之分不可亂而先後之位
　不可易也."

여기서는 이(理)를 본체(體)로, 도를 이의 작용으로 보고 있다. 도는 성(性)을 따라 행하는 길과 같은 것이지 덕으로 갖추어진 것은 아니다. 성(性)은 본체(體)이므로 "성(性)의 귀한 점은 지혜 있는 이라고 해서 더한 것이 있는 것도 아니고, 어리석은 이라고 해서 빠지는 것이 있는 것도 아니기 때문이다."[24]라고 하여 이미 모든 인간에게 갖추어진 보편적인 것으로 보았다.

또한 천리(天理)를 이(理)로 간주하며 이미 선천적으로 인간에게 구비되어 있는 이성(理性)과 다름없다고 하면서 한편으로 주자와 같은 당연한 법칙인 것, 곧 '소당연지칙(所當然之則)'으로서의 이(理)도 인정한다. "하늘의 높음과 별의 먼 곳이라도 만일에 그 당연한 이치를 살펴 구하면, 앞으로 천년만년이라도 앉아서 그 동지 날짜를 알아맞혀 조금도 틀림이 없을 것이다. 그렇게 되는 이유는 그 운행에 순종하기 때문이다."[25]라고 하여 주자가 말한 소당연(所當然)의 이(理)를 인정하고 있다.

그러나 주자가 "지(知)는 일을 아는 지사(知事)이고, 각(覺)이란 이치를 아는 지리(知理)이다……. 지는 당연성을 말하는 것이고, 각은 그 이(理)의 소이연(所以然)을 말하는 것이다."[26]라고 한 주장에 대하여 소당연(所當然)이나 소이연(所以然)이나 다 같이 이(理)를 말하는 것이며, 소당연을 사(事)로, 소이연을 이(理)로 나누어 보는 것은 부자연스럽다고 했다.

---

24 『思辨錄中庸』太『全書』下, p. 33, 道也者不可須臾離也 "夫所貴性之德者 不以上智而有所加不以下愚 而所闕故."
25 『思辨錄孟子』太『全書』下, p. 128, 「離婁 下」天之高也註 "以天之高與星晨之遠 若審求其所當然之理則從今以往 雖積累千萬歲可坐致其日至之期而無所失."
26 『思辨錄孟子』太『全書』下, p. 132, 「萬章 上」天之生此民也註 "知是知此事覺是覺此理……故曰知謂識其事之所當然 覺謂悟其理之所以然 愚謂所以然者 固爲理而所當然者亦是理 夫知與覺皆通其理之謂矣."

저 천리의 본연(本然)이란 것은 이미 내 성(性)의 덕이 되어 나의 마음 속에 갖추어져 있기 때문에 비록 떠나려고 하여도 끝내 떠날 수 없는 것인데, 이제 그 보존되지 못할까를 근심하여 반드시 이를 보존하려고 하니 이것은 사람들에게 마음을 헛되게 쓰도록 가르친 것이 아니겠는가.[27]

천리의 본연이란 밖에 있는 것이 아니라 나의 마음속에 갖추어진 지혜와 같은 것이니, 본성에 잘 따르면 덕이 되고 그렇지 못하면 도에 어긋난 행동이 된다는 뜻이다. 박세당은 주자의 주리적 철학을 하나하나 비판하지는 않지만, 그가 주석한 노장철학의 내용은 기존의 주자학적 주리설과 상당히 다르므로 이를 검토할 필요가 있다.

그는 『남화경(南華經)』 주석에서 대체적으로 기(氣) 위주의 세계관에 대해 긍정적으로 평가하고 있다. 노장철학은 사실상 기보다 이(理)가 앞서 있다는 이선재설(理先在說)을 부정하고 변천 속에서 변화의 상대적 원리를 추구했다. 만물의 변화에는 변천을 주재하는 절대적 원리가 없으며[28] 자연 변화의 주체력인 기(氣)가 작용하여 만물의 형체가 이루어지고 만물이 생겨남으로써 스스로 자존(自存)의 이(理)를 갖추게 된다고 보는 것이 그것이다.

그는 실체를 형이상학적 이와 형이하학적 기로 이원화하지 않고 기가 곧 실체라고 보는 것을 『남화경』 주석을 통해 다음과 같이 정리하고 있다.

---

27 『思辨錄中庸』 太 『全書』 下, p. 33, 道也者不可須臾也 "彼天理之本然者 旣爲吾性之德 而具於吾心之內 盖有雖欲離之 而終不可離者 今乃憂其不存 而必欲存之 憂其 或離而欲使之不離無乃敎人以枉用其心也."
28 『南華經註解刪補』 卷2, 大宗師 特犯人之形註 "今若使此形隨化萬變未嘗見其窮極之時則其爲樂固不可勝量 何獨不爲而顧爲是區區哉."

지각운동이 삶이며 피부와 뼈와 털과 피는 형체인데, 능히 피부와 뼈와 털과 피를 지각운동이 있도록 모이게 한 것은 기(氣)이다. 그러므로 기(氣)가 있는 뒤에 형체가 있고, 형체가 있는 뒤에 삶이 있다. 황홀하게 섞여 형체가 있기 전의 것이 나눔이 있고, 변하여 기(氣)가 있어 머무르고 움직이면서 사물이 산다. 기(氣)가 변하여 형체가 있고 사물이 이루어지며 이(理)가 나온다. 형체가 변하여 형체를 만들고 정신을 보전한다. 사람의 처음은 기(氣)가 있지 않았다가 그 한순간에 교감으로 흘러 기(氣)가 된다. 이것이 첫 번째 변함이고, 기(氣)가 모여 형체가 되는 것이 두 번째 변함이며, 형체가 움직여 삶이 됨이 세 번째 변함이다. 삶이 오래 한즉 형체가 쇠퇴하고 기(氣)가 소모되어 단지 죽음에 이르니 이것이 네 번째 변함이다. 오로지 이 네 번째 변함은 사람이 부득불 가진 바이다. 하늘에 비교하면 마치 사계절이 운행하는 것과 같다. 사계절에 겨울이 없는 것이 불가함을 아는 것으로써 또한 죽음을 거부할 수 없음을 안다."[29]

주자의 이기론을 비판하는 글은 아니지만 그의 주석은 주자학의 이기를 그대로 표현하고 있다. 사람이 죽고 사는 것도 기(氣)가 모이고 흩어지는 것으로 보고, 1년에 사계절의 기가 순환하는 것처럼 인생도 기가 변화하면서 죽음에 이른다고 보며, 그 가운데 이(理)가 있다고 한다.

계속해서 이기(理氣)에 대한 용어가 『남화경』 주석에 인용되고 있

---

29 『南華經註解刪補』太『全書』上, p. 621, 卷4, 至樂 "按知覺運動是生也 肌骨毛血是生也 其能疑聚肌骨毛血使有知覺運動是氣也 故有氣而後有形 有形而後有生 雜乎芒芴未形者 有分也 變而有氣留動而生物也 氣變而有形物成生理也 形變而有生形體保神也 人之初也 氣亦未有及其感於芒芴之間 流而爲氣也 此一變也 氣聚而爲形 此再變也 形動而爲生 此三變也 生久則形衰氣耗 而只之於死 此四變也 惟此四變人之所不得不有者也 比之於天猶其有四時之運行也 人於四時知不可以無冬則 亦知死之不可拒矣."

다. "기(氣)는 삶이다. 한 번 머무르고 한 번 움직임에 음(陰)이 되고 양(陽)이 되며, 음양의 운동이 만물을 만든다. 사물이 이루어져 그 이(理)를 몸으로 하여 갖추어진다. 이를 일러 형체라 한다. 대저 이(理)가 형체들로써 그 이를 갖춘다. 이를 버리면 형체가 없다."[30]고 한다. 여기에서도 먼저 기(氣)가 있고 사물이 이루어진 다음에 이(理)가 갖추어진 것으로 해석한다.

죽음이란 기의 흩어짐이며 삶은 기의 모임이고, 만물의 시작과 끝이 모두 기의 왕복이며 나타난 것들은 기의 변화이니 세계는 일기(一氣)를 통해 존재하는 것이다.[31]

비록 유교 서적이 아닌 장자(莊子) 해석이지만 기를 중시하는 박세당의 입장이 잘 표현된 대목이다.

2) 인성(人性)과 물성(物性)의 구분

박세당은 주자학에서 중요하게 거론되고 또 논의되었던 인성과 물성의 차이에 대해 어떤 견해를 가지고 있을까? 그는 "명(命)이란 수여된 것을 말하고, 성(性)이란 마음 밝음의 받은 바가 천리와 더불어 갖추어진 것이다."[32]라고 하고, "도는 곧 그 성에 따르는 바의 행위이며, 성은 마음이 천리에 밝은 것이다."[33]라고 하면서 성은 천리에 대해 '마음의 밝은 것'이기 때문에 천리를 이해할 수 있는 영명한 마음의 능력이라고 말한다. 도덕적 판단력이 바로 성이므로 그것은 도덕

---

30 『南華經註解刪補』太『全書』上, p. 579, 卷2, 天地 留動而生註 "按氣生矣 一留一動而爲陰爲陽 陰陽之運是生萬物 物成其體 理卽備焉 斯謂之形 夫理以形形具其理 捨理無形矣 留靜也."

31 『南華經註解刪補』太『全書』上, p. 648, 卷4, 知北遊 人之生氣之聚註 "按氣聚爲生氣散爲死 一氣之爲理 豈相遠知 其然也則無足爲患."

32 『思辨錄中庸』, "命者授與之之謂也 性者心明所受之天理與生俱者也."

33 『思辨錄中庸』太『全書』下, p. 31, 天命之謂性註 "道卽行之所循乎其性 性卽心之所明乎天理."

의 원천으로서의 천리와는 구별된다.

> 성(性)을 일러 이(理)라고 한 것은 이제 같지 않음이 무엇인가? 이(理)가
> 마음에서 밝음을 성(性)이라 하는 것인데, 하늘에 있음은 이(理)라 하고
> 사람에게 있음은 성(性)이라고 하여 명칭을 어지럽힐 수 없다.[34]

이(理)가 마음에서 사리에 밝아질 때 이를 성(性)이라 일컫는 것으로, 그것이 하늘에 있을 때는 천리가 되고 사람에게 있을 때는 인성(人性)이 되는 것이다. 그러므로 성즉리(性卽理)라 하여 두 가지를 구별 없이 일체로 혼칭하는 것은 불가하다고 한다.

우주의 이법(理法)의 실재를 인정하고 그 이(理)가 물(物)에는 법칙으로, 사람에게는 성(性)으로서 내재하는 것으로 보며, 심(心)은 밝은 것으로서 천리를 본래 가지고 있으므로 인성은 인식 기능이 있고, 물리도 역시 천리이지만 그것은 이미 물칙(物則)으로 된 것이므로 인성과 물칙은 전혀 종류가 다르다고 본다.

주자학은 성리학 또는 이학(理學)이라고 고쳐 말할 정도로 형이상학적 천리를 바탕에 깔고 있으며, 천인합일적(天人合一的) 가치관으로 객관적 법칙과 주관적 도덕의 법칙을 분리하지 않는 성격을 가지고 있다. 이러한 입장에 대해 박세당은 반대하고, 존재와 가치의 세계를 구분하는 탈주자학적 견해를 견지한다.

> (주자의) 주석에 성(性)은 사람과 물(物)에 통한다고 했는데 이제 물(物)
> 은 버리고 홀로 사람만 말하는 것은 무슨 이유인가 하면, 비록 물(物)
> 에도 또한 성(性)이 있으니 다만 그 성의 본질이 사람과 같지 않기 때

---

34 『思辨錄中庸』太 『全書』下, p. 32, 道也者註 "註謂性爲理 今不同何也 理明乎心
爲性 在天曰理 在人曰性名不可亂也."

문에 오상(五常)의 덕으로 일컬을 수 없는 것이다. 성(性)을 사람과 물(物)에 겸해 말하는 것은 중용의 뜻이 아닌 까닭이다. (주자의) 주석에 사람과 물(物)이 각기 그 자연스러운 성(性)을 따르는 것이 도가 된다 했는데 이제 다만 사람만을 말한 것은 무슨 이유인가 하면, 중용(中庸)에는 사람만 말하고 물은 말하지 않은 까닭이다……. (주자의) 주석에 사람은 일에 도가 있는 것은 알면서도 그것이 본디부터 나에게 있는 것으로 인하여 마련된 것인 줄은 알지 못한다. 이제 또한 왜 같지 않은가? 일에 도가 있는 것이 아니라 일을 하는 사람에게 도가 있는 까닭이다.[35]

박세당은 물(物)이란 객관적 자연이고, 사람은 도덕의 주체라고 본다. 따라서 물(物)과 사람의 분리는 물이 도덕과는 무관한 존재임을 천명하는 것으로 볼 수 있다. 인성(人性)과 물성(物性)을 구별하기보다 동일한 이(理)로써 모든 원리를 해석한 점에 대해 지적하면서, 주자가 "인간이나 사물이 생기는 데 각기 그 부여받은 이(理)로 말미암아 마땅한 덕이 되니 이것이 성(性)이다."[36]라고 한 견해에 대하여 '성'이라는 용어의 사용에서 뚜렷하게 인간과 사물이 구별이 없음을 비판했다.

인간과 사물을 함께 성(性)이라는 말로 공칭해서는 안 되므로 사물을 버리고 인간에게만 사용해야 한다. 비록 사물에 성(性)이 있다고는 하지만 그것은 다만 사물의 성이 될 뿐 사람과는 종류가 다르기 때문

---

35 『思辨錄中庸』太『全書』下, p. 32, 天命之謂性註 "今去物而獨言人何也 雖物亦有性 但其爲性也 與人不類無以稱乎 五常之德兼言物 非中庸之指故也 註言人物各循其性之自然爲道 今亦但言人者何也 中庸言人而不言物……註言人知事之有道 而不知其由於性 知聖人之有教 而不知其因 吾所固有者裁之也 今亦不同何也 事非有道 人之行乎事者有道."

36 『中庸章句』, 第1章 天命之謂性註 "人物之生 因各得其所賦之理 以爲健順五常之德 所謂性也."

이다. 오상(五常)의 덕을 사물과 동등하게 사용할 수는 없으므로 주자의 주석은 중용의 뜻을 잘 설명해주지 못한다고 했다.

성(性)은 인간에게 있어 선천적 이성이나 양심과 아주 유사한 개념이다. 인간에게 선천적인 양심이 구비되어 있다는 점에서 본성을 성(性)이라 하는 것은 공자와 맹자의 본지이다. 또한 정자와 주자의 본뜻이며 박세당 또한 이에 대해서는 다를 바 없다. 다만 물성(物性)이 있다는 것에 대해 박세당은 물성의 무의미성을 말한다. 사물의 존재 원리가 있지만 그것은 사람에 의해 파악되는 것이다.

사물을 인식할 수 있는 능력이 인간에게 구비되어 있고, 하늘에는 밝은 이치가 있는데 물(物)이 이에 맞추어 법칙을 삼는 것이며, 이 이치로써 사람에게 주어져 그 마음이 밝아지는 것이다. 사람의 인식 능력은 천리에 근거한 성(性)이지만 물(物)에는 이와 같은 이성이 있을 수 없다. 물론 물성(物性)에 있어 물(物)이란 인간을 포함할 수 있지만, 인성(人性)과 물성을 논할 때 인(人)과 물(物)은 그 종류가 같을 수 없다고 하면서 자신의 인성과 물성의 구분이 『맹자』에 근거를 두고 있다고 밝힌다.

> 맹자가 말하기를 개의 성(性)이 소의 성(性)과 같으며 소의 성(性)이 사람의 성(性)과 같은가? 모든 동류는 서로 비슷한 것인데 어찌 홀로 사람에게서만 의심하는가? 성인도 나와 동류이다 하였으니…… 사람과 물(物)은 본래 종류가 같지 않은데, 지금 말하기를 물의 성이 또한 나의 성이다 하였으니 또한 나의 성은 얻지 못할 수가 없는 것이 되지 않겠는가?[37]

---

37 『思辨錄中庸』太 『全書』下, p. 52, 唯天下至誠註 "孟子曰 然則犬之性 猶牛之性 牛之性 猶人之性歟 又曰凡同類者舉相似也 何獨至於人而疑之 聖人與我同類者……人與物 本不同類 今曰物之性 亦我之性 得無不可矣乎."

편향되고 온전하고의 차이 때문에 인성과 물성을 구분하는 것은 마치 깨진 보석과 온전한 보석의 차이처럼 비유되므로 마땅한 것이 아니며, 인성과 물성은 근본적으로 차이가 있다고 한다.

> 만약에 개와 소는 모두 인성의 하나의 편향된 면을 가지고 있고, 사람만이 그 본체의 온전함을 갖추었다고 한다면 어찌 옳다고 하겠는가. 깨어진 옥도 성(性)은 본래 동일하니, 편향되고 온전한 차이를 가지고 인(人)과 물(物)의 성이 다르다고 할 수 없는 것이다.[38]

17세기 이후 인물성논쟁(人物性論爭)에서 인(人)과 물(物)의 상이론자(相異論者)들 역시 박세당과 마찬가지로 『맹자』의 '생지위성장(生之謂性章)'에서 그 근거를 찾고 있다. 물론 호론(湖論)의 성즉리(性卽理)에 근거한 이론과는 달리, 박세당은 물아일체론(物我一體論)을 부정하고 인간의 가치 세계와 객관적 자연 세계를 구분했다.

3) 마음의 작용

박세당은 심(心)과 성(性)의 관계에 대해 심은 누구에게나 갖추어진 것이며, 성은 마음에서 나오는 작용으로 본다.

> 심(心)을 보존하여 성(性)을 기르는 것은 곧 하늘을 섬기는 것이다. 심(心)을 보존하지 못하면 성(性)이 그 기르는 바를 잃게 되고, 성이 그 기르는 바를 잃으면 하늘에 어그러지는 것이다. 심(心)은 반드시 이를 잘 보존해야만 놓치는 일이 없을 것이며, 성(性)은 반드시 이를 잘 기

---

38 『思辨錄孟子』太『全書』下, p. 136, 告子上 孟子曰生之謂性註 "若曰犬之與牛皆有人性之一偏 而人具其體之全 豈其然乎 毀璧碎珠本同一性 不可以偏全之間 而差人物之性也."

른 뒤에라야 해함이 없을 것이다.[39]

라고 하여 존심양성(存心養性)을 설명하고 있다. 심(心)이란 "사람이 하는 일이 있는데도 마음이 거기에 있지 않으면 비록 보고 듣고 음식을 먹는 것 같은 사이에서도 또한 그 하는 일이 무엇인지 알지 못하게 된다. 하물며 분노하고 두려워하고 좋아하고 즐기고 근심하고 걱정하는 것은 정(情)이 편벽되기 쉬운 것이니, 진실로 성찰함을 더하지 않는다면 어찌 능히 편벽되어 지나침이 있을 것이니, 반드시 정의(情意)가 발하는 데 따라 마음을 두고 살펴서 항상 전전긍긍하는 것으로써 자기 몸을 지켜야만 마음이 비로소 그 바른 것을 얻게 된다."[40]라고 하여 심(心)의 작용으로서의 정(情)을 항상 성찰의 대상으로 보았다.

심(心)은 성(性)으로 밝게 나타나는 본체(體)이며, 하늘에서 받은 순수한 이(理)라고 한다. "성(性)은 곧 사람이 하늘에서 받은 바로서 그 심(心)의 밝음이 되어 이(理)에 어긋나지 않는 것이다. 성이 선하다고 말함은 사람이 누구나 선을 할 수 있음을 이름이다."[41]라고 한다. 인간의 선행은 오직 자신의 성(性)에서 나오고, 그것은 심(心)의 밝음이요 순리대로 행하는 것일 뿐이다.

또한 정(情)이라는 것은 자연스런 인간의 감정이기에 성(性)과 같은 위상을 갖는 것이라고 평가한다. 『서경』에 말하기를 "인심(人心)은 위태롭고 도심(道心)은 은미하다" 하였다. 무릇 인심이란 정이니 희로애

---

39 『思辨錄孟子』 太『全書』 下, p. 145, 「盡心 上」 存其心養其性註 "存其心以養其性 乃所以事天也 心有不存則性矣 其養性 失其養性失其養則悖於天矣 心必待存而後無所放 性必待養而後 無所害."

40 『思辨錄大學』 太『全書』 下, p. 11, 第7章 心不在焉註 "人有所爲而其心忽焉不存於此則雖如視聽飮食之間 亦莫得其所以爲 況忿捷恐懼好樂憂患乃情之易偏者 苟不加省 安能無過必隨發存察常戰兢."

41 『思辨錄孟子』 「滕文公 上」, 孟子道性善也 "性卽入所受於天以爲其心之明 而不違乎理者也 道性善者謂人無不可爲善也."

락(喜怒哀樂)이 이것이며, 도심이란 성이니 인의예지(仁義禮智)가 이것이다. 인심을 가리켜 도심의 움직임이라 하고 또 그것을 욕구(道心)라고 함은 옳지 않다. 또 희로애락을 인의예지의 움직임이자 그 욕구라 하는 것도 옳지 않다. 희로애락이 그 절도에 맞으면 이는 성(性)을 따라서 인의예지에 합치할 수 있는 것이요, 절도에 맞지 않으면 이는 인의예지에 합치하지 않아서 성을 따르지 못함이 되는 것이다. 그러므로 정의 움직임이 모두 성에서 나오는 것이 아님을 알 수 있다[42]는 것이다.

주자는 심(心)을 체용(體用)으로 나누어 적연부동(寂然不動)한 본체인 성에서 그 작용인 정(性之欲)이 나온다고 했는데, 박세당은 인심(人心)이 도심(道心)에서, 희로애락이 인의예지에서 나올 수 없듯이 정(情) 또한 성(性)에서 나오는 것이 아니라고 하였다. 주자가 성(性)과 정(情)의 관계를 본체(體)와 작용(用)이라는 수직적 생성 관계에서 본 데 비해, 박세당은 성과 정이 심(心)의 구성 성분으로 수평적 위치에 있다고 이해한 것이다.[43]

주자설의 경우 악은 심(心)의 본체인 성(性)이 외부의 사물에 감응하여 정(情)을 낳는 과정에서 발생한다. 외물(外物)에 가려지고 덮어져 인욕(人欲)의 사사로움(人欲之私)에 이끌릴 때 그 정은 악이 된다. 따라서

---

42 『思辨錄詩經』太『全書』下, p. 315, 詩序辨 大序 "書曰人心惟危 道心惟微 夫人心者情也 而喜怒哀樂是已 道心者性也而仁義禮智是已 不當以人心爲道心之動與其欲也 又不當以喜怒哀樂爲仁義禮智之所動與其欲也 蓋喜怒哀樂中乎其節 則是爲能率性 而合乎仁義禮智矣 不中乎節 則是不合乎仁義禮智 而爲不能率性矣 然則情之動 其非皆出於性者 可見."

43 김흥규, 「西溪 朴世堂의 詩經論」,『한국학보』20, 1980, pp. 30~31 참조. 이 논문에서 김흥규 교수는 박세당의 시경론이 당대의 지배적인 해석이던 주자설에 대해 철저한 상대화와 비판적 접근을 꾀하였다는 점을 지적하면서, 그러나 주자 이후 청대(淸代)의 반주자설적 시경론이 소서와 한당유학의 모정지설(毛鄭之說) 쪽으로 현격하게 기울어진 데 비해, 그는 이에 대해서도 회의적 관점을 가지고 이 모두를 상대화하여 믿을 만한 증거가 없는 해석상의 비약을 자제했다는 점을 지적한다.

선을 지키기 위하여 사람은 외물과 인욕의 유혹에 빠지지 않도록 해야 하며, 정이 사물에 감응하기 이전의 성(性)이 지닌 본래적 순수성으로 돌이켜져야 한다. 성과 정 사이에 놓인 '감물(感物)'의 단계가 악이 발생할 수 있는 계기가 된다.

그러나 박세당은 정을 부정적으로 보지 않는다. 『논어』에서 마구간이 불탔는데 공자가 이르기를 "사람이 상하지 않았는가?" 하고 말에 대해서는 묻지 않았다고 한 대목에 대해 "만약 끝내 말에 대해서 묻지 않았다고 한다면 자못 사람의 상정(常情)이 아니며 이치에도 극진한 것이 되지 못한다."[44]고 하여 공자가 말에게 동정심을 가졌을 것으로 여긴다. 그는 정을 인간의 따뜻한 심정으로 보고 있는 것이다.

또한 시(詩)에 대한 해석에서도 인간의 삶에는 정이 있으니 기쁨과 성냄과 슬픔과 즐거움이 있고, 이러한 여러 가지 감정은 마음에 들어 있어 능히 말로 표현하지 않을 수 없다고 하며, 말하는 데에는 길고 짧음과 절제와 왕성함이 있으니 이것이 시가 된다고도 하였고, 시가 본래 (인간의) 뜻을 나타내고 정을 표현하는 바라고 하였다.[45]

그는 「사무사(思無邪)」에 대한 해석에서도 300편의 말이 비록 선한 것과 악한 것이 섞여 있으나, 그 모두가 한결같이 정의 발로에서 나왔고 꾸밈과 허위의 말이 없는 까닭에 '사무사'라고 한 것이라면서[46] 주자의 해석과 같이 시(詩)는 선한 것을 감발시키고 악한 것을 징계하여 도덕적 심성을 가지도록 한다는 주장에 대해 비판한다.

그의 성정론(性情論)은 천리 중심의 주자학에서 인간 중심의 윤리학

---

44 『思辨錄論語』太『全書』下, p. 88, 「鄕黨」廐焚子退朝日註 "若曰遂不問馬則殆非人之常情其於理亦未爲盡."

45 太『全書』下, p. 145 卷7 序 栢谷集序 "人生而有情 情有爲喜爲慍爲哀爲樂 此數者畜乎心 不能不洩之言 言之有長短節湊是爲詩 詩本所以寫意道情."

46 『思辨錄論語』太『全書』下, p. 69, "思無邪 明是指詩而言之非言其用之 使人如此 或者之間 亦之疑之 而朱子 又答以是要讀詩者 思無邪 此盖無他 只以爲詩雜善惡."

으로 이전된 것이라고 할 수 있으며, 이러한 점에서 후일 다산(茶山)
의 관점[47]과도 맥락을 같이한다.

> 좋아하고 좋아하지 않는 것이 나누어져 하나가 되지 않는 것은 사람
> 의 정(情)이요, 좋아함과 좋아하지 않음이 하나이고 좋아하지 않음과
> 좋아함이 하나인 것은 하늘의 이(理)이다……. 천리와 인정을 병행하
> 여 치우치지 않고 하나가 됨은 천리의 대전(大全)에서 보는 것이며, 하
> 늘에 근본하고 그 하나 되지 못함은 인정의 각기 마땅함에 따른 것으
> 로서 사람에 의지하는 것이다. 대개 천리와 인정이 서로 상대가 되어
> 활용되는 것이니 어느 한쪽이 이기는 것이 아니다.[48]

라고 하는 것은 박세당이 천리와 대등한 입장으로서의 인정을 강조
하는 것이라고 할 수 있다. 인간의 정과 욕망을 부정적으로 본 것에
대해 그는 인정과 욕망을 자연스런 것, 심지어 천리와 대등한 입장
으로 봄으로써 인욕을 극복의 대상으로 본 주자학과 다른 입장을 보
인다.

4) 이기(理氣)와 성정론(性情論)의 특징

박세당은 이기(理氣) 문제에 대하여 우선 이 문제가 원시유가에서
심각하게 다룬 주제가 아니라 주자학의 철학적 성격에서 나온 것이
기 때문에 소극적으로 다룬다.

그는 이(理)를 초월적 천리가 아닌 인간성에 내재한 이성의 개념으

---

47 李乙浩, 「反朱子學的 사상의 대두」, 『한국철학연구』, 동명사, 1978 참조.
48 『南華經註解刪補』卷2, 太 『全書』上, pp. 541~542, 大宗師 「其好之也一註」 "按言
　好不好分而不一者 人之情也 好與不好而一 不好與好而一者 天之理也……同好
　惡者使天理人情並行而不偏 其一之也則觀於天理之大全而本乎天 其不一也則順
　於人情之各當而依乎人 蓋以天理人情交相爲用而不能獨勝故也."

로 보고, 과거의 '존천리 알인욕(存天理 遏人欲)' 체계를 부정한다. 다시 말해 천리(도심)와 인욕(인심)은 병립하지 못하며, 선이면 악일 수 없고 악이면 선이 아니니, 악과 불선(不善)이 인욕이요 선과 불악(不惡)이 천리라고 파악하여 이원론으로 나누는 이론을 반대했다.[49] 한편 그는 노장의 기(氣) 이론에 공감하고 기를 적극적으로 해석했다. 또한 심성의 문제에 대해서 우선 성(性)을 인성과 물성으로 구분해본 데 특색이 있다. 이것은 객관적 자연 세계와 주관적 가치 세계를 구분하는 것으로 의의가 있다.

성정에 대해서는 정(情)을 성(性)과 같은 위치에 놓음으로써 인간의 자연스러운 정과 욕망을 긍정한다. 이는 과거의 인욕에 대한 부정적 견해를 수정하는 근거가 될 수 있었다. 그러나 박세당은 유교적 윤리인 삼강오륜의 봉건성을 규탄하거나 군위신강(君爲臣綱)의 체제에 반대하는 면은 전혀 없었고, 단지 주자학적 경향에서 벗어나려는 데 주안점을 두었을 뿐이다. 그의 탈주자학적 이기심성(理氣心性)에 대한 견해는 후일 조선후기 실학에서의 '존리멸욕(存理滅欲)'적 가치 체계를 벗어나는 데 선구가 되었다는 점에서, 또 주자학의 절대적 천리인성(天理人性)을 벗어나 근대적 자연인성론으로 변화하는 실마리를 열었다는 점에서 의의를 갖는다.

---

49 『思辨錄中庸』 第1章 註 "盖天理人欲不用竝立 爲善則不爲學 爲惡則不爲善 惡與不善是人欲 善與不惡是天理 天理行而人欲息 人欲肆而天理滅."

제3장 박세당의 천관

1. 『시경』, 『서경』에서의 천관 — 전통적 천관(天觀)

천(天)이란 전통적으로 유교에서 매우 중요한 철학적 실마리가 되어왔다. "하늘이 무섭지 않느냐?" 혹은 "하늘이 알고 땅이 안다." 같은 일상적인 대화에서부터 "하느님이 보우하사 우리나라 만세"라는 애국가 가사에 이르기까지 하늘은 여러 가지 의미로 쓰이고 있다. 하늘은 종교적, 철학적, 자연과학적 의미를 아울러 가지고 있는 것이다.

일반적으로 천(天)은 영어로는 헤븐(heaven)에 해당하는 것이며, 이는 원래 천체(天體)를 의미하는 말이었는데 나중에 천당(天堂)이라는 뜻으로 변하였고, 그로부터 하느님(God)[1]의 의미가 덧붙여지게 되었다. 그런데 천이라는 글자는 천체, 천당, 하느님의 의미 외에 본연(spontaneity), 자연(nature), 천성(man's inborn nature), 운명(fate) 등 많은 복잡한 뜻을 가지고 있기 때문에 헤븐이라는 한마디로는 이러한 복잡하고 풍부한 의미를 포용하기 어렵다.[2]

최초로 사람들은 머리(頭頂) 위를 하늘이라고 불렀다. 그래서 고대 상형문자 가운데 천(天)은 사람의 모습 위에 '웃'이 놓인 모습으로 만

---

1 狩野直喜, 『中國哲學史』, 을유문화사, p. 64 참조, J. Legge, 『The Notion of the Chinese concerning God and Spirits』, Hong Kong, 1852 참조. 근세에 서양의 중국학자, 특히 선교사 간에는 그 교의를 중국인에게 설명할 필요상 중국의 고전에 보이는 상제(上帝) 혹은 천(天)에 대해 연구하는 이도 많은데, 그 중에서 천을 God로 번역한 이도 있었다. 로마 교황청에서는 상제 또는 천을 천주(天主)로 번역하였다.

2 馮寓, 김갑수 역, 『天關係論』, 신지서원, 1993, p. 30.

들어졌다.[3] 위의 면은 하늘을 표시한 것이고, 아래의 면은 사람의 모습을 표시한 것으로 볼 수 있다. 우리는 주재적(主宰的) 의미의 천(天)만이 아니라 그 밖의 여러 가지 의미로 천을 쓰고 있는데, 하늘에 대한 해석은 대체적으로 다음의 다섯 가지로 나누어 생각할 수 있다.

첫째, 황천(皇天; great heaven). 높은 데 있는 군주, 높여서 임금으로 대접함.

둘째, 호천(昊天; vast heaven). 넓고 큰 하늘 혹은 끝없는 원기(元氣).

셋째, 민천(旻天; severe heaven). 만물의 생장을 배려하는 인자한 것, 아래를 민첩하게 살핌.

넷째, 상천(上天; high heaven). 인생을 신령스럽게 감시하는 것.

다섯째, 창천(蒼天; blue heaven). 멀리 공중에 보이는 푸르른 허공.[4]

그리고 이 다섯 가지 개념은 크게 주재적 천(皇天, 旻天, 上天)과 자연적 천(昊天, 蒼天)으로 구분할 수 있다. 상고시대의 천(天)은 주재적 의미를 가지고 있으며, 『시경(詩經)』과 『서경(書經)』에서 말하는 천의 개념은 다음과 같이 정리된다.[5]

첫째, 천(天)이 인간에게 생명을 주었으며 장수와 단명을 좌우한다.

---

3 王國維, 『釋天』, 商務印書館, 1940. 周桂鈿, 『中國傳統哲學』, 北京師範大學, 1990, p. 1 재인용.

4 『尙書緯. 帝命驗』 "天有五號 尊而君之則皇天 元氣廣大見稱昊天 仁覆閔下則稱旻天 自上監下則稱上天 據遠之蒼蒼然則蒼天." 영어 번역은 B. Karlren, 『The book of Odes; Museum of Far Eastern Antiquities』, 1974. 『周禮太宗伯疏』 "天有五號 各用所宜稱之 尊而君之則曰皇天 元氣廣大則稱昊天 仁覆憫下則旻天 自上監下則稱上天 據遠視蒼蒼然則蒼天." 周桂鈿, 『中國傳統哲學』, 北京師範大學, 1990, p. 1, 재인용.

5 梁啓超, 「志三代宗敎禮學」, 『國史硏究』, 臺北 中華書局, 1956, 趙駿河, 「禮論의 淵源과 그 展開에 관한 硏究」, 성균관대학교 박사학위 논문, 1992, pp. 13~17 재인용.

둘째, 천(天)이 인류의 도덕법칙을 주었으니 떳떳함(彝), 지극함(極), 법칙(則), 차례(敍), 질서(秩)와 같은 조리를 뜻한다.

셋째, 이와 같은 도덕법칙은 천(天)이 명령한 것으로서 사람으로 하여금 따르게 하였으니, 이것을 명(命) 또는 칙(勅)이라 한다.

넷째, 천(天)은 항상 인간들이 이 법칙을 실행하는지 여부를 감찰하고 있으니, 듣고 보고 묻고 말하며 생각한다.

다섯째, 사람이 천(天)의 명령에 순종하면 재해도 없고 나아가 천(天)이 복을 준다. 그러나 명령을 어기면 노하여 벌을 준다.[6]

여섯째, 천(天)이 명령하여 상을 주고 벌을 주는 권한은 왕을 시켜 대행하기도 하였다. 모든 사람은 천(天)의 아들이며 왕은 그 큰아들이다.[7]

일곱째, 천(天)이 왕을 세울 때에는 먼저 그 사람을 구하여 얻은 뒤 신령스런 보물을 주어 명령을 받은 표시로 삼게 했다. 전왕(前王)도 후왕(後王)을 천(天)에 천거할 수 있으며, 그것이 가능할 때 천(天)은 이를 받아들인다.

여덟째, 왕자가 도를 잃으면 천(天)이 먼저 경고하여 경계하고 두렵도록 하며, 그래도 고치지 않으면 벌을 내리니 그 벌은 새로운 왕이 집행한다.

아홉째, 천(天)의 뜻은 뭇 백성에게 있으니 백성이 하고자 하는 바를 천(天)은 반드시 따른다.

열 번째, 사람이 죽으면 명(命)은 천(天)으로 돌아가는데, 그 중에서 현철한 이는 천제(天帝)의 좌우에 있다.

---

6 그 벌이 한 사람에게 내려졌을 때는 우환, 사망 등이 되고, 대중에게 내려졌을 때는 기근, 질병, 병란 등이 일어나며, 심할 때는 종족을 멸망시키기도 한다. 그러나 벌을 받은 자가 뉘우치고 빌면 그 정성을 살펴서 용서하기도 한다.

7 그러므로 왕을 천자(天子)라고 칭했다. 대중이 귀의하는 바가 되므로 왕이라고 하였다. 왕은 천(天)을 위하여 대표가 되었으므로 천에 대하여 일체의 책임을 지며 항상 인민을 거느리고 천명을 따른다.

위의 열 가지 내용을 분석해서 요약해보면 천(天)의 의미는 세 가지 정도로 요약될 수 있다. 먼저 인간의 운명과 길흉화복에 개입한다는 뜻이고, 다음으로 천의 의지는 주로 왕의 권위를 통해 지상에서 실현되는데 그것은 백성을 위주로 한다는 것이며, 마지막으로 천은 도덕적 원리 자체라고 하는 주장으로 요약된다.

이 천(天)은 창조주라기보다는 스스로 나온 존재 '소자출(所自出)'이다. 천은 인간을 초월하면서도 동시에 인간과 합일(合一)할 수 있는 대상이다.

2. 주자의 천

주자학에서 천(天)은 태극(太極)이나 이(理)와 동일한 개념이다. 종교적 혹은 상제천적(上帝天的) 천이 아닌 철학적 개념으로서의 이법(理法)을 천이라고 하는 것이다. 즉 인간의 운명과 세계의 질서를 좌지우지하는 주재자가 아니라 자연의 법칙이나 인간의 도리와 같은 것을 말한다.

주자는 "명덕(明德)이란 사람이 천(天)에서 얻은 것으로서 허령불매(虛靈不昧)하며, 중리(衆理)를 갖추고 만사에 대응하는 것이다. 다만 기품에 의하여 구애되고 인욕에 의하여 가려면 때때로 어두워진다."[8]라고 하였다. 인간의 덕이란 천에서 얻은 것이고 그것은 다름 아닌 천리, 선천적인 것이며, 이를 방해하는 것은 인욕이다. 따라서 인간이 누구나 다 덕을 가질 수는 없고, 인욕을 극복할 때에만 천이 이(理)의 윤리적 가치로 작용한다.

---

8 『大學章久大全』 經1章 大學之道註 "明德者 人之所得乎天而虛靈不昧 以具衆理而應萬事者也 但氣稟所拘 人欲所拘人欲所蔽則有時而昏."

성(誠)은 천리(天理)의 실연(實然)으로서 작은 억지도 없다. 성인은 출생에서부터 그 품수(稟受)함이 혼연(渾然)해서 기질이 청명하고 순수하여 완전히 이 이(理)가 되어 수련을 쌓지 아니하여도 천(天)과 합일한다. 성인과는 달리 보통 사람은 모름지기 박학(博學), 심문(審問), 근사(謹思), 명변(明辨), 독행(篤行)하기를 쉬지 않고 계속해서 인의예지와 충효의 도를 얻어 일상 본분의 일에 실리(實理) 아님이 없게 한 뒤에야 성(誠)하게 되어 성(聖)의 경지에 들게 된다. 조금이라도 천리에 합치하지 못하면 곧 성(誠)에 조금도 이르지 못하게 된다.[9]

천인합일(天人合一)의 경지를 지닌 사람은 성인일 뿐이고, 보통 사람들은 쉼 없는 공부가 필요하다. 보통 사람의 목표는 다름 아닌 성인의 경지로 곧 천인합일을 말하는 것이다. 천리와 합치하지 못할 때에는 성(誠)에 이르렀다고 볼 수 없다.

주자의 이(理)는 일체 모두를 주재하는 작용을 한다고 말한다. 어떤 사람이 주자에게 '주재하는 것이 하느님이라고 할 수 있는 제(帝)라 하는가.' 묻자 다음과 같이 대답한다.

(하늘은) 스스로 주재자이다. 대개 하늘은 지극히 강하고 지극히 양(陽)한 것이니, 자연히 이처럼 움직여 쉬지 않는다. 이처럼 하는 것은 반드시 행위를 주재하는 것이 있기 때문이다.[10]

하늘의 도리는 언어를 통해 알기 어렵다고 하며, 그 주재자가 다름

---

9 『朱子語類』 卷64, 中庸3, 第20章, "誠是天理之實然 更無纖毫作爲 聖人之生其稟受 渾然 氣質淸明純粹 全是此理 更不待修爲而自然與天爲一 若其餘 則須是博學審問愼思明辨篤行 如此不已 直待得仁義禮智與夫忠孝之道 日用本分事無非實理 然後爲誠 有一毫見得與天理不相合 便於誠有一毫未至."
10 『朱子語類』 卷68, 易四 乾上, "自有主宰 蓋天是箇至剛至陽之物 自然如此運轉不息. 所以如此 必有爲之主宰者."

아닌 이(理)임을 밝힌다. "그러나 이른바 주재자는 곧 이 이(理)이다."[11] 하고 "제(帝)는 이(理)가 주가 된다."[12] 했기 때문에 주재자는 다름 아닌 천리인 것이다.

'상제'는 이 이(理)의 주재적 작용을 가리키는 것이다. 상제는 의지가 있고 감정이 있고 때에 따라 노하는 것인데 어찌 상제가 인간의 통치자를 선택하며 인간을 배제하고 부귀와 빈천 등, 이런 방식으로 인간에 대해 상벌을 실행하는 초월자로서의 기능을 부인한다. "주희의 철학은 은주(殷周) 노예제 시대와는 달리 인격적 상제를 부인했다."[13] 주자의 천(天)은 이(理)로 설명되고 있으며, 세계와 인생에 보편적으로 내재하는 원리를 의미하는 이법천(理法天)이 강조된다는 것을 알 수 있다.

3. 박세당의 천

1) 주재천적(主宰天的) 사상

역사의 진전은 숙명적 사고방식을 영원히 유지시킬 수 없도록 냉혹한 변화에 직면하게 되면서 국가나 인간이 반드시 천명에 의해 운명 지워진 존재가 아니라는 사고가 이루어졌다. 곧 인위적이고 적극적인 계약에 의해 성립되고 인간의 가치 또한 영원불변의 절대적인 것이 아닌 가변적인 것임을 주장하는 세력이 등장하게 되었다.

17세기 조선후기의 역사적 상황 속에서 그동안의 주자학적 천리(天理)로는 해결되지 않는 여러 사회적 문제가 등장하였고 이에 대한 반

---

11 『朱子語類』 卷1, 理氣上 太極天地上, "然所謂主宰者 卽是理也."
12 『朱子語類』 卷1, 理氣上 太極天地上, "帝是理爲主."
13 楊天石, 『朱熹及其哲學』, 中華書局, 1982, p. 145 참조. 유물론적 관점에서 상제설(上帝說)을 비판하고 중국의 봉건노예제 사회의 산물로 취급한다.

성이 절실해졌다. 이러한 변혁의 소용돌이 속에서 박세당은 종래의 주자학과는 색다르게 경학을 해석했고 천(天)에 대한 견해 또한 같지 않았다.

박세당은 서주(西周)시대의 천(天)은 주재천이며 왕실의 설립 근거를 천명에 의한 것으로 설명한다. 천이 삼라만상의 주재자임을 가장 잘 표현한 것이 『시경』과 『서경』이다. 서주시대의 사료에서 천은 383회 정도 등장하는데 거의가 주재천적 의미를 품고 있다.[14]

문왕께서는 위에 계시어	文王在上
천(天)에 빛을 발하였다	於昭于天
주(周)는 비록 오래된 나라지만	周雖舊邦
그 천명은 새롭기만 하니	其命維新
주나라는 찬란하고	有周不顯
제(帝)의 명(命)은 마땅하도다	帝命不時
문왕의 혼령은 하늘을 오르내려	文王陟降
제(帝)의 좌우에 늘 계신다[15]	在帝左右

이 시와 같이 서주시대의 천(天)은 최고신이며, 제(帝) 또는 상제와 함께 사용된 것은 상(商), 은대(殷代)의 관습을 계승하고 있기 때문이다.[16]

---

14 Herrlee G. Creel, 「The Origin of the Deity Tien」, 『The Origins of Statecraft in China』, The University of Chicaho Press, 1970, pp. 494~495. 『시경』에서는 최고신으로서의 천(天)이 모두 118회, 천자(天子)가 22회 등장한다. 한편 제(帝)와 상제(上帝)는 두 호칭을 합하여 모두 43회 등장한다. 『서경』의 기록 가운데서는 서주의 사료에서만 최고신으로서의 천이 116회 등장하는 반면, 제 또는 상제는 25회 등장한다. 그리고 서주시대의 청동기 명문에서는 천이 91회 등장하는데, 그 가운데 71회는 천자로 사용되었고 황천왕(皇天王)이 1회, 천군(天君)이 2회였다. 반면에 제 또는 상제는 4회였다. 尹乃鉉, 「천하사상의 시원」, 『중국의 천하사상』, 민음사, 1988, p. 26 재인용.

15 『詩傳大全』, 「大雅」, 文王之什.

16 尹乃鉉, 「천하사상의 시원」, 『중국의 천하사상』, 민음사, 1988.

전통적으로 선진유가에서는 인간은 조상에 대한 제사를 통하여 천(天)으로부터 복록과 보우(保佑)를 받을 수 있다고 인식하였다. 서주시대의 종법제도에 의하면 시조를 비롯한 조상신에게 제사를 받들 수 있는 것은 대종(大宗)만이 가능하였다. 당시 천하의 대종은 주왕실(周王室)이었고 그 대표자가 왕이었으므로, 조상신에 대한 제사를 받들고 이를 통하여 천으로부터 보우와 복록을 받으며 천과 접촉할 수 있는 것은 주왕뿐이었다. 천의 뜻을 받들고 그것을 지상에 실현할 수 있는 자격을 갖춘 사람은 주왕이며, 그는 천의 대리자이기 때문에 천자(天子)라는 권위를 지니게 되었다. 천을 정점으로 하여 거기에 조상신을 연결시켜 위계질서적 계보를 형성함으로써 현실적으로 왕실과 왕족의 권위를 높인 것은 상(商) 말기에 형성되었고, 이러한 의식이 서주시대에는 주족(周族) 중심으로 한층 발전 계승된 것이다.[17]

박세당은 『서경』의 상제천을 해석하기를 "오로지 덕이 하늘을 감동시키고 먼 곳까지 이르지 않음이 없으니 지성(至誠)이면 신을 감동시킨다."[18]라며 적극적으로 천을 신의 개념으로 해석하여 상제천적 의의를 강조한다.

> 종묘의 예(禮)를 아울러 교사(郊社)에 미치고, 사람 섬길 줄을 알면 가히 하늘과 사람을 섬길 줄 알 것이다. 하늘을 섬기는 데 능히 그 도를 다한다면 나라를 다스리는 데 무엇이 어렵겠는가. 하물며 소목(昭穆), 귀천(貴賤), 현(賢) 불초(不肖), 장유(長幼)가 각각 그 차례를 얻으므로 은혜가 족히 아래에 미치면 나라를 다스리는 도는 이미 갖추어진 것이나 다름없다.[19]

---

17 尹乃鉉, 앞의 책, p. 28.

18 『思辨錄尙書』, 太『全書』下, p. 163, 三旬苗民註 大禹謨 15쪽 右 "惟德動天 無遠不屆曰至誠感神."

19 『思辨錄中庸』, p. 35, 左, 太『全書』下, p. 48, 效社之禮註 "宗廟之禮幷及郊社 知事

물론 주자에게서도 이런 관점은 다르지 않지만, 주자가 종묘의 예를 인간이 차례를 잃지 않는다는 의미에 한정한 데 비하여 박세당은 한 걸음 더 나아가 하늘을 섬길 줄 아는 것이라고 확대 해석하고 있다. 이것은 그가 천(天)에 대해 보다 종교적이고 적극적인 의미로 해석하고 있음을 보여준다.

이는 또한 주자가 "천(天)과 민(民)은 하나의 이치로 통하여 백성의 마음에 있는 바나 천리에 있는 바나 차이가 없고, 내 마음의 경건함에서 천과 민이 하나로 합한다."[20]고 천을 천리로 해석한 것과 비교된다.

박세당은 이에 대해 보다 인격적인 천(天)을 강조하였다.

하늘의 시청은 오직 백성에게 의탁하고, 그 상선(賞善)과 벌악(罰惡)도 오로지 백성의 뜻일 따름이니, 즉 천의와 민심은 상하가 통하는 것이다. 무릇 땅을 두어 임금이 된 자가 유덕(有德)을 반드시 표창하고 유죄(有罪)를 반드시 벌주는 것은, 위로 하늘에 합당함을 구하고 또한 마땅히 아래로 백성을 살피기 위함이다.[21]

그는 천리는 거론하지 않고 보다 더 상제적 성향의 천(天)의 의미 쪽으로 해석하고 있는 것이다. '면계약천(面稽天若; 머리 숙여 하늘을 따름)'에 대한 해석에서도 주자는 상제라는 말을 사용하지 않는다. 이에 반해 박세당은 "면계약천은 능히 항상 상제를 대하여 답하고 있는 것

人則可以知事天人事 天能盡其道其於治國 又何難乎 況昭穆貴賤賢不肖長幼 無不客得其序而恩足以逮下則治國之道已備矣."

20 『書傳大全』 卷2 虞書 皐陶謨 天聰明自我民註 "天人一理通達無間民心所存卽天理之所在而吾心之敬是 又合天民而一之者也."

21 『思辨錄尙書』 p. 19, 右, 太『全書』下, p. 165, 皐陶謨 天聰明自我民註 "天之視聽一寄於民 其賞善罰惡亦唯民之志已則天意民心上下通者也 凡有土而爲君者 欲有德必彰 有罪必戮 求以上合乎天 亦當下察乎民."

과 같다. 그 하는 바가 하늘의 도에 고개를 숙여 능히 따르는 것을 보이니 그 공경이 지극함이다.”[22]라고 하여 상제를 적극적으로 표현하고 있다.

그의 천관(天觀)은 인간의 적극적인 행위를 체념케 하는 숙명론적 입장이 아니라, 반대로 백성을 통해 상제의 의지를 읽는다는 민본론적 해석을 내리고 있다. “대개 천(天)의 시청은 반드시 백성을 통해서 하니 민심을 이같이 보면 천의(天意)를 볼 수 있다.”[23]고 하여 백성이 곧 상제의 눈과 귀가 된다는 것을 강조한다. 또한 “하늘이 심히 두려운 것은 그 항상적이 아니어서 민정(民情)은 이를 충분히 살필 수 있다. 소인의 거취와 향배가 보존하기 힘들어 그 시청을 백성으로부터 하니 하늘만 홀로 두려워할 수 없는 것이다.”[24]라고 한다.

하늘은 제사의 대상이 되기도 하는데 정성과 공경이 없으면 흠향(歆饗)하지 않는 존재이기도 하다. “덕과 좋은 기림이 있지 아니하면 깨끗한 정성으로 제사를 지내 하늘이 이를 듣는다 하더라도 오직 백성의 원망과 크고 작은 흥함이 비린내와 더러움〔腥穢〕 속에 퍼져 들릴 뿐이다.”[25]라고 하여 기원의 대상이 되는 하늘이 감응하지 않음을 표현함으로써 주재천적 의미를 수용하고 있다.

천(天)이 하민(下民)을 돕고 군(君)과 사(師)를 지은 것은 오로지 그것이 상제를 돕고자 하는 것이다. 그래서 은총이 이에 드러나 하여금 사방

---

22 『思辨錄尙書』周書 召誥, p. 15, 左, 太『全書』下, p. 234, 相古先民有夏註 “面稽天若言能常如對越上帝 其所爲必稽之 天道而克順之見 其敬之至也.”
23 『思辨錄尙書』周書 泰誓中, 太『全書』下, p. 198, 天視自我民民視註 “盖言天之視聽 必自乎民而民心如此天意可見.”
24 『思辨錄尙書』康誥 p. 55, 右, 太『全書』下, p. 221, 王曰嗚呼小子曰註 “言天之甚可畏者 以其靡常而不可信 民情亦大可見矣 小人之去就向背 至爲難保則其視聽自民之 天獨非可畏乎.”
25 『思辨錄尙書』酒誥, 太『全書』下, p. 229, 我聞亦惟曰註 “未嘗有令德嘉譽 潔精享祀 登聞于天 惟民之怨讟言與大小沈凶而腥穢播而已.”

을 편안케 하여, 곧 죄 있는 자를 바로잡고 무고한 사람을 불쌍히 여기는 것이다. 내가 어찌 하늘의 뜻을 넘으랴. 상천(上天)이 위탁한 중요함을 받았으니 감히 소홀히 할 수 없다.[26]

이러한 해석 또한 인간이 누리는 정치적 권위도 하늘의 위탁이라고 본다는 점에서 특색이 있다. 그의 천관은 민본사상과 깊은 관련이 있다. 하늘은 경외의 존재이지만 하늘의 뜻은 백성을 통해 나타나는 것이므로 민본사상으로 귀결되는 것이다.

오로지 제(帝)가 근본에 주지 않는 까닭은 또한 오로지 백성이 하는 바가 곧 하늘의 스스로 밝히고 두려워하는 것이므로 천의(天意)의 여탈(與奪)은 오로지 인심의 향배에 달려 있는 것이다.[27]

이러한 해석이야말로 정치의 요체가 민심의 뜻을 잘 살피고 부응하는 데 있음을 강조한다. 그래서 그는 "아! 하늘이 복을 내리시고 화를 내리심이 우리의 큰 기틀을 돕는 소이가 아님이 없구나!"[28]라고 하였다. 그의 상서(尙書) 해석에서 보이는 하늘은 도덕적 의지가 깃든 인격적 상제이며 종교적 권위로써 사람에게 임한다. 그런 까닭으로 선왕의 하늘에 대한 태도도 순전히 도덕적이라고 할 수 있다.[29]

---

26 『思辨錄尙書』泰書上, p. 7, 右, 太『全書』下, p. 197, 天佑下民註 "言天輔佑下民 而作之君師 惟其能左右上帝之故 寵顯之以此 使安四方則正有罪哀無辜 我豈敢 有違越天意也 此武王自言受上天付畀之重 不敢慢."

27 『思辨錄尙書』, 洛誥, 太『全書』下, p. 241, 惟帝不畀註 "上但言天而不言民 則所 謂天者 亦無從而見 故於此發之 言惟帝之所以不畀於商者亦惟民之所秉爲者 卽 天之所自而爲明爲畏者 然則天意之與奪 惟在乎人心之向背也."

28 『思辨錄尙書』周書, 大誥, p. 47, 右, 太『全書』下, p. 217, 已予惟小子不敢註 "嗚 呼 天之或降福或降禍 無非所以弼我丕丕基則."

29 綱島榮一郎, 『春秋倫理思想史』, 早稻田大學出版部. 이 책에서는 중국 사상의 윤리적 근거가 천(天)에 있음을 강조하고 있다.

탕고(湯誥)에 '약유항성(若有恒性)'에서 약(若)이란 채전(蔡傳)의 해석에
서는 순연(順然)이 된다고 했는데 이는 약시(若是)의 뜻이며, 『맹자』의
약(若)이 소위지약(所爲之若)으로 하늘이 백성에게 중정(中正)의 법칙을
내림을 말하는 것처럼 '약시'는 그 모두에게 상도를 굳게 지키는 덕을
두니 반드시 이 백성으로 하여금 각각 그 도에 편안케 하고자 함이며,
그 내린 바의 정성스러움을 잃음이 없는 연후에 그 임금을 위한 책임
을 다한 것이다.[30]

여기서 약(若)을 '따른다'는 의미가 아닌 '이와 같이'로 해석하여 하
늘이 인간에게 도덕성을 부여했다는 점을 강조하고 있다. 또한 그는
"태갑(太甲)의 고시(顧諟)의 고(顧)가 언제나 지켜본다〔常目〕라는 의미가
되는 것은 본래 주자에게서 연원하는데, 대의는 진실로 밝은 명(命)이
라는 뜻이라고 하니 반드시 형체가 있는 뒤에 된다는 것은 아니다.
이 충신독경(忠信篤敬)이 어찌 또한 형체가 있겠는가."[31]라고 하면서
하늘의 밝은 명이란 마음속의 충신독경의 밝음을 의미한다고 해석하
였다.

고(顧)는 돌이켜본다는 것이다. 이것은 사람이 만약 그 덕을 밝히려고
하면, 오직 그 자신을 돌이켜보고 하늘이 나에게 부여한 것을 얻는 데
있음을 말한 것이다. 대저 하늘은 오상(五常)의 덕을 사람에게 부여했
으니, 그 사단의 실마리가 겉에 나타나는 것으로부터 살펴보아도 또한
그것이 밝은 것임을 볼 수 있다. 다만 걱정되는 것은 사람이 돌이켜보

---

30 太『全書』上, p. 424, 卷20 簡牘「與李元基」"湯誥若有恒性之若 蔡傳固訓之爲順然
愚意以爲若乃若是之義 如孟子以若所爲之若 言天降此中正之則于下民 若是其皆
有秉彛之德 必能使此民各安其道 而無失其所降之衷然後乃盡乎其爲君之責也."
31 太『全書』上, p. 424, 卷20 簡篤「與李元基」"太甲顧諟之顧 以常目之爲義者 本
出朱子而大意 誠然明命非必有形體."

고도 자기 몸으로 구하지 않는 것이다. 진실로 돌이켜보고도 자기 몸에 구하지 않는 것이다. 진실로 돌이켜볼 줄을 안다면 전(傳)에 이른바 덕이란 것도 곧 나의 천성에 본래 있는 것임을 살펴서 닦으면 어찌 밝게 되지 않는가를 걱정하겠는가.[32]

여기에서는 천(天)과 도덕성의 불가분적인 관계를 말하고 있음을 알 수 있다.

넓고 넓은 하늘(蒼天)조차	浩浩昊天
그 덕을 베풀지 않으심인가	不駿其德
죽음과 기근을 내리시어	降喪四國
천하를 휩쓸어버린다	旻天疾威
가혹한 하늘(旻天) 재앙을 내리시니	弗慮弗圖
불쌍한 이 백성 돌보려고 생각도 않으심인가	舍彼有罪
죄 있는(有罪) 저 무리를 내버려두고	
도리어 그 허물(辜) 숨겨주며	旣伏其辜
이같이 아무 죄도 없는(無罪) 사람들을	若此無罪
모두 죽음의 구렁에 빠뜨리심인가[33]	淪胥以鋪

박세당은 이에 대한 주석에서 복록(福祿)이 종국적으로 천(天)으로부터 오는 것처럼 재앙도 벌도 궁극적으로는 천으로부터 오는 것이라고 믿었기 때문에 탄식과 호소의 마지막 대상 역시 천일 수밖에 없다는 점에 대해, 이는 아름다운 해석이기는 하지만 이 시를 지은 이의

---

32 『思辨錄大學』太『全書』下, p. 6, 太甲曰顧諟天之明命註 "夫天以五常之德 賦與於人 自其端之發見於外者 而察之亦可見 其赫然以明也 但人患不顧而求之於身耳 苟知反顧則向所謂德者卽有以審其爲吾性之所本有因以修之何憂其不明乎."
33 『詩經』,「小雅」祈父, 김승혜 교수의 번역 인용.

본뜻은 사람의 실수를 하늘에 돌리는 것일 뿐이라고 비판했다.[34] 따라서 인간의 적극적인 노력을 배제하고 하늘에 모든 것을 맡기는 수동적 태도에 대해서는 부정적임을 알 수 있다.

상제천(上帝天)의 직접적인 관심의 대상은 왕에 있는 것이 아니라 백성에 있으며, 그렇기 때문에 백성을 편안하게 이끌지 못하는 왕은 천명을 잃어버리는 행위라는 점[35]에서는 적절한 것이지만, 백성이 최선을 다함으로써 상제의 의지에 부합할 수 있는 것이다.

이는 그가 국가적 가뭄이 들었을 때 왕에게 올린 상소문에서 살펴볼 수 있는 정신이다.

> 전하께서 일찍이 여러 번 행하셨는데, 어찌 지금에 이르도록 효과가 없어 천(天)의 노하심과 백성의 원망이 날로 심해지겠습니까? 이치에 맞지 않다면 마땅히 법도를 고쳐 허문(虛文)을 물리치고 실효를 존중하여 우러러 반드시 천심(天心)에 합하고 머리 숙여 백성의 정서에 마땅하도록 맞추어야 합니다.[36]

천(天)은 주재적인 의미이며 백성의 마음과 함께하는 천심(天心)인 것이다. 돌이켜보자면 원시유교의 사상에서 나타난 천의 의미가 그대로 복원된 것이라고 할 수 있다.

공자가 병석에 누웠을 때, 자로(子路)가 문인들로 하여금 가신처럼 꾸며 스승의 최후를 거창하게 장식해보려고 한 적이 있었다. 병세가 나아지자 공자는 "가신이 없는데 있는 것처럼 꾸며대다니 내가 누구

---

34 『思辨錄詩經』, 太『全書』下, p. 434, 「小雅」祈父, 浩浩昊天註 "詩人盖以人事之失而託辭專歸咎垢於天云然耳."

35 김승혜, 『原始儒學』, 민음사, 1990 참조.

36 太『全書』上, p. 93, 卷5 疏箚 「應求言疏」 "殿下已嘗行之數矣 何至于今而不效 天怒民怨日甚一日也 如其未然則宜有以改絃易轍詘虛文崇實效 仰以必合乎天心 俯以必當乎民情."

를 속일 수 있겠느냐. 천(天)을 속일 수 있겠느냐?"[37]라고 성토하였다. 여기에서 천은 당연히 초월자로서의 의미마저 지니는 것이다.[38]

박세당은 논어의 "천하언재(天何言哉)!"[39]에 대하여 주석하기를 "하늘이 본래 말은 하지 아니하지만 능히 사시(四時)를 운행시키며 모든 물건을 생장시킨다."[40]라고 하면서 원문에 들어 있지 않은 '능(能)'을 부가하여 보다 주재적인 천(天)의 의미를 띠게 했다. "천(天)에 죄를 지으면 빌 곳이 없다."[41]의 주석에서도 박세당은 주자의 천관에서 '하늘은 곧 이치이다.'라고 한 것에 대해 비판하고, '하늘의 하늘 된 까닭이 이치뿐이다.' 하는 대목처럼 뜻이 완전하지 못하다."[42] 하였다.

박세당은 천(天)을 천리로 해석하는 주자의 주[43]에 반대하며 원시유교에서 사용한 의미대로 천은 물론 잡신에 대한 다섯 제사의 의미까지도 긍정적으로 수용하고 있다.[44] 이런 점에서 그의 천관은 주자학에 얽매이지 않고 원시유교적 천관으로 회복하자는 의미를 가지고 있는 것이다.

2) 천명(天命)과 인간

박세당은 인간 행실의 착함의 근거를 천명에서 찾는다. "군자의 처하는 바는 비록 환란이나 빈천(貧賤)에 이르더라도 항상 도리에 편안

---

37 『論語集註大全』, 「子罕」, "子疾病 子路門人爲臣 病間曰⋯⋯無臣而爲有臣 吾誰欺 欺天乎."

38 鄭瑽, 『孔子의 敎育思想』, 1980, pp. 166~170. 「주체적 신념의 근거인 天」에서는 초월적 신(神)과 같은 의미로 받아들여도 무방하다고 본다.

39 『論語集註大全』 陽貨, "天何言哉! 四時行焉 百物生焉 天何焉哉!"

40 『思辨錄論語』 陽貨, 太『全書』 下, p. 98, "天固不言然能運行四時以生百物."

41 『論語集註大全』 八佾, "獲罪於天 無所禱也."

42 『思辨錄論語』 八佾, 太『全書』 下, p. 71, 王孫賈問曰註 "註天卽理也 恐不如天之所以爲天者理而已."

43 『論語集註大全』 八佾, 獲罪於天註 "天卽理也 其尊無對 非奧竈之可比也."

44 『思辨錄論語』 八佾, 太『全書』 下, p. 71, 王孫賈問曰註 "五祀疑竈最賤故有此說也 *註天卽理也 恐不如天之所以爲天者理已 一句爲語完義備."

하여 순하게 받으므로 그 도가 되는 데 진실로 평탄하여 어려움이 없
으며 '자기' 밖에 있는 것은 한결같이 천명을 따를 뿐이다. 그러나 소
인은 이에 반하여 행하는 바가 다 비틀어짐(傾側; 뜻을 굽힘)의 일이요,
그 바라는 바는 다 요행의 복이다."[45]라고 하며 천명을 인지하면서
사욕을 극복하는 것이 군자답다고 하였다.

천명은 일관된 것이라도 이것을 받아들이는 사람은 한결같지가 않
으니 "천명을 편히 여기는 사람, 두려워하는 사람, 따르지 않는 사람
이 있다. 편히 하는 자는 천명을 아는 자요, 두려워하는 자는 천명을
두려워하는 자요, 천명을 따르지 않는 자는 알지 못하고 거스리는 자
이다."[46]라고 하면서 천명을 두려워하고 아는 것이 중요하다고 본다.

하늘은 총명한 사람을 선택하여 임금으로 삼아서 백성을 다스리게
한다. 그런데 천명을 인지하지 못한 포악한 임금 걸(桀)이 어둡고 난
폭하여 백성을 도탄에 빠지게 한 것은 천명을 거스른 전형적 사례라
고 할 수 있다. 그러므로 이제 끊어 없애 그의 명을 바꾼 것이다.[47]

그런데 이러한 천명을 인지하고 이 땅에 실현하는 것은 천(天)이
아니라 인간이니, 천명은 인간을 떠나서는 설명할 수 없는 것이다.

천지에 제사하여 걸(桀)에 대해 죄를 청하고 백성을 위해 명을 청하니
이는 상천(上天)이 백성을 성심껏 돕고 죄인을 물리치고 굴복시키는
것을 말한 것이다. 천명을 어그러지지 않게 하면 많은 백성이 아름답

---

45 『思辨錄中庸』 p. 31, 左, 太 『全書』 下, p. 46, 故君子居易註 "君子所處雖至如患
難貧賤 常安於理而順受之其爲道也 固坦夷無艱矣 若其在外者 一付之天命而已
小人則反是所行者 皆傾側之事 所徼者 皆適至之福."

46 『思辨錄論語』, 「述而」 太 『全書』 下, p. 79, "夫天之有命一也 有安之者 有畏之者
有不循之資 安之者知天命者也 畏之者 畏天命者也 若夫不循命者 不知命而逆之
者也."

47 『思辨錄尙書』, 太 『全書』 下, p. 172, 商書 仲虺之誥 33쪽 右, 仲虺乃作誥曰註
"天之挺生聰明作爲元后 惟民是乂 今桀昏暴 陷塗炭 非天所以立君之意故乃棄絶
之而改命."

게 번성한다. 이에 이르면 하늘에 청하는 바는 얻지 못할 것이 없다.[48]

상천(上天)을 도와서 공경하고 이미 그 명(命)을 이루니 주왕(周王)은 천(天)의 아름다운 명(休命)을 얻고 위엄과 신령스러움을 도와서 진동하게 하는 까닭에 저 만민이 이 전쟁을 통해 귀의했던 것이다.[49] "하늘의 보배로운 명(命)을 타락시키면 자손이 능히 안정되지 못하니 이는 선왕이 또한 그 귀의할 곳을 잃는다."[50]는 것도 다 천명의 준엄한 위치를 말하고자 하는 것이다.

이러한 천명을 인식하는 일이야말로 중요한 것인데 어떻게 알 수 있으며, 그것을 실천하다는 것은 무엇인가? 이에 대해 박세당은 "천명을 쉽게 보존할 수 없음은 오직 천(天)의 믿을 수 없음에 의한다. 그 천명을 떨치고 나라를 잃는 자는 모두 능히 경력(經歷)할 수 없을 따름이다. 그러므로 깊이 하늘의 믿기 곤란함을 살피고 힘써 앞 어른의 덕을 이으려는 까닭이다."[51]라고 한다. 천명은 특정인을 특별하게 따로 염두에 두는 등의 편애를 하는 따위가 아니라 공정하고 사사로움이 없는 존재인 것이다.

이처럼 '천명불상(天命不常; 하늘의 명은 일정한 것이 아니다)'의 개념은 천(天) 자체가 믿을 수 없이 변덕스럽다는 뜻이 아니라, 천이 왕에게 부여하는 권리는 무조건적인 것이 아니라 백성에 대한 왕의 책임을

---

48 『思辨錄尙書』 太『全書』 商書 湯誥 p. 35, 左, 肆台小子註 "言祭告天地爲請罪 爲民請命 此言上天孚佑而罪人黜伏 天命不僭而兆民允殖至是則所請於天者無不得矣."
49 『思辨錄尙書』 太『全書』 下, p. 202, 武成 恭天成命註 "恭上天已成之命……我周王獲天休佑威靈震動故 彼萬民用是爭來附我也."
50 『思辨錄尙書』 太『全書』 下, p. 214, 金縢 p. 41, 右, 乃命于帝註 "墜墮天之寶命 子孫不能安 是先王亦失其依歸也."
51 『思辨錄尙書』 太『全書』 下, p. 247, 君奭 p. 42, 右, 天命不易註 "言天命之不易保唯以天之難諶故也 乃若其墜天命而喪其國者則皆由於不能經歷已 然之故 深察天之難諶而勉嗣前人之德故也."

다할 때까지만 유효하며, 왕의 입장에서 볼 때 천명의 수임자(受任者)는 그가 성실할 때만 가능하다는 전제조건이 있음을 말하는 것이다. 그러므로 주공(周公)과 성왕(成王)은 주(周) 왕실이 천명을 계속 보존하기 위해서 문왕(文王)의 덕을 이어 백성을 편안케 하는 데 전력을 다해야 했던 것이다.

박세당은 "천명(天命)이 일정하게 불변하지 않다고 함은 다름이 아니라 하늘이 주고 빼앗고 하는 것은 다만 사람의 선(善)과 불선(不善)을 보고서 하는 것이니 은(殷)나라가 처음에는 선했다가 뒤에 선하지 못했으므로 이러한 '나라의' 득실의 현격한 차이가 있었다는 것을 이른다고 한다. 민중을 얻으면 나라를 얻고 민중을 잃으면 나라를 잃는 것만을 말하며 민중을 잃는 원인에 대해서는 언급하지 않았으므로 여기에 이르러서 이것을 반론한 것이나, 이른바 선(善), 불선(不善)이라는 것 또한 별것이 아니라 좋아하고 싫어하는 것이 편벽되느냐 편벽되지 않느냐 하는 데 그 기준이 있다.[52]

더 나아가 "대개 거스르고 비뚤어지고 불순한 뜻은 주(紂)가 방자하고 음란하고 난폭하고 크게 어긋나 천명을 거스르고 종사(宗祀)의 망함을 생각하지 않음을 말하는 것이다."[53]라는 점에 대해서도 천명이 부덕한 인간에게까지 도덕적 정당성과 권위를 주는 존재가 아님을 강조한다.

억조(億兆)의 무리가 추대하기를 원하지 않음이 없는 것이 천명이 그 사람을 억조의 주인이 되게 하는 소이(所以)이다. 그렇지 않은즉 비록

---

52 『思辨錄大學』太『全書』, p. 18, 第10章 康告曰註 "書之所謂天命不專于一常者 是亦非他謂夫天之與奪 但視人之善不善如殷之始善 而後不善有此得失之相縣 盖上言得衆則得國 失衆則失國 而不及得衆失衆之所以然故 至是乃發之其所謂善不善 卽好惡之辟與不辟耳."
53 『思辨錄尙書』太『全書』下, p. 253, 洪惟圖天之命註 "盖逆戾不順之意 言紂恣淫暴 大拂逆天命 不念宗祀之覆亡也."

필부필부(匹夫匹婦)가 획득하지 아니 했을지라도 또한 그 (하늘에서) 받은 바의 책임을 다함을 얻지 못하고 천명의 거취를 알 수 없는 것이다.[54]

이처럼 천지의 마음은 걸(桀)과 주(紂)를 위하여 바르지 못한 것도 아니고 탕(湯)과 무왕(武王)을 위하여 비로소 바르게 되는 것도 아니지만, 걸과 주가 천지의 마음에 합하지 않은 까닭으로 천토(天討)가 행해졌고 탕과 무왕이 천지의 마음에 합한 까닭으로 천명이 돌아갔으니, 이에 의거한다면 천지의 마음은 한결같이 떳떳하여 처음부터 사람으로 말미암아 바르게 되거나 바르게 되지 않는 것이다.[55]

박세당의 입장은 천명을 백성의 마음에서 읽을 수 있다는 것에 깊이 공감하는 데 특색이 있다. 천명의 여부가 백성에게 달려 있다는 점이야말로 가장 주목할 만하다.

> 천명(天命)이 가버리고 가버리지 않는 것은 민심의 향배가 임금의 도의 득실에 말미암은 것이며, 임금의 도의 득실이란 처음부터 능히 백성들과 그 좋아하고 싫어함을 같이 하느냐 못하느냐에서 벗어나지 않음을 말한 것이다.[56]

---

54 『思辨錄大學』太『全書』下, p. 6, 詩曰周雖舊邦其命維新註 p. 8, 左, "億兆之衆 無不願戴已者 所以天命其人爲億兆之主 不然則雖匹夫匹婦之不獲亦不得爲盡其 所受之責而天命去就不可知也."

55 『思辨錄中庸』p. 17, 左, 太『全書』下, p. 39, 致中和天地位焉註 "若夫天地之心則不 爲桀紂而不得其正不爲湯武而始得以正桀紂以不合於天地之心 故天討行焉 湯武 以克合於天地之心 故天命歸焉 由是則天地之心 常於一初未嘗由人而有正不正者 卽可見也."

56 『思辨錄大學』太『全書』下, p. 17, 詩云殷之未喪師註 p. 30, 右, "然則天命去就 由於民心之向背 民心向背由於君道之得失君道 得失初不出乎 能與民同其好惡 與否耳."

인간의 노력에 의해 바뀔 수 있는 천명의 가변성을 말해주는 대목
이라 하겠다. "예로부터 성현이 말하는 하늘은 모두 이와 같은 것으
로서 사람을 제쳐놓고 하늘을 찾으려 한다면 끝내 하늘을 알지 못하
는 것이다."[57]라는 점에서 진인사대천명(盡人事待天命)으로 현실 속에
서 인간의 할 일을 다할 때 천명을 기대할 수 있다고 간주했다.

3) 노장철학의 천관(天觀)에 대한 수용

박세당의 천명은 어디까지나 민본을 강조하기 위한 근거였으므로
인간은 천명으로부터 바른 행위 규범의 전거가 된다. 그는 『중용』의
해석에서 "사람은 하늘을 거역하면 그 바름을 얻지 못하게 되고 하
늘에 순종함으로써 그 바름을 얻을 수 있지만, 하늘이야 어찌 사람이
거역하거나 순종함으로써 그 자연의 상도(常道)가 변경되고 혹은 바르
고 혹은 바르지 아니할 수가 있겠는가?"[58]라고 하여 영구불변의 법칙
혹은 자연의 상도로서 천(天)을 강조한다.

박세당은 정통 성리학자들과는 달리 노장철학에 관심이 많았으므
로 거기에서도 그의 천관을 살필 수 있다. 노장사상을 인용하여 하늘
에 대한 자신의 견해를 제시하고 있다. "만물은 번식하여 발생하고
변화하니 그러한 성질을 가지고 있지 않은 사물이 없다. 모두 이 이
(理)가 스스로 운동하는 것이다. 천(天)이 무엇을 하겠는가?"[59]라고 반
문한다. 그는 귀신의 실재도 부인하면서 음양(陰陽) 두 기(氣)를 귀신이
라고 한다.[60]

---

57 『思辨錄孟子』太『全書』下, p. 132, 萬章上 太誓曰天視自我民註 "自古聖賢之所
　　謂天者 未嘗不如此欲捨人而求天則天終不可得矣."
58 『思辨錄中庸』太『全書』下, p. 39, 中和天地位焉 "夫所謂天地之心者 非卽理乎
　　人有逆於天而不得其正 順於天 而得其正者矣 天又安有以人之逆之順之 而變其
　　自然之常 或正或不正耶."
59 『南華經註解刪補』卷4, 太『全書』上, p. 621, 至樂 芒乎芴乎註 "萬物職職以生以
　　化 莫不各得其性 皆此理之自然流行耳 天何爲哉."

'천지불인(天地不仁)'이야말로 자연에는 감정(또는 의지)이 없다는 사상으로 노자의 몰가치적 자연관을 나타내는 것인데, 이에 대한 박세당의 주석은 다음과 같다.

> 인(仁)은 자애와 따뜻한 뜻이다. 사람이 풀개(사람 모양의 풀)를 사용하고, 제사 지내고 나면 버린다. 대개 일찍이 자애와 따뜻한 은혜의 뜻이 없었다. 천지가 만물에 대해, 성인이 백성에 대해 무심한 것도 이와 같다. 임씨가 말하기를 장자가 대인(大仁)은 불인(不仁)이라고 하고, 지덕(至德)의 세상에는 서로 사랑하나 알지 못하고 인(仁)을 행하는 것이 이 뜻이다. 풀무는 바람을 부치는 것인데, 능히 비어 있어 중(中)을 지키면 그 씀이 다하지 않는다. 그러므로 언제나 움직이면 바람이 나온다. 천(天)이 물(物)을 내는 것도 비유하자면 이와 같다. 풀무는 비어 있기에 바람을 부치고, 천은 무심(無心)으로써 물을 내는 것이다.[61]

풀개는 제사에서 제물로 바치는 짚으로 만든 개로, 제사가 끝나면 버린다. 만물이 잠깐의 삶을 이 세상에서 영위하고 홀연히 떠나가는 것이 제사가 끝난 뒤의 짚으로 만든 개와 같지만 천지는 냉담하게 바라만 볼 뿐이다. 이는 실상 아무런 개입이 없다는 뜻이기도 하다. 바로 자연 그대로 둔다는 의미로 해석될 수 있는 점이다. 또한 풀무는 비어 있기 때문에 바람을 부치고, 천(天)은 무심으로써 물(物)을 내는 것이라는 말도 결국은 천의 사물에 대한 무개입을 은유한 표현이다. 천지 사이의 허공에서 만물은 자연적으로 생겨난다. 더구나 이렇게

---

60 『新註道德經』太『全書』上, pp. 485~486, 治大國若烹小鮮註 "陰陽二氣是鬼神."
61 『新註道德經』太『全書』上, p. 466, 天地不仁註 "仁慈愛恩煦之意 人之於芻狗 祭則用之 已祭則棄之 盖未嘗有慈愛恩煦之意 天地之於萬物 聖人之於百姓 無心亦女是也 林氏曰莊子云大人不仁 又曰至德之世 相愛而不知 以爲仁亦是此意也 橐籥所以鼓風者 能虛而守中 其用不屈故 每動而風愈出 天之生物譬亦如此 橐籥以虛鼓風 天以無心生物其道同也."

생겨난 만물에 대해 아무런 애증도 관심도 갖고 있지 않다고 한다.

> 천지가 물(物)을 내고도 스스로 내지 않은 까닭으로 능히 길고 오래간
> 다. 성인이 그 몸을 뒤로 하여도 사람이 모두 나를 추대하고, 그 몸을
> 밖으로 해도 물이 나를 해치지 않음도 또한 사람에게 하게 하고 스스
> 로는 하지 않는 까닭으로 능히 먼저 하고 존재하니, 이것이 천지 성인
> 이 모두 무사(無私)로써 그 사(私)를 이루는 것이다.[62]

이것은 '만물을 양육하는 천지'라는 관념과 다른 발언이다. 그렇다면 만물은 어디에서 유래하는가. 『도덕경(道德經)』에서는 일종의 자연의 이(理)와 같은 개념으로 수용한다. 천리(天理)는 본래 내 마음에 갖추어져 밝으니 잠깐 동안이라도 보존되지 않은 적이 없으며, 다만 인간이 이를 따르고 따르지 않음의 문제일 뿐이다. "천리를 따른다고 하면 말이 옳지만 천리를 보존한다고 하면 옳지 않다."[63]라고 한 것은 천리가 이미 우리에게 구비된 양심과 같은 성격의 선천적, 도덕적 법칙성이라는 것이다.

그는 "배우는 사람으로 하여금 모두 천리가 본래 내 마음에 밝은 것이 이와 같으므로 이 도를 행하고자 하면 다른 데에서 구하지 말고, 곧 이 마음속에서 돌이켜 찾으면 족할 것이다."[64]라고 하여 어떤 법칙성을 천리라고 한다. 천리란 본래부터 환하게 내 마음에 밝은 것이 대개 이와 같음을 알게 하는 것이다. 사람들이 진실로 능히 이를

---

62 『新註道德經』太『全書』上, pp. 466~467, 天長地久註 "天地生物而不自生故 能
長且久 聖人後其身 而人皆戴我 外其身而物不害 我亦以其爲人而不自爲故 能先
且存是則天地聖人 皆以無私而成其私也."
63 『思辨錄中庸』太『全書』下, p. 36, 莫見乎隱註 "若曰循天理則可也 曰存天理則
不可."
64 『思辨錄中庸』太『全書』下, p. 37, 喜怒哀樂之未發註 "使學者莫不皆天理之素明
於吾心者 本自如此 凡欲爲此道不待他求卽反之此心而已足俀焉."

따라 행하면 척도가 있고 준칙이 있어 그 척도를 아는 방법에 어둡지 않을 것이니, 이것이 곧 근본이 된다는 것이다.[65]

박세당은 '법자연(法自然)'에 대한 주석에서 "사람은 땅을 본받고, 땅은 하늘을 본받으며, 하늘은 도(道)를 본받고, 도는 자연을 본받는다. 도는 자연을 귀하게 여긴다."[66]라고 하여 노자의 천(天)에 주재적 의미를 부여하지 않고 있다. 자연은 내재적 원인에 의해 존재하고 움직이지, 외부의 초월적 원인에 의해 움직이지는 않는다는 것임을 알 수 있다.

한편 『도덕경』의 "크다는 것은 가는 것이고, 가는 것은 멀어지는 것이며, 멀어지는 것은 돌아오는 것이다."[67]라는 주석에서 우주 자연을 천도(天道)의 운행으로 보는 견해도 있는데, 천체는 무한히 광대하기 때문에 성신(星辰)이 운행하여 요원한 곳에 이르면 없어지는 것 같으나, 그것들은 요원한 것으로부터 또다시 원래의 것으로 돌아온다는 것이다. 노자는 주나라의 사관(史官)이었으므로 천문성상(天文星象)에 능통했다고 주장한다.[68] 그러나 박세당은 천도를 일월성신의 운행으로 보지 않고, 다만 도체(道體)의 큼으로 파악한다.

그는 대체로 노장의 견해에 대해 긍정적으로 받아들이고 있다. 가령 "도는 상제보다 앞선 것 같다."[69]라는 발언에 대하여 "제(帝)는 천(天)이다. 도는 천지보다 앞서 있으며 아마도 천(天)의 앞인 것 같다."[70]

---

65 『思辨錄中庸』太『全書』下, p. 37, 喜怒哀樂之未發謂之中註 "知天理之素明於吾心也 蓋自如此人苟能率 此以行尺度在是準則在是其於爲道之方 可以不迷是乃所以爲大本也."

66 『新註道德經』太『全書』下, p. 36, 有物混成註 "人法地 地法天 天法道 道法自然 道以自然爲貴."

67 『新註道德經』太『全書』上, p. 472, 有物混成註 "大曰逝 逝曰遠 遠曰反"에 대해 "此旣極言道體之大"라고 한다.

68 任繼愈, 『中國哲學史』, 이문주·최일범 역, 청년사, 1989, p. 102.

69 『道德經』, 道冲而用之註 "吾不知其先 象帝之先."

70 『新註道德經』太『全書』上, p. 466, 道冲而用之註 "帝天也 道在於天地之先 故

라고 한다.

길흉화복을 주재하는 것에 대해서도 주재하는 존재가 있지 않음을 다음과 같이 설명하고 있다. 즉 "이른바 화(禍)라는 것이 이제 복(福)이 되고, 선악이 반드시 밝혀진다. 이른바 복이란 것이 이제 화가 되어 복에 복이 숨고, 복이 화에 의지하며 숨는 이치에 의지하니 누가 그 끝을 알 것인가?"[71] 라고 한다. 이는 사물이 변화하는 법칙이라는 것이다.

여기서 볼 때 『상서(尙書)』에서의 천의 해석과는 달리 노장사상의 경우는 자연의 이치로서의 천(天), 다시 말하자면 천리의 천으로 노장의 천을 해석하고, 천에 선재하는 도를 강조하였다고 하겠다.

4. 박세당 천관의 특징

박세당의 탈주자학적 경전 주해 중에서 중요한 부분을 차지하는 것이 그의 천관(天觀)이다. 그는 『상서』 주해를 통해 서주(西周)의 주재천 개념을 수용하고 주자학에 의해 이법천으로 해석되던 것을 수정한다. 이것은 천(天)에 대한 종교적 신앙을 확보하기 위해서라기보다 민(民)을 통해 천명(天命)이 구현된다는 민본사상에 근거한 것이므로 그의 천관은 민본의 강조와 맥락을 같이하는 것이다.

그의 천관은 인간과의 관계 속에 더욱 잘 나타나고 있으니 천명이란 가변적인 것으로 인간의 적극적 행위에 의해 바뀔 수도 있음을 강

曰象帝之先". 도(道)의 선후(先後) 문제에 대해서는 한종만(韓鍾萬), 「老子의 現實觀」, 『佛教와 儒教의 現實觀』, 원광대학교출판국, 1981, p. 416 참조; 선(先)이 없다는 것은 무시무종(無始無終)이라고 하여 천에 앞선 도를 설명하고 있다.

71 『新註道德經』太 『全書』上, p. 585, 倚福分註 "所謂禍者而今以致福 善惡必明 向所謂福者 而今以致禍是福伏於福 福倚於禍 倚伏之理 孰知其極乎."

조하고 있다. 여기에서 그의 천명론은 숙명적이고 체념적인 것이 아니라 인간의 노력에 중점을 두고 있는 것이다.

『상서』해석에 나타난 주재천은 세계와 인생을 주재하며 군주와 백성이 함께 존숭하는 대상으로서의 천이었다. 그러나 그 천은 일방적으로 인간에게 길흉을 주는 절대자라기보다는 인간 자신의 선악에 의해 영향력을 발휘하기 때문에 체념적 숙명론에 치우치지는 않는다.

즉 인간의 의지나 자연법을 초월하여 전횡하는 주재천은 아니다. 인간(군주)이 최선의 정치를 실현하여 천명에 부응하고 서민은 진인사(盡人事)하여 천명을 기대하는, 곧 인간의 의지를 통해 천명을 기다린다는 의미의 주재천이라고 보아야 할 것이다.

노장철학을 통해 수용된 자연 또한 천명과 크게 어긋나지 않는다. 여기에서는 물아이분론적(物我二分論的) 자연관이 나타나지만, 그것이 도라는 틀을 벗어나는 것은 아니므로 사실은 대도(大道) 속에 상제와 자연이 포함될 수 있다.

만물을 주재하는 주재천과 자연은 서로 다른 영역을 가진다. 주재천은 종교적인 면이 두드러지고, 자연은 자연과학적 내지 이성적, 철학적인 면이 뚜렷함으로써 일견 모순관계인 듯하나, 대도라는 개념을 원용함으로써 종교와 과학, 또는 철학이 서로 모순되지 않고 조화로운 관계로 정립될 수 있다고 본다.

박세당은 주자학적 천관을 고집하지 않고 이를 탈피하고자 했기 때문에, 천(天)에 대한 지나치게 철학적인 해석에서 벗어나 서주시대 주재천의 의미를 강조하여 경천사상(敬天思想)을 재해석하고 이를 민본사상과 결부시키고 있다.

노장사상에 대해서도 천(天)을 도(道)와 자연으로 해석하는 노장사상의 천 사상을 적극적으로 받아들임으로써 탈주자학적 해석을 시도했다. 그러면 천 사상을 다룬 『상서』를 박세당은 어떻게 해석했는지 다음 장에서 더욱 구체적으로 알아보자.

제4장 박세당 『상서사변록』의 특징

박세당의 『상서(尙書)』에 관한 선행 연구는 김만일의 연구가 최초이며[1] 계속해서 「조선 17~18세기 상서 해석의 새로운 경향」에서 윤휴, 이익과 더불어 『상서사변록』을 다루었다.[2] 여기에서는 박세당의 탈주자학적 『상서』 해석을 소개하면서 성리학적 의미를 배척했다고 한다. 박세당은 기존 주석서의 인용에서 상서대전본(尙書大全本)과 채침, 주희의 주석 가운데 자신이 취사선택하고 어느 하나를 추종하지 않았다는 것이다. 또한 그의 비판이 탈주자학적 성격으로서 그 내용이 어구 해석과 사실 고증(지리·율력·예악·제도 등)에 관한 것이며 성경(誠敬), 인심(人心), 천명(天命), 천리(天理) 등에 관한 채침의 주석에 대해서는 언급하지 않았다고 한다.[3] 그러나 『상서』 자체가 왕도정치의 근거를 천명과 천리 그리고 요순의 도통(道統)에서 찾는다는 점에서 이 지적은 '요전', '순전', '우공', '대우모'에는 해당되나 전반적인 틀에서는 그렇지 않다.[4]

---

1 김만일, 「박세당 경학사상의 성격−상서사변록을 중심으로」, 『유교문화연구』 6집, 유교문화연구소, 2003.
2 김만일, 「조선 17~18세기 상서 해석의 새로운 경향−윤휴, 박세당, 이익을 중심으로」, 고려대학교 대학원, 2006.
3 김만일, 앞의 논문, p, 93.
4 우공편 '파총導漾 東流爲漢'의 주석은 무려 6쪽이 될 정도로 중국의 지리적 고증에 많은 비중을 두고 있어 그 방대한 지리적 식견에 놀란다. 그러나 이 편을 넘어서면 철학적 논의가 있다. 도통(道統)의 핵심 내용은 마음의 중정(中正)이므로 본성(本性)이나 인심(人心)과 무관하지 않으며, 천명(天命)은 『상서』 전반에 걸쳐 거론된 것이다. 예컨대 인성에 대한 언급을 보자. 『尙書思辨錄』 「秦誓」 上 '惟天地萬物父母' 주는 거의 천성(天性)과 기질(氣質)에 대한 내용이다. 「咸有一德」의 '德無常師' 주석에서는 인심에 대해 논하고 있다. 이 밖에도 성경(誠敬)과 인심 혹은 천명 등에 대

당시 박세당 이외에도 많은 『상서』 주석서가 나왔다.[5] 주류는 주자학적 가치관에 바탕한 『상서』 해석이지만 탈주자학적 경전 주해는 윤휴와 박세당에 의해 이루어진다. 이 시대 『상서』에 대한 선행 연구[6]에 의하면, 윤휴는 주자에 대해 간간히 비판적이고 특히 『서경집전』의 채침에 대해서 과감한 비판을 가했다고 한다. 윤휴는 채침을 비판하기 위해 공안국의 『상서정의』를 인용했다고도 하고, 이익이 윤휴와 박세당의 비판 정신을 이어 정약용의 주석에 이르게 하는 가교 역할을 했다고 하며, 더 나아가 앞서의 『상서』 주석보다 더 많은 경전을 인용한다고 분석했다.[7]

김성윤도 이현일(李玄逸; 1627~1704)의 『홍범연의(洪範衍義)』를 분석하여 탈주자학적 경향이 있었다고 주장한다.[8] 정치는 도덕을 천명하는 과정으로서가 아니라, 국가를 경영하고 법을 집행하는 실천적 행위이자 도덕으로부터 벗어난 공리적 목적을 향한 수단적 행위로 보는 실학적 사상으로 분석했다는 것이다. 말하자면 군주의 수신에 의한 교화가 아닌 공리적 정치관을 수용한다는 것을 밝히고 있다.

기존의 주자학적 가치에서 벗어나 새로운 가치 창출을 위한 학계의 변화의 조짐이기는 하지만 주로 관심은 「홍범」 편에 집중되었다. 박세당은 이미 탈주자학적 주석을 통해 실학적 가치를 모색한 사상가로, 『상서』 58편 전편에 걸친 주석 작업을 수행했다. 그의 입장은

해 주석한 사례를 어렵지 않게 찾아볼 수 있다.

5 尹鑴(1617~1680) 『讀尙書』, 洪汝河(1621~1678) 『讀書箚記-書傳』, 李玄逸(1627~1704) 『洪範衍義』, 朴世采(1631~1695) 『範學全編』, 李聃命(1646~1701) 『書傳劄疑』, 李衡祥(1653~1703) 『瓶窩講義-尙書』, 李顯益 『正菴集』, 全氣大(1679~1744) 『舜典集誤字辨』, 韓元震(1682~1751) 『朱子言論同異考』, 李瀷(1681~1763) 『書經疾書』 등이 있다.

6 김만일, 「윤휴의 '讀尙書' 연구」, 『유교사상연구』, 한국유교학회, 2005.
   「이익의 상서 해석 연구」, 『유교사상연구』, 한국유교학회, 2007.

7 김만일, 앞의 논문, p. 51.

8 김성윤, 「홍범연의의 정치론과 군제개혁론」.

기존의 주자학적 권위에서 벗어나려고 하는 것이기 때문에 주자나 채침은 신성한 영역으로 남지 않는다. 그러나 당시 왕조사회에서『상서』자체를 비판할 수 없음은 당연한 일이다. 그는 주자나 채침의 잘못을 지적하여 본래 원전의 정신을 찾자는 것이며, 그 작업은 자신의 판단이 아니라 수많은 다른『상서』연구자들의 주석을 연구하여 객관적인 진리를 찾자는 고증학적 성격을 지니고 있다.

『상서』는 사서삼경 가운데『서경(書經)』에 해당하는 경서로, 주로 중국의 역사적 성왕(聖王)들에 대해 그 의의를 기술한 것이다. 크게『금문상서(今文尚書)』와『고문상서(古文尚書)』로 구별되지만, 주자의 제자인 채침은 이 두 가지를 모아『서집전(書集傳)』으로 정리했다.

『금문상서』라고 하는 복본(伏本)은 진시황의 분서(焚書) 때 벽 속에 감추어두었던 것인데, 공자가 산삭(刪削)한 것으로 알려진『상서』100편이 다른 경전과 함께 망실된 후 한대(漢代)에 들어와 진(秦)의 복생(伏生)이 암송하였던 29편을 예서(隸書)로 기록한 것을 말한다.

『고문상서』는 공본(孔本)으로 공자의 옛집을 허물다가 벽 속에서 발견했으며, 복본(伏本)보다 16편이 많은 과두(蝌蚪)문자의 46편을 말한다. 당대(唐代) 이후로는『상서』저본 중 매본(梅本) 58편만이 전해졌으며, 송대(宋代)에 들어와 58편 전체를 주석하니 이것이『서경집전』이다. 주석자인 채침(蔡沈; 1167~1230)은 주자의 문인으로 당시 대학자인 왕안석(王安石), 소식(蘇軾), 임지기(林之奇), 여조겸(呂祖謙) 등의 주서(註書)를 두루 참고하였다. 우리나라에서는 이를 수용하여 언해 등 모든 해석이 이『집전』을 대본으로 하였다.

『상서』는『서경』이라고 높여 부르기도 하는데, 유교 정치의 근간이 되는 도통(道統)[9]과 천명(天命)의 원리, 선양(禪讓)의 정신, 덕화(德

---

9 劉起釪,『尚書研究要論』, 齊魯書社(中國 山東), 2004, p. 6.『상서』는 소위 요, 순, 우, 탕, 문, 무, 주공의 도통을 건립한 책이다.

化[10]의 중요성 등을 여기에서 찾을 수 있기 때문이다. 『서경』의 명칭은 선진 때에는 단지 『서(書)』라고만 불렸으나, 한대부터 『상서』라고 일컬어졌다. 왕숙은 "위에서 하신 말씀을 아래서 적은 것이므로 상서라고 한다."고 설명했다. 한편 정현은 "공자가 서(書)를 편찬하였으므로 이를 높여 상서라고 한다."라고 했다. 이처럼 『상서』의 상(尙)이라는 글자에는 대체로 상고(上古)와 존숭의 의미가 내포되어 있음을 알수 있다.[11]

『상서』의 내용은 『논어』 등에 자주 보이며, 특히 『논어』의 「요왈편(堯曰篇)」은 거의 대부분이 『상서』를 축약해놓았다는 사실에서 『상서』가 유교의 중요한 교과서였음을 쉽게 알 수 있다. 맹자 역시 『상서』를 가장 많이 인용하였다.[12]

『상서』에서 이상으로 생각하는 세계는 삼대지치(三代之治)로, 여기에서 유교사상의 이상 정치가 묘사된다. 삼대, 곧 하(夏), 은(殷), 주(周)시대에서 이상적인 치적의 내용을 싣고 있다. 조선조 제왕들에게 이책은 필수 독서였으며, 교과서적 규범서로 확고한 위치를 차지했다.[13] 조선 중기의 주자학적 이상국가를 실현하려고 한 정암(靜庵) 조광조(趙光祖)의 지치주의적(至治主義的) 도덕정치도 『서경』이 제시한 도덕정치에 바탕을 둔 것이다.

조선 유학에서 채침의 『서경집전』은 비판의 여지가 없는 텍스트였지만, 17세기 주자학적 교조주의를 벗어나려는 박세당은 선유(先儒)들

---

10 劉起釪, 앞의 책, p. 117. 요, 순, 우 세 성인의 전수된 심법이 제왕이 갖추어야 할 덕이다.

11 이기동, 『書經講說』, 성균관대 출판부, p. 11.

12 성백효, 『書經集傳』, 전통문화연구회, 1998, p. 5.

13 『조선왕조실록』 태종 26년 7월 5일(임오) 의정부 좌정승 하윤(河崙) 등이 다음과 같이 상서(上書)하였다. "신 등은 듣건대, 송나라 유자(儒者) 채침이 『집전』의 서문을 쓰기를, '이제삼왕(二帝三王)의 큰 경륜과 큰 법도가 모두 이 책 안에 있다.'고 하였으니, 빌건대 이 책을 강하여 이제삼왕의 마음을 구하여 이제삼왕의 정치를 융성하게 하소서."

의 전통적인 주석[14]을 참고로 하여 자신의 입장을 피력했다.

박세당의 『상서사변록』은 소위 『통서(通書)』라고 불리며 『주역』을 제외한 사서삼경에 대한 주석 중의 하나이다. 『상서』 전편에 대해 기존의 주석을 발췌하여 싣고, 기존의 주자나 채침의 주석에 구애받지 않고 자신의 의견을 자유롭게 개진하고 있다. 이러한 그의 주석 방식을 반드시 반(反)주자학의 틀로는 볼 수 없다. 십중팔구는 비판적이지만, 때에 따라서는 주자나 채침의 주석을 수용, 존중하고 있기 때문이다.[15] 그러나 분명한 것은 기존의 권위에 대해 무조건적으로 수용하지 않는다는 점이다. 이런 점에서 그의 『상서사변록』은 반주자학적이라고는 할 수 없지만, 고증학적으로 탈주자학의 입장인 것은 분명하다.

그의 주석서에서 많이 쓰이는 부정적 표현은 본뜻을 잃었다는 '실(失)'이다.[16] 주로 『서경집전』의 주석자인 채침을 겨냥한 비판이다. 『상

---

14 인용 빈도수로 보자면, 송대(宋代)의 林氏(林奇)가 가장 많고, 원대(元代)의 新安陳氏(陳師凱), 송대(宋代)의 呂氏(呂祖謙)의 주석을 빈번히 인용한다. 송대의 陳大猷와 蘇氏(蘇洵), 당(唐)의 孔氏(孔穎達)도 많다. 그 밖에 王炎, 王氏(王肅), 張氏(張景), 陳氏, 陳雅言, 西山眞氏(眞德秀)의 주석이 뒤를 잇는다. 韓子, 夏氏, 胡氏, 漢孔氏(孔安國), 鄭氏(鄭玄), 陳雅, 葛氏, 葉氏(葉夢得), 安成劉氏, 歐陽氏(歐陽脩), 董氏, 劉氏(劉歆), 徽庵程氏, 西山蔡氏, 余氏, 吳氏, 陳梅叟, 王安石, 薛氏, 葵初王氏, 馬氏, 薛氏(薛肇明), 史氏, 程子, 王十朋, 董鼎, 臨川吳氏, 陳傳良, 李氏, 復齋董氏, 李舜臣, 眞氏, 侯氏, 范氏, 史氏漸, 龜山楊氏, 蔡元度, 張震, 陳氏賨, 宋氏, 李氏養吾 등의 주석을 수록하고 있다. 자신의 입장은 '우위(愚謂)'로 표현하여 발췌한 주석과 달리 스스로의 견해를 피력한다. 인용 고전은 『맹자』가 압도적으로 많으며, 『논어』, 『춘추』, 『시경』 등도 인용되지만 『맹자』에 비해 다른 경서는 빈약하다. 한 번 이상 거론된 경전은 『左傳』, 『史記』, 『漢志』, 『漢書』, 『老子』, 『漢五行志』, 『禮記』, 『周禮』 등이다.

15 『尙書思辨錄』, 「召誥」, "宅新邑肆" "諸說紛紜皆未愜惟蔡傳爲長" 여러 설이 분분하지만 미흡하고 오로지 채전(蔡傳)이 가장 훌륭하다.

16 "蔡傳執爲道義之正而不可違 執爲民心之公而不可咈 殊失本指"(大禹謨 6), "蔡傳於此多失其旨"(大禹謨 7), "蔡傳欽厥止者 所以立本 旣失本指矣"(太甲上 7), "康色之人 殊失經文之本意"(洪範 11), "朱子說此章皆失"(洪範 15), "呂蔡皆失"(金縢 5), "蔡傳病於繁複 殊失簡當之體"(金縢 11), "蔡傳失其義"(召誥 10), "蔡氏又以典常爲當代之法 皆失也"(周官 16), "蔡傳謂辭令簡實則失之矣"(畢命 8).

서』본래의 정신을 잘못 해석하고 있다는 이런 태도는 그의 자신감의 표현이며, 기존 학설에 대해 구애받지 않겠다는 것이라고 할 수 있다.

실(失) 다음의 비판적 언사로 '미(未)'가 있다. 본래의 정신을 잃었다는 것이 보다 신랄한 태도인 데 비해, 그 해석이 미흡하다는 것도 기존 주석에 대한 불만을 의미하는 것이다.[17] 이 밖에도 채침의 주석에 대해 '의심스럽다(恐)', '그렇지 않다(反)' 등의 비판적 태도를 견지한다. 그러나 이러한 그의 입장은 반주자학적인 것이 아니라 고증학적 철저성에 근거한 것이다. 그의 의도는 주자나 채침을 비판하는 것이라기보다는 자유로운 비판 정신을 통해 본래 경서의 의의를 음미해 보자는 데 있다.

이러한 주석에서의 비판적 관점은『상서사변록』전편에 걸쳐 펼쳐져 있기 때문에 탈주자학적 주석을 일일이 열거하기보다는『상서』의 주석에서 기존의 주석과 어떤 차이가 나는가를 비교 분석해 천명(天命), 왕도(王道), 민본(民本)을 범주를 통해 알아보고자 한다.

1. 상제전이 강조된 천명사상

박세당은『상서사변록』을 통해 천명사상에 근거한 천(天)의 해석에서 천을 이(理)로 해석하는 종래의 주자학적 천관을 벗어나 선진유학 그대로의 해석에 충실했다.

---

17 "韓蔡俱未有以處其義也"(舜典 28), "蔡氏於師說 亦有所未講者哉"(禹貢 28), "蔡傳說皆未愜"(君陳 11), "朱子以錫之福爲與之以善者於義未愜而傳"(洪範 11), "朱子此章說義 又未愜"(洪範 16), "朱子云然窃所未喩"(洪範 32), "蔡氏獨於此以爲未詳者"(康誥 23), "惟君蔡氏謂未詳疑其爲衍文 或亦字有誤也"(酒誥 7), "蔡氏未達"(周官 9).

천(天)이 하민(下民)을 돕고 임금과 스승을 만든 것은 오로지 그것이 상제를 돕고자 하는 것이다. 그래서 은총이 이에 드러나 사방을 편안케 하여, 곧 죄 있는 자를 바로잡고 무고한 사람을 불쌍히 여기는 것이다. 내가 어찌 하늘의 뜻을 위배하고 뛰어넘겠는가. 이는 무왕(武王)이 스스로 말하기를 상천(上天)으로부터 위탁의 무거움을 받았으니 감히 태만하겠는가 한 것이다.[18]

이러한 상제천적인 개념에 대한 해석은 『집전』의 주와 다름없다. 지리와 제도에 대한 해석은 비판적인 것이 많지만, 이 점에서 박세당은 천리로서의 이법천(理法天)이 아닌 일종의 인격적인 상제천 개념을 수용한다.

위는 다만 하늘을 말하며 백성을 말하지 않음은 이른바 천(天)이란 따라서 볼 수 없는 까닭으로 나온 말이다. (……) 천의(天意)의 여탈은 오로지 인심의 향배에 달려 있는 것이다.[19]

집주에서는 하늘은 과연 민심에서 벗어나지 않고 민심은 과연 하늘에서 벗어나지 않음을 나타낸 것[20]이라고 하는 데 비해, 박세당은 인심(人心)이라고 해석하는 것이 특이하다. 천명사상에 입각한 정치의 요체가 관(官)과 대비되는 민(民)보다는 천(天)과 대비되는 인(人)에 있다고 보았던 그는 민심(백성의 마음)이 아닌 인심(사람의 마음)의 뜻을 잘 살피고 부응해야 함을 강조한다.

---

18 『思辨錄尙書』泰誓 上 7章, 太『全書』下, p. 197, 天佑下民註 "言天輔佑下民 而作之君師 惟其能左右上帝之 故寵顯之 以此使安四方 則正有罪 哀無辜 我豈敢有違越天意也 此武王自言受上天 付畀之重 不敢慢."
19 『思辨錄尙書』多士 4章, 太『全書』下, p. 241, 惟帝不畀註 "上但言天而不言民 則所謂天者 亦無從而見 故於此發之言…… 天意之與奪 惟在乎人心之向背也."
20 『書經集傳』多士 4章, "天之果不外乎民 民之果不外乎天也."

"하늘의 보배로운 명(命)을 타락시키면 자손이 능히 안정되지 못하니 이는 선왕이 또한 그 귀의할 곳을 잃는다."[21]라는 것도 집주에서는 단지 후손들의 제사를 언급하여 "하늘이 내린 보배로운 명을 실추하지 말아야 하니, 이렇게 하면 거의 선왕의 제사도 길이 의뢰하여 보존될 바가 있다."[22]라고 한 데 비해, 박세당은 천명을 어길 경우 현재의 사람들이 후일의 자손들로부터 기약하기 어렵고 동시에 선왕들도 역시 자신들의 선의지를 이을 곳이 없어진다고 했다.

이러한 천명은 어떻게 알 수 있으며 그것을 실천한다는 것은 무엇인가? 이에 대해 박세당은 "천명을 쉽게 보존할 수 없음은 오직 천(天)의 믿을 수 없음으로 인해서이다. 만약 그 천명을 타락시키고 그 나라를 잃는 자는 모두 능히 경력(經歷)하여 계승할 수 없는 연유일 따름이다. 그래서 하늘의 믿을 수 없음을 살펴 힘써 선인의 덕을 이으려는 까닭이다."[23]라고 한다. 『집전』에서는 단지 덕을 계승하지 못한 것만 언급한 데 비해[24] 천명은 특정인을 특별하게 따로 염두에 두고 편애를 하는 따위가 아니므로 방심하지 말고 열심히 노력해야 한다는 의지를 말하고 있다.

'천명불상(天命不常; 하늘의 명은 일정한 것이 아니다)'의 개념은 천(天) 자체가 믿을 수 없이 변덕스럽다는 뜻이 아니라, 천이 왕에게 주는 왕권은 무조건적인 것이 아니라 민(民)에 대한 왕의 책임을 다할 때까지만 유효하다는 의미이다. 곧 천명의 전제조건을 말하는 것이다. 그러므로 주공(周公)과 성왕(成王)은 주(周) 왕실이 천명을 계속 보존하기

---

21 『思辨錄尙書』金縢 7章, 太『全書』下, p. 214, 乃命于帝註 "墜墮天之寶命 子孫 不能安 是先王亦失其依歸也."

22 『書經集傳』金縢 7章, "不可失墜天降之寶命 庶先王之祀 亦永有所賴以存也."

23 『思辨錄尙書』君奭 4章, 太『全書』下, p. 247, 天命不易註 "言天命之不易保 唯 以天之難諶故也 乃若其墜天命而喪其國者 則皆由於不能經歷已 然之故 深察天 之難諶 而勉嗣前人之德故也."

24 『書經集傳』君奭 4章, "以不能經歷繼嗣前人之恭明德也."

위해서는 문왕(文王)의 덕을 이어 백성을 편안케 하는 데 전력을 다해야 함을 강조한다.

그는 집주에서 다만 '크게 사의(私意)로 천명(天命)을 도모하며(大惟私意 圖謀天命)'라고 거론한 데 대해 좀 더 구체적으로 그러한 사의로 천명을 도모한 사례로서 주(紂)의 부덕을 거론한다. "대개 거스르고 비뚤어지고 불순한 뜻은 주(紂)가 방자하고 음란하고 난폭하고 크게 어긋나 천명을 거스르고 종사(宗祀)의 망함을 생각하지 않음을 말하는 것이다."[25]라고 하여 천명이 부덕한 왕에게까지 도덕적 정당성과 권위를 주는 존재가 아님을 강조한다. 하늘이 총명한 사람을 선택하여 임금으로 삼아서 오직 백성을 다스리게 한다. 이제 주(紂)만이 아니라 걸(桀)이 어둡고 난폭하여 도탄에 빠지게 한 것은 하늘이 임금을 세운 뜻이 아니다. 그러므로 그대로 방치하지 않고 끊어 없애 명(命)을 바꾼다는 것이다. 집주에서는 구체적으로 부덕한 임금을 논하지 않은 것에 비해, 박세당은 구체적인 인물로서 걸(桀)의 폭정을 거론하고 있다.

> 만약 임금이 없다면 다스림이 반드시 싸움과 어지러움에 이를 것이다. 하늘의 곧게 총명을 내어서 제왕을 삼았다. 오로지 백성이 편안하다. 이제 걸(桀)이 혼미하고 난폭하여 백성이 도탄에 빠졌으니 하늘이 임금을 세운 뜻이 아니다. 그러므로 없애고 혁명을 한 것이다.[26]

여기에서 집주는 "하늘은 떳떳함(典常)의 이치가 스스로 나오는 것

---

25 『思辨錄尙書』 多方 3章, 太『全書』下, p. 253, 洪惟圖天之命註 "盖逆戾不順之意 言紂恣淫暴 大拂逆天命 不念宗祀之覆亡也."

26 『思辨錄尙書』 仲虺之誥 2章, 太『全書』下, p. 172, 仲虺乃作註 "若無主以治必至 爭亂 天之挺生聰明 作爲元后 惟民是乂 今桀昏暴 民陷塗炭 非天所以立君之意 故乃棄絶之而改命."

(天者 典常之理所自出)"이라고 하여 이법천적(理法天的) 경향이 강하지만, 박세당은 걸(桀)을 없앤 하늘의 권능을 강조하여 훨씬 인격적 주재천을 강조하고 있다. 『집전』에서는 "오로지 덕은 하늘을 감동시키고 감통(感通)하는 오묘함이 있다."[27]고 한 데 비해 "오로지 덕이 하늘을 감동시키고 먼 곳에 이르지 않음이 없음을 지성이면 감신(感神)"[28]이라고 한다. 여기서 감통이라는 『집전』의 주에 비해 박세당은 인격신을 의미하는 신(神)을 거론하고 있다. 단순히 이법천(理法天)이 아닌 상제적 성격의 천(天)을 말해주는 부분이다. 천을 궁극적 원리로만 파악한 것이 아니라 무언가 호소할 신적인 존재로서 적극적으로 이해하고 있음을 알 수 있다.

2. 군왕의 노력을 강조한 왕도사상

박세당은 『서경』의 가장 중요한 취지는 왕도(王道)를 밝히는 것이라고 한다. 그 왕도에서 중요한 것은 임금의 덕이다. 천명을 밝히는 의의도 왕도를 밝히기 위한 것이라고 볼 정도로 근본적인 것이라 여기고 있다. "대개 성인의 『서경』을 줄여 편찬한 뜻은 본래 왕도를 밝히려는 까닭이며, 왕의 덕을 기술한즉 비서(費誓)를 통해 왕도를 보완함에 있다."[29]라고 평가한다.

왕의 덕이란 하늘에서 자연히 받은 덕인가, 아니면 자신의 수양을 통해 얻은 덕인가에 대해서는 수양이 필요 없는 왕은 요순과 같은 성인일 뿐이며 다른 왕은 수양이 필요하다고 한다. 또한 집주에서 거론

---

27 『書經集傳』 大禹謨 21章, 三旬苗民註 "以爲惟德 可以動天 其感通之妙 無遠不至."
28 『思辨錄尙書』 大禹謨 21章, "惟德動天 無遠不屆至誠感神."
29 『思辨錄尙書』 秦誓 8章, 邦之杌陧註 "盖聖人刪書之意 本所以明王道述君德 則費誓爲有補於王道."

하지 않은 구체적 사례로 맹자를 인용하여 수양과 노력이 필요하지 않은 성인은 거의 없으므로 덕을 닦는 것이 필요함을 역설한다.

맹자는 말하기를 요순의 본성대로와 탕왕(湯王)과 무왕(武王)의 몸 닦음이 이와 같은즉 예로부터 마땅히 임금을 삼은 것은 오로지 요순일 뿐이다. 비록 탕왕과 무왕의 성스러움은 오히려 노력의 반복이 있으며 제왕의 지위에 있기가 부족하다. 하물며 그 아래에 있는 자들이야![30]

박세당은 집주에서 이야기하지 않은 제왕의 노력에 대해 특별히 많은 이야기를 하고 있다. 아무 노력도 하지 않고 단지 하늘의 총명을 기다리는 것이 아니라 면학을 하여 덕을 이루는 것이 이치에 맞다고 함으로써 성인의 덕은 노력과 면학이 아닌 타고난 것이라는 집주의 해석에 대해 우려한다.

어떤 사람의 기질이 능히 하늘의 자연에서 나와 노력을 필요로 하지 않는다고 하겠는가. 만약 이를 위해 말하자면 반드시 그 총명은 하늘에서 얻어진 것으로 노력을 기다림이 없을 것이다. 노력을 한 연후에 바야흐로 제왕이 될 수 있는데 면학을 하여 그 덕을 이루는 자는 마침내 제왕 됨이 부족한 채 백성의 부모가 되니 그 이치가 어떻게 된 것인가.[31]

---

30 『思辨錄尙書』泰誓 上 3章, 太『全書』下, p. 94, 惟天地萬物父母註 “子曰堯舜性之 湯武身之若是 則自古亘爲君者 惟堯舜而已 雖如湯武之聖 猶在勉强之數 而不足居元后之位 況其下此者乎 且詩云祈父亶不聰 是爲祈父之不聰 亦誠實無妄 而出於天性之自然耶 穿鑿如此能不誤後人乎.”

31 『思辨錄尙書』泰誓 上 3章, 太『全書』下, p. 94, 惟天地萬物父母註 “何人之氣質能出於天性之自然 而不待乎勉强也 若以爲此乃言 必得其聰明出於天性而無待乎 勉强然後 方可作元后 彼勉學而成其德者 終不足以作元后而爲生民之父母 其於理何如哉.”

집주에서는 "천성이 총명하여 면학을 기다리지 않고, 그 앎이 먼저 알고 그 깨달음이 먼저 깨달아 여러 사물(庶物) 가운데 가장 출중하다. 그러므로 천하에 대군(大君)이 되는 것이다."[32]라고만 했다. 박세당은 임금의 덕은 하늘이 내려준 것이라는 데에는 긍정하지만, 모든 왕이 그렇다는 것은 아니라고 한다. 요순을 제외한 다른 왕들은 힘써 공부하고 노력하는 것이 필요하며, 그러한 노력이 있다면 백성의 부모 되는 데 부족함이 없다는 것이다.

그는 집주에서 '안여지(安汝止)'는 성군(聖君)의 일로 태어나면서 아는 것이고, '흠궐지(欽厥止)'는 현군(賢君)의 일로 배워서 아는 것[33]이라고 해석한 데 대해 본지를 잃은 해석이라고 비판한다. 그러면서 "본래 성현(聖賢)의 구분이 있는데 생지(生知)와 학지(學知)의 차이가 어찌 임금에게 어려운 일을 권고함(責難)에 있겠는가. 생지(生知)의 성(聖)을 바라고, 학지(學知)의 현(賢)을 바람은 위에 아래의 경계함을 말하는 것과 같다. 임금의 높고 낮음을 같이 보아 못난 임금을 권고함은 단지 못난 자를 위할 뿐이다. 생지(生知)의 성(聖)이 어찌 권장하고 경계한다고 해서 능히 이미 가진 생지의 성스러움을 얻겠는가!"[34]라고 하여 생지의 성인은 완벽하여 노력을 권면할 대상이 아니라고 하였다.

이처럼 요순과 같은 성인이 아니면 늘 배우고 덕을 닦을 필요가 있다. 그렇다면 닦아야 할 왕의 덕은 무엇일까? 왕의 덕 가운데 가장 중요한 것은 중정(中正)의 도를 닦는 것이다. 왕은 백성의 부모가 되고 언제나 몸소 실천함으로써 천명을 실현하는 것이다. 중정이야말로

---

32 『書經集傳』泰誓 上 3章, "天性聰明 無待勉强 其知先知 其覺先覺 首出庶物 故能爲大君於天下."

33 『書經集傳』太甲 上 7章, "安汝止者 生而知者 欽厥止者 賢君之事 學而知者也."

34 『思辨錄尙書』太甲 上 7章, "固有聖賢之分 生知學知之差 又安有責難於君 而或望其爲生知之聖 或望其爲學知之賢者 若下之陳戒於上 一視其君之高下則勸下愚之君者 亦但望其爲下愚而已乎 且生知之聖 豈勸戒所能得旣其聖之得於生知."

요순 이래 내려온 왕의 수신의 요체로 집주에 거론하지 못한 중정의 도를 최선이라 하고 있다. 다시 말해 그는 집주에서 극(極)을 황극(皇極)으로만 해석한 것에 머물지 않고 중정으로 풀이한다. "인군(人君)이 할 수 있는 것이 중정의 도를 말함이다. 자신을 닦고 천하의 사람들을 이끌면 천하의 사람들이 곧 모두 위에서 세운 극(極), 바로 중정(中正)에 하나로 돌아가며……. 무릇 교화된 자들이 존중하고 가까이하지 않을 수 없으니 이른바 백성의 부모가 되어 천하의 왕이 된다."[35]고 강조한다.

『집전』에서 황극(皇極)을 단지 "황(皇)은 임금이요, 건(建)은 세움이다. 극(極)은 북극의 극과 같으니 지극하다는 뜻이다."[36]라고 하여 중정에 대해 한마디도 언급하지 않은 것과는 달리, 그는 황극을 중정의 뜻으로 적극 해석한다.

> 이는 왕이 그 몸을 중정(中正)의 원칙으로 세워 천하의 사람들을 통솔함이며, 사람들은 그 교화를 따르지 않을 수 없고 그 복을 받는다……. 대개 천하의 이치는 그 중(中)을 얻지 못하면 극(極)이 됨이 부족하고, 극에 이르지 못하면 중이 됨이 부족하다. 중은 극이 그 중(中)에 있는 것이며, 극은 중(中)이 그 중에 있다. 그러므로 경에 편파 됨이 없고 치우침이 없는 것을 건극(建極)의 근본이라고 했다. 비록 주자라도 능히 중정을 버리고 별도로 건극의 설을 세울 수 없다……. 요순의 윤집궐중(允執厥中)과 탕(湯)의 건중우민(建中于民)이 홀로 황(皇)이 그 유극(有極)의 일을 세우는 것이 아니랴.[37]

---

35 『思辨錄尙書』 洪範 16章, 太『全書』 下, p. 206, 凡厥庶民註 "此又言人君 能以中正之道 脩之於身 以率天下之人 則天下之人卽 皆惟上所建之極 而一歸於中正……凡化之所漸被者 莫不尊之 親之所謂作民父母 以爲天下王也."

36 『書經集傳』 洪範 9章, "皇君 建立也 極猶北極之極 至極之義."

37 『思辨錄. 尙書』 洪範 16章, "此言王者 以其身而立中正之則 率天下之人 人莫不從其化而蒙其福……盖天下之理 不得其中 不足以爲極 未至乎極亦不足以爲中

　이처럼 그는 왕이 지극한 표준을 세움이란 반드시 다름 아닌 중정
(中正)이라고 갈파했다. 물론 이것은 이미 집주의 서문에 『상서』의 정
신이 중정이라고 한 것과 일치한다. "정일집중(精一執中)은 요, 순, 우
가 서로 전수한 심법이요, 중을 세우고 극을 세움은 상나라 탕왕과
주나라 무왕이 서로 전수한 심법이다."[38]라고 했기 때문이다. 박세당
은 이것이 도통의 핵심 사상이라는 것에 대해 특별히 언급하지는 않
지만, "선택하기를 정밀하게 하고자 하고 지키기를 한결같이 하고자
하니, 정(精)은 의심과 혼돈 그리고 잡박한 잘못이 없는 것이며, 일(一)
은 침탈당하고 쉬고 끊어지는 병통이 없는 것이다. 따라서 중(中)은
정을 얻음이요, 집(執)은 일을 얻음이다."[39]라고 해석했다. 이처럼 정
(精)과 일(一), 중(中)과 집(執)을 분리하여 해석하는 것은 박세당이 후자
를 중시했기 때문이라는 주장도 있으나[40] 여기서 중(中)은 형이상학적
미발(未發)의 차원보다는 적중한 행동을 뜻하는 것이다.

　박세당은 군왕이 중정의 덕을 닦는 것 이외에도 항상 허물을 개선
하고, 자신의 독선이 아닌 보필하는 신하들의 지혜를 통해 덕을 이루
어야 한다고 본다. 왕의 권위는 하늘에서 주어진 것이기는 하지만,
모든 왕이 총명을 하늘로부터 타고난 것은 아니다. 그러므로 왕의 도
덕적 수양은 대단히 필요하며 좋은 인재의 보좌를 받는 것도 필요하
다. 만약 그렇지 않고 부덕한 행위를 자행할 때에는 왕이 될 수 없는
것이다. 왕은 언제나 백성을 공경하며 그들을 위해 걱정하고 노력해

　　曰中極在其中　曰極中在其中　故經亦無偏無側爲建極之本　雖朱子猶不能捨中正
　　而別爲建極之說……堯舜之允執厥中　湯之建中于民　獨非皇建其有極之事乎."

38 『書經集傳』 序, "精一執中　堯舜禹相授之心法也, 建中建極　商湯周武相傳之心法
　　也."

39 『思辨錄尙書』 大禹謨 15章, "擇之欲其精　守之欲其一　精則無疑亂雜駁之失　一則
　　無侵奪間斷之病　中得之精　執得之一."

40 김종수, 「박세당 사단칠정론과 인심도심설 취급 태도와 '실천(行事)'의 문제」, 『서계
　　박세당의 종합적 검토』, 의정부문화원, 2003, p. 74.

야 한다. 왕도정치의 요체는 왕의 도덕성에 있고, 그 도덕성은 중정의 덕이며 다름 아닌 황극인 것이다.

결국 큰 틀에서는 『집전』과 다르지 않음을 확인할 수 있다. 다만 중정의 덕을 강조한 점에서, 또한 기존의 주석이 노력이 필요 없는 경지를 강조한 반면에 박세당은 군왕의 쉼 없는 노력을 강조한 점에서 차이가 있다. 이것은 왕이라고 해서 아무런 노력 없이 선정을 할 수는 없다는 것으로, 민생에 대한 왕의 보다 적극적인 실천을 요구했던 그의 태도를 나타내는 주석이기도 하다.

3. 민생을 걱정한 민본사상

박세당은 정치의 귀중함은 백성을 기르는 데 있고, 수·화·금·목·토·곡은 백성의 바탕이므로 반드시 그것이 닦아지도록 해야 하며, 정덕(正德)과 이용후생(利用厚生)은 백성의 힘쓰는 것이라고 하였다. 집주가 정덕, 이용, 후생을 위정자들이 베푸는 것으로 해석[41]한 데 비해, 박세당은 백성들이 주체가 되어 힘쓸 바를 말하고 있다. 그는 수(水)를 비롯한 여섯 가지 자원을 물(物; 대상을 의미)이라 해석하고, 이용후생은 사(事; 실천을 의미)라고 분석한다. 이러한 물(物)은 기(器)가 되고, 사(事)는 용(用)으로 실용과 활용의 의미를 가진다. 이는 실용주의적 해석으로 정치란 민생을 위해 구체적으로는 재화를 통용되게 하고, 백성들의 춥고 배고픔의 절절함을 해결하여 잘살 수 있도록 돕는 일이라고 해석한다.[42]

---

41 『書經集傳』大禹謨 7章, "正德者……所以正民之德也 利用者……所以利民之用也……厚生者……所以厚民之生也."

42 『思辨錄尙書』大禹謨 7章, "以物而言則爲水火金木土穀 以事而言則爲利用厚生 彼六者 正所以利用而厚生 欲利用厚生 亦必待六者之修 分而言之者 要以各致其

백성 중심의 사유는 백성을 위한 일이기도 하려니와 군주의 이익이 되기도 한다. 집주에서는 "백성은 나라의 근본이니, 근본이 견고한 뒤에야 나라가 편안하다."[43]라고 하여 국가라는 추상적 존재의 이익을 말하나, 박세당은 군주가 존경받는 길이라며 구체적인 이익으로 해석한다.[44]

민본사상은 천명과 왕도사상의 결론이라고 할 것이다. 그는 하늘의 뜻을 알려면 백성의 뜻을 아는 것이 중요하다고 하며, 백성이 정치의 근본이라고 말한다. 왕의 사명은 무엇보다도 백성을 편하게 하는 안민(安民)에 있고, 그러기 위해서는 인재를 활용할 줄 아는 지인(知人)이 중요하다.

> 고요(皐陶)가 다시 위의 도리가 됨을 말함이니, 오로지 사람을 알고 백성을 편안히 함 이 두 가지일 뿐이다. 대개 임금의 도의 책임은 안민(安民)일 뿐이다. 안민의 근본은 또한 지인(知人)인 까닭이다. 우 임금이 이에 탄식하여 말한 것이다.[45]

천(天)과 민(民)의 관계에 대해 집주에서는 "민심이 있는 곳은 곧 천리(天理)가 있는 것"[46]이라고 한 데 비해, 박세당은 인격성을 배제한 천리보다는 천의(天意)를 더 강조하고 그것이 곧 백성의 뜻이라고 해석한다.

義而已 非有他意也 試就傳之所言 而論之六者 旣修民生 始遂是則然矣 又豈有器用不成 貨財不通 飢寒切身 而民可以遂其生者乎 此固不待多言而可明也."

43 『書經集傳』五子之歌 4章, "且民者 國之本 本固而後 國安."

44 『思辨錄尙書』五子之歌 4章, "爲君者 當親近其民 使民皆愛戴於我 不可視之輕下."

45 『思辨錄尙書』皐陶謨 2章, 太『全書』下, p. 163, 皐陶曰都註 "皐陶復言爲上之道 唯在知人與安民二者而已 盖君道之責安民而已 而安民之本 又在知人故也 禹於是歎息而言."

46 『書經集傳』皐陶謨 7章 "民心所存 卽天理之所在."

하늘의 보고 들음은 오직 백성에게 의탁하고, 그 상선(賞善)과 벌악(罰惡) 또한 오로지 백성의 뜻일 따름이며, 천의와 민심은 상하가 통하는 것이다. 무릇 땅을 두어 임금이 된 자가 덕을 반드시 표창하고 죄를 반드시 벌주는 것은, 위로 하늘에 합당함을 구하고 또한 마땅히 아래로 백성을 살피기 위함이다.[47]

백성을 위해 해야 할 일 가운데 중요한 작업은 역상(曆象)이다. 그가 '요전(堯典)'의 주석을 치밀하게 고증학적으로 분석하여 마치 『상서사변록』의 중심이 역상 등 제도의 확립에 있는 듯한 착각이 들 정도이지만, 실은 그 관심의 핵심은 제도 자체라기보다는 농경사회에서 사시(四時)와 절기의 변화를 파악하여 민생을 돕는 일이라고 할 것이다.

집주에서는 역상에 대해 "역(曆)은 수를 기록하는 책이요, 상(象)은 하늘을 관찰하는 기구"[48]라고 한 데 비해, 박세당은 이를 단순한 책이나 기구로 해석하지 않고 민생을 위해 매우 중요한 것이라 말한다.

흠약호천(欽若昊天)은 하늘의 도를 공경하고 따르는 것이다. 역(曆)은 그 수를 적은 것이며, 상(象)은 그 움직임을 따르는 것이다. 신(辰)은 해와 달의 시기의 차례이다. 일월성신의 운행이 모두 항상 하는 수가 있어 역상(曆象)하여 사계절을 정할 수 있으며, 이로써 사람들에게 베풀어 각각 시기에 맞게 할 바를 알게 한즉 일을 폐할 수 없다. (……) 일을 가리키고 실제를 기록하며 백성에게 농사철을 알려주는 것을 정치의 가장 우선으로 삼았다. 농사철을 알려주려고 한즉 우선 역상(曆象)

---

47 『思辨錄尙書』, 太 『全書』 下, p. 165, 天聰明自我民註 "天之視聽 一寄於民 其賞善罰惡 亦唯民之志已 則天意民心上下通者也. 凡有土而爲君者 欲有德必彰 有罪必戮 求以上合乎天 亦當下察乎民."
48 『書經集傳』 堯典 3章, "所以紀數之書 象所以觀天之器."

을 하고 반드시 존중하고 공경하니 이는 그 덕의 지극함이 된다. 맹자가 왕정(王政)을 논하면서 반드시 먼저 백성의 일을 말한 것이 또한 이 뜻이다.[49]

무일(無逸)을 해석하는 집주에서는 "사민(四民)의 일은 농사보다 수고로운 것이 없고, 생민(生民)의 공은 농사보다 더 성대한 것이 없다."[50]라고 하여 농사의 일을 강조하지만, 박세당은 여기서 더 나아가 정치의 요체가 바로 민생인데 그것은 농업의 수고로움이 근본이라면서 왕은 안일에 빠지지 말고 농사의 수고로움을 경험하여 이민(利民) 할 것을 주장한다.

인주(人主)의 일신에 의탁하는 바가 편안한 것이 됨은 백성이고, 백성이 믿는 바의 생업이 됨은 농사뿐이다. 임금이 다만 그 자신의 안일만 알고 민생의 실제적 곤란을 알지 못하면 반드시 교만하여 백성을 학대한다. 백성이 반역하면 국가는 망한다.[51]

여기서 박세당이 당시 경기도의 실정에 맞는 소농(小農) 위주의 농사서인 『색경(穡經)』을 집필한 저자이기도 하다는 점을 염두에 둘 필요가 있다. 즉 민생의 고통을 함께하고 손수 농사의 고통을 나눌 수 있는 자신이 처한 현실에 바탕을 두고 이루어진 주석이라는 점에 유

---

49 『思辨錄尙書』, 堯典 3章, 太『全書』下, p. 156, "欽若昊天言敬順天之道也 曆紀其數也 象法其運也 辰者日月所會之次也 日月星辰之運行 皆有常數 曆而象之 可以定四時以此授之人 而使各知時之所務 則無廢事也 ○自此以下 始指事紀實 而以授民時 爲政之最先 欲授時則 又先曆象而 又必曰欽曰敬 此其爲德之至也 孟子論王政必先民事亦此意耳."

50 『書經集傳』, 無逸 2章, "四民之事 莫勞於稼穡 生民之功 莫盛於稼穡."

51 『思辨錄尙書』 無逸 2章, 太『全書』下, p. 244, 先知稼穡之艱註 "愚謂人主一身所托而爲逸者民 而已民之所恃而爲生者稼穡而已 人主但知其身之逸而不知民生之實艱 則必驕驕而虐民 民叛而國乃亡."

의해야 할 것이다. 『상서』의 역(曆象)이 농사철을 알려주려고 한 것이기 때문에 이를 존중하고 공경하며, 맹자의 왕정(王政)이 먼저 백성의 일을 말한 것 또한 이 민본의 뜻이라고 해석하여 백성 중심의 사유를 잘 보여주고 있다.

결론

박세당의 『상서사변록』은 소위 『통서(通書)』라고 하는 사서와 삼경에 대한 주석서인 『사변록(思辨錄)』 가운데 한 부분이다. 잘 알려진 대로 그의 주석은 주자학적인 경전 주석에 얽매이지 않고 고증학적 비판을 통해 비교적 자유롭게 경전을 연구한 것이다. 이런 탈주자학적 성격은 당대의 윤휴에게서도 찾아볼 수 있었으며, 이러한 경향은 이후 이익이나 정약용의 탈주자학적 경전 주해에도 영향을 끼쳤다.

박세당은 『상서사변록』에서 기존의 주자나 채침의 집주의 주석을 절대시하거나 맹종하지 않고, 다른 사상가들의 주석서를 광범위하게 참고하여 자신의 의견을 개진했다. 즉 기존의 주석에 바탕하면서 자신의 의견을 정리하는 태도로 나간다. 그리고 그런 태도는 고정관념이나 편견을 넘어서 실증적으로 기존의 주석서를 채집하여 열거하고, 기존의 주석에서 비판할 것은 하고 또 받아들일 것은 받아들이면서 자신의 의견을 첨가하는 형식으로 서술한다.

그럼에도 본시 『상서』의 정신을 읽으려는 그의 노력은 유학의 본래 정신으로 돌아가자는 것이기에 『상서』의 기본 정신인 천명사상과 왕도사상 그리고 민본주의를 강조하며 실학적 사유의 바탕으로 삼고 있음을 알 수 있다. 그의 『상서사변록』에 나타난 천명사상은 기존의 주석에 비해 보다 상제천적이며 권능이 있는 천(天)의 개념을 강조하고 있다. 이는 후일 다산 정약용의 '영명주재지천(靈明主宰之天)'과도 일맥

상통한 것으로, 주자학적 이법천(理法天)에 얽매이지 않고 선진유학의 천관을 표현하는 것이다. 이는 반드시 초월적 신을 의미하는 것은 아니지만 훨씬 인격적 요소가 강조된 것이다.

『상서』의 주요 성신이라고 할 수 있는 왕도사상에서 그는 면학을 필요로 하지 않는 성인보다는 현실적 왕들이 면학과 인재를 필요로 한다고 해석하여 왕을 성인시하는 종래의 입장과 차이를 보이고 있다. 이러한 왕도사상의 핵심은 덕을 닦아야 한다는 것이다. 그 덕의 핵심에 중정(中正)의 가치가 있다. 중정의 가치에 대해 그는 바로 황극(皇極)이라고 할 정도로 중시하고 있다. 이 점은 『상서』 정신의 요체 바로 그것이라고 할 수 있다.

민본사상에 대한 그의 생각은 『상서』의 지리와 치수 제도, 천문 등의 주제들이 실은 모두 농업에 도움을 주는 민생의 이익으로 귀결하는 것이며, 민생을 도모하는 일이야말로 『상서』의 『상서』다운 가치라고 보고 있다.

박세당은 해박한 고증학적 지식을 통해 채전에서 미처 거론하지 못한 것이나 잘못된 것을 수정, 보완하여 기존의 주석을 신성시하는 전통으로부터 벗어났다. 그는 이 밖에도 중국 지리를 비롯한 고증학적인 주석 작업을 전 분야에 걸쳐 상세히 거론했다.

『상서』의 주요 골격인 천명과 왕도 그리고 민본사상을 통해 그가 추구한 가치는 탈권위적, 탈주자학적인 것이다. 주자학에 반대하거나 채침을 무조건 폄하하지 않는다는 점에서 이것을 반(反)주자학이라고 규정할 수는 없다. 단지 주자학적 주해를 우상화하지 않는다는 점에서, 때로는 그로부터 벗어나고 비판을 할 수 있다는 면에서 여타의 사변록과 궤를 함께하는 것이다. 그의 경전 주석은 전통적인 주자학적 틀에 구애받지 않았으며, 때로는 고증학적 전거에 입각하여 『상서』가 강조한 천명과 왕도 그리고 민본정신을 새롭게 보고자 했다.

제5장 박세당의 예학
— 삼년상식(三年上食) 논쟁을 중심으로

　유교 윤리의 가정적, 사회적 기능 중에서 관혼상제(冠婚喪祭)의 의례는 매우 무거운 비중을 차지한다. 그 중에서도 장사(葬事)를 예(禮)로써 치른다는 것이나, 신종추원(愼終追遠)이면 민덕(民德)이 돌아온다는 점에서 더욱 중요시되었다. 예론의 쟁점이 발생한 것도 바로 이 관혼상제 가운데 상례(喪禮) 부분에서였다.

　박세당 당시에는 두 차례에 걸친 상례에 관한 '복상사건(服喪事件)'이 있었다. 1차 기해예송(己亥禮訟; 1659년)은 효종의 장례에 그 계모 자의대비(慈懿大妃)의 복제에 대해 송시열(宋時烈) 등 서인이 기년(朞年; 1년)설을 주장하여 채택되었으나, 이런 과정에서 윤휴 등이 3년 설을 주장하여 논쟁이 발생했다. 2차 갑인예송(甲寅禮訟; 1674년)[1]은 효종비 인선왕후(仁宣王后)의 장례 때 다시 자의대비의 복제를 놓고 논쟁이 있었다. 이때는 서인의 대공설(9개월)이 아닌 남인의 기년설이 선택되었다.

　숙종대에 박세당 본인과 직접 관련된 삼년상식(三年上食)에 대한 예송(禮訟)이 있었는데, 왕가가 아닌 사대부가의 제례에 대해 조정에서 논쟁이 일어났던 것은 흔하지 않은 일이다. 박세당의 위치가 경전 주

---

1 이선자, 「윤휴와 박세당의 예설 검토」, 『동아문화연구』 10집, 한남대학교 인문과학연구소, 2005. 논평문에서 갑인예송은 송시열을 몰아내기 위한 김석주의 사주로 박세당이 참여했다는 지두환 교수의 입장 및 당시 서필원과 가까운 박세당이 김장생의 문인 임의백을 탄핵했다는 주장이 있으나, 필자의 입장은 박세당이 지나친 예송을 부정했다는 점에서 이 입장은 설득력이 없다고 본다.

해에서도 탈주자학적인 면으로 지탄의 대상이 되었을 뿐만 아니라, 박세당 사후 그의 삼년상식에 대한 철폐 지시가 역시 탈주자학적 예학으로 받아들여져 논란이 되었던 것이다.

이런 풍토는 시비의 초섬인 예(禮)를 절대시한 경향에서 온 것이라고 볼 수 있다. 또한 기존의 예에서 한 치도 벗어나지 않으려는 보수적 태도와 그것을 새롭게 해석하려는 사고방식 사이의 갈등이라고도 볼 수 있을 것이다.

예(禮)의 명분론에 입각한 차별적 사회 질서 의식이 내재되어 있고, 그것을 고정적 고착화로 보는 것으로부터 벗어나고자 했던 박세당의 전반적 사상으로 인해 의례관(儀禮觀)에서도 탈주자학적이며 동시에 실학적인 사고가 내재되어 있었다.

1. 박세당 이전의 삼년상식 폐지 논쟁

박세당의 삼년상식(三年上食) 폐지 유언은 조정에서 예에 관한 논쟁에 불을 지폈다. 삼년상식의 폐지 유언은 이 삼년상식이 고례(古禮)에 없다는 것에서 출발한다. 이 문제는 박세당 이전에도 이미 고례에 "졸곡(卒哭) 이후에는 상식하지 않는다."는 구절이 있음을 지적하고 있었다. 그렇지만 『주자가례(朱子家禮)』에 상식을 폐지한다는 구절이 없었기 때문에 유지되었고 해롭지 않은 절차로 인정되고 있었다.

박세당의 삼년상식 폐지와 무관하게 이미 숙종 1년 왕실의 상례에서 삼년상식에 대해 허목(許穆; 1595~1882)은 반곡(反哭)하면 조석곡(朝夕哭)만 하고 전(奠)하지 않는다고 말하면서, 조석상식이 아니라 초하루 보름(朔望)에만 하는 것이 예라고 하였다.

예에 전(奠)은 있으나 상식(上食)은 없으니, 시사전(始死奠)·소렴전(小

殯奠)·대렴전(大斂奠)·조석전(朝夕奠)이 있고, 삭월(朔月)에 서직(黍稷)을 올리는데, 『상대기보(喪大記補)』에 이르기를 "삭월·월반(月半)에 은전(殷奠)한다." 하였습니다. (……) 사람이 살면 아침저녁을 항상 먹으며, 죽으면 삭월·월반의 은전이 있고, 대상(大祥)을 지내면 사시(四時)의 제사가 있으니, 예제에는 절도가 있고 융쇄(隆殺)에는 점차로 하는 것이 있습니다. 묘문을 여는 예에서는 이미 곡(哭)을 그쳤는데, 상식하면서 오히려 곡을 한다면 이는 항상 곡이 있는 것과 같고, 또 슬픔이 지극하면 곡하는 것은 초상과 같으므로 슬픔을 점차 줄여가는(漸殺) 절도가 아니니, 예는 실속을 귀하게 여기고 겉이 아님을 의심할 바가 아닙니다.[2]

이미 졸곡을 했는데 3년 동안 상식을 하면서 곡을 하는 것은 정당한 곡이 아니며, 슬픔을 초상과 같이 유지하는 것도 절도 있는 예가 아니기 때문에 실속을 중시하지 않는 형식적인 의례가 삼년상식의 예라고 비판했던 것이다. 물론 이는 삼년상 자체를 폐지하는 것이 아니라 초하루 보름에만 상식하는 것이었다.

허목은 이어지는 글에서 "퇴계(退溪) 이황(李滉)의 말을 인용하여 예의를 상세히 보건대, 졸곡하면 점차로 길례(吉禮)를 쓰고, 조석 사이에 슬픔이 지극하여도 곡하지 않으나 오히려 조석곡은 존속하다가, 연제(練祭)를 지내고서 조석곡을 그치고 초하루 보름에만 회곡(會哭)하니, 슬픔을 점차 줄이고 곡도 점차 줄이는 것이다. 만약 조석의 상식에만 곡한다면 초하루 보름에 회곡한다고 말하지 않을 것이다."라고 하였다.[3]

---

2 『肅宗實錄』卷3, 숙종 1년 3월 정해일, 38冊, p. 257, "禮有奠而無上食……非衰殺之節 禮貴實無貌 非所疑也."
3 『肅宗實錄』卷3, 숙종 1년 3월 정해일, 38冊, p. 257, "先儒臣李滉曰……朝夕上食哭 不應曰朔望會哭."

이처럼 삼년상식이 고례(古禮) 등의 예학에 근거를 둔 보편적인 것이 아니라는 지적은 이미 박세당의 유언 이전에 3년간 조석상식이 고례에 없었다는 허목의 주장에서 보인다. 이러한 허목의 삼년상식 폐지 의견에 대해 반박이 따랐다. 고례에는 없었더라도 송나라 시대부터 여러 선비들에 의해 정착되었고, 주자가 이를 해롭다고 보지 않았으며, 이미 우리나라의 풍속이 되어 통행되고 있는 제도이므로 받아들여야 한다는 것이다. 덧붙여 예학의 권위자인 사계(沙溪) 김장생(金長生)에 의해 확립된 이런 예법에 대해, 개인적으로 송시열과 사이가 나빴던 허목이 고례를 핑계 삼아 3년 조석상식을 부정했다는 비판도 나왔다.

이처럼 숙종 1년에 삼년상식에 대한 예송이 이미 있었다. 고례에 없는 것이며 퇴계 이황도 이를 예법이 아니라고 주장했다는 입장과, 고례에 없더라도 주자를 비롯한 송나라 유학자들이 조석의 상식을 했고 근래에 모두가 다 행하는 풍속이며 사계 김장생을 비롯한 선현들도 이를 부정하지 않았다는 입장 사이의 논쟁이 당시의 쟁점이었다.

2. 박세당의 삼년상식 폐지론

주자학적 예학으로부터 벗어나려는 박세당의 실질 정신을 잘 말해주는 것이 삼년상식 폐지에 대한 그의 유언이라고 할 수 있다. 당시 삼년상식은 국가적으로 법제와 같은 규범으로 정착되어 일반 가정의 상제례 규범이 되는데, 박세당은 고례에 없는 절차임을 지적했다. 그는 이러한 풍속이 고례나 『주자가례』에 명백한 근거 없이 통용되고, 또 일종의 법적 기능을 하는 것에 부정적이었다.

더구나 제례는 법이 아닌 개인가의 의례인 만큼 그는 자녀들에게 삼년상식을 하지 말도록 권유하고, 생업에 방해받지 않는 예(禮)의 적용을 주장했다. 이 근거로 고례에는 없었다는 주장을 펼친다. 그것이 『주자가례』에도 불분명하고 고례에도 없는 것이므로 삼년상식은 정당한 제사 절차가 아니라는 것이다.

> 사람이 죽음에 삼년상식은 예가 아니다. 고례에는 없었다. 언제부터 시작되었는지 모르겠다. 주자께서 장제는 후히 하라 하여 『가례』에 있는 고로 그 후 사대부가에서 다들 추종하였으나, 선배 호례가에게도 그 불안하다는 말을 들었다. 그러나 고례를 좇고 회옹(주자)의 설을 좇지 아니하는 사람은 한두 사람에 불과하였다.[4]

이 유언을 수행한 자손들은 조정에서 비판의 대상이 되었다. 정언(正言) 김만근은 삼년상식을 폐지한 박세당의 유언을 비판하고, '제사를 폐한 죄'를 바로잡기를 건의하였다. 즉 삼년상식은 죽은 이를 산 사람처럼 섬기는 인정의 발로이고 오랜 풍속이라며 이를 폐지하라는 박세당의 유언을 비난하고 있다.[5]

한 가정에서 일어난 일이 고발되는 상황에 이른 것을 볼 때, 삼년상식에 관한 해석이 예의 근거를 지금 시행되는 풍속에 따라야 한다는 견해와 예의 근거는 고례여야 하기 때문에 현행의 풍속에 얽매일 필요가 없다는 견해가 맞선 숙종 원년 예송의 재판(再版)이 된 것이다.

따라서 박세당의 입장은 허목과 같음을 알 수 있다. 그는 고례에도 옛적에는 없었던 절차가 언제부터 시작되었는지 모르고, 주자가 장

---

4 太『全書』下,「戒子孫文」18面, "人死而三年上食 非禮 古則無此 不知始於何時 而朱子以爲葬祭 宜從厚而著之家禮故 其後士大夫之遭喪者 無不爲之 然嘗聞先 輩好禮之家 深覺其不安 能從古禮 不用晦翁之說者 亦有一二."
5 『肅宗實錄』卷39, 숙종 30년 갑신 6월, 무술, 40冊, p. 93, "……以此見之三年上食 ……改喪制以爲世道害者."

제(葬祭)는 후히 하라 하여 『가례』에 있기 때문에 당시 사대부가에서 추종하였을 뿐이라고 하며, 이미 장사하고 졸곡(卒哭)에 정설(正設)의 전(奠)을 철폐하면 흉례(凶禮)인 상례는 마무리되고 길례(吉禮)인 제례로 바뀌는데, 흉례가 3년 동안 이어지면 흉례와 길례가 뒤죽박죽되어 이는 정당한 절차가 아니라고 하였다.

고례에 없을 뿐만 아니라 죽은 자도 감응하지 않는 의례에 굳이 집착할 필요가 없다는 주장을 강하게 하면서, 박세당은 이것이 몰고 올 풍파를 예견하면서도 세론에 연연하지 말 것을 당부했다. 그는 타인의 눈길 때문에 삼년상식을 하는 것은 매우 잘못이므로 설령 세상 사람들의 비난이 있더라도 반드시 폐지하라고 당부한다.

다른 사람들이 이상하게 생각하더라도 흔들리지 말 것이며, '득죄어중(得罪於衆)' 하더라도 어기지 말고 자신만이 아니라 대대로 계승하여 가문의 제도로 삼으라고 한다.[6] 이 삼년상식 폐지에 대해 당시 조정에서는 한 가문의 일이 아닌 국가적 논쟁으로 비화시켰음은 물론이다.

하지만 박세당의 삼년상식 폐지가 고례에 근거한다는 것에 대해 당시 학자들도 그것을 부정하지 못했다. 민진후(閔鎭厚; 1659~1720)는 박세당을 비판하면서도 진시황의 분서(焚書)로 인해 고례가 많이 실전되어버렸기 때문에 고례에서 삼년상식의 근거를 찾을 수 없다고 인정했으며, 『의례』 정현의 주석에도 졸곡이 지나면 상식하지 않는다는 글이 있고, 주자도 모친상에 조석상식을 하지 않았음을 부정하지 못했다. 다만 주자나 이황, 김장생 등의 현학들이 후할수록 좋다고 했으며, 현재 시행되고 있는 전통을 박세당과 그 문도들이 파괴하여 풍속을 어지럽힌다는 논리로 대응했다.

---

6 太『全書』上, p. 4.

진화(秦火)한 이래로 고례가 많이 실전된 까닭에 선유(先儒)의 주해와 논변이 간책(簡冊)에 넘치지만, 요컨대 그 귀결은 반드시 후한 데 따르는 것을 위주로 하고 있습니다. 졸곡이 지나면 궤식(饋食)하지 않는다는 글이 『의례』의 정주(鄭註)에 보이고, 주자의 한천(寒泉)의 일 또한 자세히 알 수 없는 것이 있으나, 주자가 이미 말하기를 "지금 세상에서 현재 시행하는 예절을 후하게 하는 것이 해가 될 것이 없다"고 했으니, 또 참람한 혐의가 없다면 이것은 바꿀 수 없는 정론(定論)이 되는 것입니다.[7]

조정에서 논해지는 이런 글은 고례에 삼년상식에 관한 규정이 없고 오히려 졸곡 후에는 상식하지 않는다는 것에 대해 단지 세상에서 행해지고 있으며, 예는 후할수록 좋고 해가 되지 않는다는 주자의 말에 근거를 둔다. 말하자면 전거는 불확실하지만 세상에서 행해지는 것을 폐지할 이유가 없다는 논리이면서, 동시에 오랜 관행에서 벗어나려 하는 탈주자학적 경향의 박세당에 대한 강한 경계심이 들어 있다.

반론의 이론으로 고례에서 찾을 수 없는 삼년상식의 다른 근거를 찾아야 하는데, 당시 삼년상식의 폐지를 비판하는 이론들은 고례나 다른 문헌적 근거가 약함을 알 수 있다. 이에 비해 박세당의 입장을 옹호하는 홍우행(洪禹行) 등은 고례에서 삼년상식이 없음을 명백하게 말하고 있다.

---

7 『肅宗實錄』 卷40, 숙종 30년 9월 무신일, 40冊, p. 106, "自秦火以來……則此爲不易之定論."

3. 박세당 사후의 삼년상식 폐지 논쟁

삼년상식 폐지의 유언을 실행했던 박세당의 자손들이 공격받는 상황에서 박세당의 문도들은 이에 대해 강력하게 항의하고, 그의 유언은 예서에 근거한 것이며 또 한 가정에서 선택할 수 있는 것인데도 마치 국법을 어긴 양 죄를 주려 하는 것은 예(禮)의 가변성을 부인하고 절대화하려는 부당한 조치라고 항의한다.

졸곡하고 휘(諱)함은 살아서 모시는 일이 끝나고 귀신을 섬기는 일이 시작된다는 『예기(禮記)』의 글과, 하실(下室)에서 다시 음식을 올리지 않는다고 말한 한(漢)나라 유신 정현의 주해가 명백한 근거로 등장했던 것이다. 3년의 조석상식으로 이미 돌아가신 분을 살아 계신 분으로 모시는 것은 예법이 아님을 분명히 하고 있다.

박세당의 문인들은 이것이 또한 『주자가례』를 벗어나는 게 아니라고 주장했다. 주자가 모친상에 삼년상식을 하지 않고 초하루 보름의 상식을 했으며, 구체적으로 조석상식의 규정이 없다는 것이다.

> 주자가 지은 『가례』에 여러 글과 번쇄한 구절(彌文瑣節)이 모두 자세히 갖추어졌으나, 유독 영침·상식(上食) 등 절목에서는 그 시작만 들고 마침은 말하지 않았으니 진실로 의심할 만한 것이 있습니다……. 주자가 그 어머니의 상을 당하여 늘 한천정사에 거처하고 초하루 보름에만 돌아가 궤연(几筵)에 전(奠)을 드렸는데, 한천은 무덤이 있는 곳이니 이는 대개 장사 지낸 뒤 이미 조석상식의 일이 없기 때문에 그 여묘(廬墓)의 예절을 펼 수가 있고, 초하루 보름에는 은전(殷奠)이 있기 때문에 와서 궤연에 참례한 것입니다.[8]

---

8 『肅宗實錄』 卷40, 숙종 30년 8월 정유일, 40冊, p. 103, "朱子著 『家禮』……而朔望 則有殷奠 故來參几筵也."

252

여기서 주목할 것은 3년의 조석상식이 삼년상을 폐지한다거나 시묘를 폐지하는 것이 아니라 주자의 모친상에서도 초하루 보름의 상식이 있을 뿐 조석상식이 없었다는 것이며, 예학의 권위자인 김장생의 경우도 조석상식을 확실히 이야기하지 않았다고 하는 점이다.

> 문원공 김장생이 말하기를 "장사 지낸 뒤 아침저녁의 상식을 그만두어야 할지 말아야 할지 조금 의심스러움이 있다."고 하였습니다.[9]

다만 김장생의 경우는 조석의 궤식을 고례에는 마땅히 그만두어야 하나, 풍속에 따르고 후한 데 따름이 해로울 것이 없음을 이른 것으로 조석상식이 해롭지 않았다고 말했기 때문에 이를 필수적인 격식으로 풀이해서는 안 된다고 하였다. 송대의 주자를 비롯한 퇴계 이황이나 사계 김장생의 입장 등과 반하지 않음을 항변했던 것이다.

3년의 조석상식은 고례에도, 『주자가례』에도 없는 것인데도 그러한 풍속이 당시 사대부가에 널리 시행되었던 것을 당대의 예학자들은 나쁘지 않다고 평가했는데, 이를 강제하는 것은 예(禮)의 본질이 아니라는 것이다.

> 설사 근거할 만한 글이 있다 하더라도 조금 어기거나 달리하는 자가 있다 하여 어찌 사람마다 모두 죄줄 수 있는 것입니까? 진실로 그렇다면 예는 예가 아니고 바로 (강제적) 율문(律文)인 것입니다.[10]

예는 강제적인 법이 아니라는 게 박세당 문인들의 입장이었다. 설

---

9 『肅宗實錄』 卷40, 숙종 30년 8월 정유일, 40冊, p. 103, "文元公 金長生之言曰……尋常有疑."
10 『肅宗實錄』 卷40, 숙종 30년 8월 정유일, 40冊, p. 103, "設有可據之文……苟然則禮非禮也 乃律文也."

사 예서에 삼년상식의 규정이 있다 하더라도 그 예를 지키지 않았다고 죄인 취급을 하는 것은 예가 아닌 법이라는 것이다. 더구나 가례(家禮)는 국법이 아닌 한 집안의 예인데, 아버지가 아들에게 유언한 것을 시비하여 마치 국법을 어긴 것처럼 취급하는 것은 부당하다고 주장한다. 고례에도, 『주자가례』에도 전거를 찾을 수 없는 것을 강제하는 것도 문제려니와, 아버지의 유언을 실천하려는 아들을 벌주려 하는 것도 이치에 맞지 않다고 항변했다.

> 하물며 이 음식 올리는 것을 철폐하는 철궤(撤饋)는 다만 한 집안의 일이며, 또 의거할 만한 국전(國典)이 없는데 억지로 시왕의 제도를 어겼다 하여 예전(禮典) 외에 따로 금조(禁條)를 제정하니, 아! 이것이 과연 여러 사람(群情)을 기꺼이 복종하게 할 수 있겠습니까? 지금 죄를 청하는 뜻이 그 명령을 남긴 자를 죄주려고 하는 것이라면, 고례에 따른 것이 과연 무슨 죄가 있다는 것입니까? 그 자손으로서 봉행한 자를 죄주려고 하는 것이라면, 이는 아비의 명령에 따른 것을 죄로 삼는 것입니다.[11]

이러한 항변에 대해 당시 숙종은 3년 조석상식을 폐지하고 통행하는 예법을 어기는 것은 해괴한 것이라 하더라도, 이것은 한 집안의 일이므로 풍속을 해친다고는 할 수 없다고 평가했다.[12]

이처럼 삼년상식 폐지를 유언한 박세당의 입장을 지지하는 문인들의 상소문에서 삼년상식은 고례나 『주자가례』에서 전거를 찾을 수 없는 예법이며, 단지 근거를 찾는다면 장례를 후하게 하는 것이 해롭

---

11 『肅宗實錄』 卷40, 숙종 30년 8월 정유일, 40冊, p. 103, "況此撤饋……則是以遵父命爲罪也."

12 『肅宗實錄』 卷39, 숙종 30년 7월 무오일, 40冊, p. 97, "但此是渠之一家事 豈至於害及風俗."

지 않다는 선인들의 말과 우리나라에서 통상 행해졌던 관습에 의거한 것이라는 주장을 찾을 수 있다. 고례에도 확실치 않은 삼년상식의 의례를 한 가정의 제사에 대해 강제할 근거는 없으며, 만약 강제한다면 그것은 진정한 예가 아니라는 요지이다.

4. 박세당의 유교 의례관

1) 삼년상식 폐지론에서 본 박세당의 의례관

박세당이 자손들에게 유언한 삼년상식 폐지는 많은 논란을 일으키고 많은 비판을 받았으며, 그로 인해 자손들은 고통을 받았다. 이러한 반응들을 예상했으면서도 박세당이 이러한 주장을 한 것은 그가 진실의 기준을 변화하는 여론에 두기보다는 진실에 대한 그 자신만의 집요한 소신에 두고 있었음을 말해준다.

박세당은 어떤 진실이 다른 사람들의 평가에 의해 정해질 때 그러한 평가가 정당한 경우에야 상관없지만, 잘못된 평가일 경우는 그것에 구애받을 필요가 없다는 대단히 주체적인 가치관을 피력하였다. 삼년상식을 그만두게 한 점에서뿐만 아니라 군자와 소인의 규정에서도 마찬가지였다.

그는 선과 악, 기쁨과 슬픔, 좋아하고 싫어함, 옳고 그름을 가지고 서로 다투는데 이러한 것들은 상대적인 것들이지 절대적일 수 없다고 본다. 따라서 군자와 소인에 대한 평가도 결국 자신이 좋아하는 사람을 군자라 하고, 싫어하는 사람을 소인이라 함으로써 특정한 기준이 없다는 것이다. 즉 타인의 평가에 의해 선악과 시비가 결정될 수 없으므로 그것에 좌우될 필요가 없으며, 오로지 자신의 판단에 의해 결정할 것임을 말하고 있다.

이러한 점은 두말할 나위도 없이 그가 전통을 맹목적으로 고수하는 명분론보다는 현실에 맞추어 진실을 추구하려는 실용과 실천을 중시하는 인물임을 잘 표현해주고 있다. 그가 주자학의 절대주의로부터 자유로운 실질의 가치를 강조하는 데에는 이러한 정신이 깔려 있다. 그의 만년을 괴롭힌 이경석 비문 사건으로 비판자들의 질타를 받자 "착하지 않은 자가 미워하는 것이야 군자에게 무슨 병이 되겠는가?"[13]라고 응대하는 데서도 이를 찾아볼 수 있다.

그러나 박세당의 진정성은 타인의 평가를 두려워하지 않는 이런 소신이 아니라, 지나치게 경직화되고 형식화되는 의례가 바람직하지 않기 때문에 실질의 정신을 회복해야 된다는 문질빈빈(文質彬彬)에 있다고 보아야 할 것이다.

2) 고례의 존중

박세당은 탈주자학적 경향을 가졌지만, 기존의 유교사상이나 의례가 단순한 가례만이 아니라 종묘사직의 의례로 나라를 다스리는 중요한 의미를 가졌다고 하여 존중한다.

> 효(郊; 하늘에 제사 지내는 것)·사(社; 땅에 제사 지내는 것)에 미쳐서 사람을 섬김을 안다면 하늘을 섬기는 일을 알 수 있다. 하늘을 섬기는 일에 그 도리를 다할 수 있다면 나라를 다스리는 것이 어찌 어렵겠는가? 하물며 소목(昭穆)·귀천(貴賤)·현불초(賢不肖)·장유(長幼)가 각각 그 차례를 얻지 않는 것이 없어 은혜가 아래에 미칠 수 있다면, 나라를 다스리는 도는 이미 갖추어진 것이다.[14]

---

13 太『全書』上, pp. 162~163, 卷8, 雜記「效愛惡箴」 "人謂子君子 子爲君子人矣 子安得無喜乎! 人謂子小人 子爲小人人矣 子安得無憂乎! 子爲人獨無人之情乎!……人有好惡是非交爭 吾且從而一爲憂 一爲喜 以爲不智故不爲也."

14 『思辨錄中庸』太『全書』下, p. 35, "此總結上三節 回言宗廟之禮 幷及郊社 知事人則 可以知事天 事人天 能盡其道 其於治國 又何難乎 況昭穆貴賤賢不肖長幼

인간과 인간의 관계를 통해 사회 기강을 유지하는 유교적 질서를 위해 수행하는 일은 소위 사회 기강을 위한 위계질서 유지에 도움을 주는 것으로 받아들이고 있어 그가 유교적 의례를 존중하는 태도에 바탕을 두고 있음을 알 수 있다. 이러한 예를 중시하는 것이야말로 문치(文治)를 존중하는 유교 문화다운 것임을 천명하고 있다.

> 덕과 예는 자기 몸이 닦여지는 것인데, 몸소 실행하고 감화되는 효과가 없음은 백성이 법을 두려워할 줄은 알되 자신의 착하지 못한 것을 수치로 생각하지 않기 때문이다. 몸소 실행하며 감화되는 효과가 있음은 백성이 착하지 못한 것을 수치로 알아 능히 바르게 된다. 덕으로써 '인도'하면 수치를 깨닫고, 예로써 '정제'하면 바르게 되는 것이다.[15]

유교 의례는 법률과 형벌로 다스리는 것이 아니라, 사람들 스스로 성찰을 통해 국가 질서를 유지하려는 문화적 교양을 중시하는 데에서 나온 것임을 말해주고 있다. 다시 말해 예를 일종의 법률화하는 주자학적 절대주의에 대해서는 유교 본연의 모습이라기보다는 법제화, 강제화됨으로써 본래 예의 정신을 상실할 것에 대해 우려했다.

더구나 이러한 예에 관한 논쟁이 붕당 간의 이해타산과 얽혀 서로의 명분을 강화하는 예송(禮訟)으로 이용되는 것에 대해 부정적으로 생각했다. 당시 예송은 상복에 관한 규정이 고례에 문헌적 근거로 나와 있지 않기 때문이라고 그는 파악했다. 논쟁의 두 입장이 어느 쪽도 허용될 수 있어 상소문 사이에 차이가 있었다는 것이다.[16]

無不各得其序而恩足 以逮下則 治國之道已備矣."

15 『思辨錄論語』「爲政」太『全書』下, p. 4, "德禮修之己 無躬行觀感之效 所以民知畏法 而不恥不善 有躬行觀感之效 所以民恥不善而克由夫正 以德則有恥 以禮則能格."

16 太『全書』上, 卷7, p. 136, 「辨論」"禮訟辯古禮 旣無正文 傳疏間有異同 一時之禮酌 可以行用甲用乙 無所不可."

1674년 2차 예송 때에는 며느리인 효종비 인선왕후의 상례에 시어머니였던 조 대비가 입을 복제를 두고 논쟁이 일어났다. 이 논의의 핵심은 인선왕후가 장자부(長子婦)인가 중자부(衆子婦)인가의 문제였다. 박세당은 자부의 복제는 고례[17]인 『의례』는 물론이고 『경국대전』에서도 복식이 달리 규정되었음을 확인했다. 그는 홍문관에 글을 보내어 효종의 상례에 조 대비가 이미 중자(衆子)를 위한 기년복을 입었으므로, 효종비에 대해서도 중자부복(衆子婦服)에 해당하는 대공복(大功服)을 입어야 한다고 제의했다.[18] 1차 예송에서는 장자(長子)와 중자(衆子)에 대한 복제의 구별이 없었기 때문에 아무래도 상관없었지만, 2차 예송 때는 『의례』에 근거하여 대공복을 주장한 것이다.

박세당은 서인에 속했고, 남인 계열의 예학은 고례의 전통, 즉 예(禮)의 원리와 적용에서 신분의 존비와 지위의 고하를 분별하는 전통을 유지했다는 평가는 보편적인 분석이라고 할 수 없다. 박세당은 서인에 속하면서도 고례를 중시했고, 이것은 당시 집권 세력인 서인들 간의 논쟁이었다는 점에서 종래의 분석 범주에 들어가지 않으며, 탈주자학적 예학이라고 할 수 있기 때문이다.

유교 의례의 정신은 개인에게나 사회 질서를 위해 대단히 중요하지만, 주자학적 의례는 너무 강제화, 법률화되어감으로써 허례허식이나 공리공론적인 양상으로 나아갔기 때문에 박세당은 예의 기준을

---

17 고례(古禮)의 근거는 삼례(三禮)인 『주례(周禮)』, 『의례(儀禮)』 그리고 『예기(禮記)』에 체계적으로 정리되어 있다. 특히 주례는 주대(周代) 국가 체계의 모범으로 정치, 경제, 법률, 예(禮) 등 거의 모든 분야에서 전거가 되었다.

18 『顯宗改修實錄』 卷27, 15년 2월 임술일. "애당초 기해년에 상복을 1년복으로 결정할 때 여러 대신들과 송시열 등이 모두 실례를 들어 나라의 제도를 제의했지만, 송시열의 의견은 가의의 주석을 네 가지 설을 주장하지 않은 것은 아니었다. 이번에 예조에서 애당초 나라의 제도에 맏며느리는 1년복을 입는다는 것으로 작정해 들여보냈을 때 조정의 관리들이 처음에는 딴 의견이 없었다. 박세당이 송시열의 의견과 거리가 멀다는 것으로 홍문관에 편지를 내어 지차(之次)며느리의 상복을 입어야 한다고 하였다."

고례를 중심으로 하고자 했으며, 또한 당파적 입장으로부터 벗어나려 했다.

3) 문질(文質)의 조화와 실학의 추구

원시유교의 예(禮)는 악(樂)과 더불어 중요한 의의를 갖는다. "흔히 예라는 말을 쓰는데, 예란 세상 사람들이 말하는 것처럼 예물(禮物)로 사용하는 옥이나 비단 같은 것일까?"[19] 공자는 이를 부정하면서 예의 근본은 마음으로부터의 공경 속에 있는 것이므로, 그 공경심을 떠나서는 생각할 수 없다고 한다. 형식과 절차에 연연하는 외면적 예가 아니라 공경과 정성의 마음으로 찬 내면적인 예를 다함이 보다 더 예에 가깝다고 보았던 것이다.

주자 또한 예(禮)를 천리(天理)의 절문(節文)이요, 인사(人事)의 의칙(儀則)이라고 했다. 절문은 예의 내면적 내용을 표현한 것이고, 의칙이란 외면적 형식을 표현한 것이다. 그리고 내용과 형식은 조화되어야 한다고 보므로 주자의 예학은 맹자와 정이천의 내면적 예를 계승하는 한편, 형식을 중시하는 순자(荀子)와 사마광(司馬光)의 입장도 함께 수용한다.[20]

박세당은 이러한 유교 전통과 주자학의 본질에서 벗어나 자신의 시대가 예(禮)의 내용보다는 형식에 치우치고 있었던 것에 대해, 내용과 형식의 조화가 바람직하며 어느 한쪽에 편향되어서는 안 된다고 보았다. 그는 『논어(論語)』의 주석에서 "예악의 진실은 옥(玉)이나 비단 혹은 종이나 북(鍾鼓) 사이에 있지 않다. 그 본질(實)을 다하고 형식(文)이 있는 것을 빈빈(彬彬)이라 한다. 형식이 갖추어졌는데 본질을 잃음은, 본질을 두고 형식을 잃은 것만 같지 못하다."[21]라고 하였다. 즉

---

19 『論語集註』「陽貨」 "子曰禮云禮云 玉帛云乎哉!"
20 孔泳立, 「朱子의 윤리사상의 본질 연구」, 성균관대학교 박사학위논문, 1986 참조.

예악의 실상은 옥백이나 종이나 북 사이에 있는 것이 아니라는 말이다. 그 실상을 다하고 문채(文)로써 이것에 맞추면 곧 빛나는 것이 된다. 만일 문채만 갖추고 실상이 없다면 애당초 실상은 있고 문채가 없는 것만 못할 것이다. '사치하기보다 차라리 검소하라'는 것이니 그 근본을 얻기 위한 것이기 때문이다. 이처럼 예(禮)의 형식보다는 본질의 구현을 중시한다. 예악의 실질은 형식이 아닌 어진 마음임을 그는 강조하고 있다.[22] 형식에 치우친 것을 바로잡아 균형을 이루어야 한다는 것이다.

그가 다른 학자들과 달리 노장철학에 관심을 가지고 있었던 점도 예(禮)의 내용을 버리고 입법화되어가는 주자학적 형식주의에 대한 반발임과 동시에, 실질 추구의 사상을 반영한 것으로 볼 수 있다. "꾸밈(文)이 성하면 실질이 쇠퇴해져 형벌이 많아진다."[23]는 말은 문질빈빈(文質彬彬)이라는 형식과 실질의 조화를 이상으로 여겼던 그의 입장을 대변하는 대목이다.

박세당은 예송에서 3년복과 1년복의 차이가 도대체 예(禮)의 본질을 구현하는 데 무슨 의미가 있냐고 물었다. 두 입장이 모두 정당한 근거를 가졌으므로 분쟁의 소재가 애당초 될 수 없다는 것이다.[24] 두

---

21 『思辨錄論語』「陽貨」, 太『全書』下, p. 61, 子曰禮云註 "禮樂之實 不在玉帛鍾鼓之間也 盡其實而文稱之則斯爲彬彬矣 如文備而實喪 初不如實存而文去." p. 61, 朴世堂의 註 "言禮樂之實 不在玉帛鐘鼓之間也 盡其實而文 稱之則斯爲彬彬矣 如文備而實喪 初不如實存而文去 此夫子所以謂與奢寧儉 爲得其本也."

22 『思辨錄論語』「八佾」太『全書』下, p. 7, "子曰 人而不仁 如禮何 人而不仁如樂何"에 대한 朴世堂의 註 "仁者 禮樂之實 無實則不成禮樂."

23 『新註道德經』太『全書』上, p. 478, 38章, 上德不德註 "文勝質衰 而刑辟多."

24 『顯宗實錄』卷1, 즉위년 5월 을축일. "예조에서 또 제기하기를 '자의왕대비(慈懿王大妃)가 돌아가신 임금을 위해 입어야 할 상복제도는 『오례의(五禮儀)』에 쓰여 있지 않습니다. 혹은 말하기를 3년복을 입어야 한다고 하는가 하면, 혹은 말하기를 1년복을 입으면 된다고도 하지만 이렇다 할 근거가 없습니다. 대신들의 논의에 붙이기 바랍니다."라고 하고 있으니 어떤 규정이 있지 않았음을 알 수 있다. 李迎春, 「服制禮訟과 政局變動」, 『國史館論叢』, 국사편찬위원회, 1991. 1차 예송은 장·중자설(長·衆子說)을 모두 버리고 『경국대전(經國大典)』과 『대명률(大明律)』을 근거로 한 이른

의견이 모두 차장자(次長子)인 것이 분명하므로 복제를 가지고 물고 늘어지는 일은 문제가 있음을 지적한다.

> 갑이 차장자(次長子)라고 말하고, 을도 또한 차장자라고 한다. 그러나 갑의 설은 차장자는 마땅히 1년을 입어야 한다고 한다. 비록 1년, 3년 설이 같지 않지만 그 차장자는 진실인즉 마침내 바꿀 수 없는 것이다. 이는 똑같은 설이다. 특히 복제의 차이로써 두 설을 깨뜨릴 수 없는데 싸움이 분분하고 서로 배격하고 있으니 이상한 일이다.[25]

상복의 착용에 있어 1년복인가 3년복인가가 우리나라 예송의 핵심이었다. 즉 논쟁의 핵심은 효종이 큰아들인가 둘째아들인가 하는 것인데, 박세당은 그들의 주장이 효종이 차장자라는 점에서 일치하는 것을 지적하며 이미 효종이라고 하는 왕의 명분과 상징성은 더 이상 거론할 필요가 없는 권위로 보았다. 사실상 장자로서의 실질이 시비의 초점이 아닌 역사적 사실이었다는 점이다. 그런데 당쟁의 쟁점이 되어버린 것은 그 실질이 아닌 문에 치우친 형식에 그치고 있음을 지적하는 것이다. 즉 문(복제의 형식)을 통해 결코 본질이 더 훼손될 수 없으며, 이는 형식 위주의 예송이라고 비판한 것이다.

> 하물며 우리 인조에게 있어 효종은 문왕에게 무왕이 있는 것과 같다. 무왕이 문왕의 큰아들이 아님은 어린아이도 안다. (……) 무왕이 돌아 가셨을 적에 큰형이 상존했다면 그 무왕을 위하여 반드시 3년복을 입

바 국제기년복(國制朞年服)을 채택했는데, 이는 효종의 장·중자(長·衆子)의 지위를 구분하지 않은 점에서 편리하고도 절충적인 조치였다. 그러나 이때 장·중자의 위상을 명백히 판별하지 못했기 때문에 또 2차 예송이 나왔다는 주장을 하고 있다.

25 太『全書』上, 卷7, p. 16, 「辨論」禮訟辨 "甲亦曰次長子 乙亦曰次長子 然而甲之說曰 次長子當服朞年 雖朞三年之不同 其爲次長子實則終不可易矣 同是一說 特以制服之間 而破以爲兩說 爭之紛紛 相排擊不已 吁其異矣."

었을까, 그렇지 않았을까? 모두 알 수 없다. 그러나 그 복을 입지 않았음이 무왕의 위신을 떨어뜨렸을까? 그 복이란 빛남에 보탬이 되는 것인가? 이때를 당하여 또한 종통(宗統)이 불명해지는 설이 있게 할 수 있는가?[26]

어떤 문(복제의 절차)을 통해서도 질(왕의 위신과 격)을 떨어뜨릴 수 없으니 크게 복제에 구애받을 필요가 없다는 실용주의적 관점을 읽을 수 있으며, 동시에 진정한 예(禮)의 정신은 명분과 사실, 형식과 실질이 조화이지 실질을 감안하지 않는 형식 논쟁이 되어서는 안 됨을 주장하고 있다.

결론

박세당의 유교 의례관에 대해 궁중 내에서 벌어졌던 복상 문제와 그의 가정에서 행해졌던 삼년상식의 폐지가 그의 사후 궁중 내의 의례 논쟁을 불러일으켰다.

복제 문제에 대해 박세당은 의례의 정신은 내용과 형식의 조화인데, 복상 논쟁은 효종이라는 실질 내용을 도외시한 채 지나치게 형식에 치우친 예송이라고 비판했다. 그는 효종이라는 권위와 정통성에 대해 이의가 없고, 그가 장남도 차남도 아닌 '차장자'라는 것이 그의 실질이기 때문에 장자의 복제가 옳은가, 차자의 복제가 옳은가 하는 논쟁은 의례가 지나치게 실질과 관계없이 진행되었음을 지적했다. 여

---

26 太『全書』上, 卷7, p. 136,「辨論」禮訟辯 "況我孝宗於仁祖 猶文王之有武王 武王之非爲文王長子 童孺亦知之……設使武王崩時 太姒尚存 其爲武王必服三年與不服三年 皆未可知也 然其不服也 有貶於武王乎? 其服之也 其益有光乎? 當是時亦可使有宗統不明之說乎?"

기에서 박세당의 실학적 입장, 곧 지나치게 형식화되고 법률화되어가는 의례에서 벗어나 실질을 존중하자는 입장을 확인할 수 있다.

삼년상식의 폐지를 유언한 그는 삼년상식의 의례가 고례에 없는 잘못된 의례이므로 폐지하라고 했다. 그러나 오래 행해진 관습이나 주자학적 예를 더 이상 수정할 수 없는 가치로 보는 입장에서는 박세당의 의례관이 경전 주해에서의 탈주자학적 입장과 마찬가지로 위험한 논리였다. 그러나 박세당의 입장을 옹호하는 이들은 의례는 고례에 근거해야 되고 또 강제화되어서는 안 된다고 항변함으로써 이 의례 논쟁 역시 박세당의 경전 주해와 마찬가지로 탈주학적, 실학적 입장임을 알 수 있다.

박세당이 생존한 17세기는 흔히 예학의 시대라고 할 정도로 예에 관한 논쟁이 무성한 시기였다. 그러나 박세당은 전형적인 예학자라기보다는 실학자로 분류된다. 물론 이러한 분류는 편의적인 것이다. 당시 입장에서는 예학자나 실학자라는 명칭은 없었을 것이기 때문이다.

그의 지적인 편력은 사서삼경의 유교 경전이었기 때문에 그 경전 속의 유교적 예는 그 지성의 근본이 된다. 따라서 유교적 예와 유교 의례는 당연히 그의 사상 속에서 존중되고 있다. 다만 주자학에 대해서는 고례와 비교하여 그것을 넘어서려고 하였다. 탈주자학적 견해에 대한 그의 명분은 고례의 정신으로 돌아가자는 것이다.

그렇다면 왜 당시 예송 등에 대해 그는 무의미성을 지적하고 비판하였을까? 그 이유는 문(文)의 편향이기 때문이다. 의례란 문에 속하는 것이기는 하지만, 질이 없는 문은 무의미하다는 것이다. 그런데 예(禮)의 논쟁은 효종이라는 실질적 권위와 명분이 있음에도 불구하고 문을 가지고 논쟁하는 것이기 때문에 무의미한 것이라는 말이다.

무비판적으로 행해졌던 삼년상식과 같은 형식적 제례를 폐지하라고 자손들에게 남긴 개인적인 서한에서 박세당은 단지 이론으로만 문질빈빈(文質彬彬) 예 정신을 주장한 것이 아니라, 실제 그러한 의례를 실행하라고 당부했다. 이러한 강력한 의례에 대한 소신은 당시 형식으로 치우치고 본래 예의 정신을 상실해가는 주자학적 유교 의례에 대한 그의 비판적 태도를 잘 말해주고 있다.

부모에 대한 자식의 효도는 곡하고 우는 데 있지 않다.[27]

사람들은 유교 의례를 형식과 절차에서만 보려고 했다. 하지만 형식과 절차만 올바르면 그 실질이 무엇이든 관계없다는 것은 진정한 유교 의례의 정신이 아니다. 부모의 상례에 형식과 절차를 가지고 서로 다툰다면 진정한 효도가 될 수 없다. 어떻게 옷을 입고 어떻게 우느냐가 중요한 것이 아니라, 진정 부모의 죽음에 슬픔을 느끼는 것이 소중하다는 뜻이다.

여기에서 우리는 박세당이 형식화, 강제화되어가던 유교 의례를 비판하고, 과감히 잘못된 인습에서 벗어나 예(禮)의 실질을 주장했음을 알 수 있다. 이는 고례에 근거한 박세당의 탈주자학적 유교 의례관인 것이다.

---

27 太『全書』下, 卷17, 寄兒輩, 1面, "子之孝於其親 不在於哭泣之間 汝不可不知也."

부록

영문 초록 ㅣ 연보 ㅣ 참고 문헌 ㅣ 찾아보기

The philosophy of Park Sedang in the 17th century of Chosŏn

1. Who is Park Sedang?

Sŏgye, Park Sedang, was the figure in the 17th century Chosŏn dynasty, an age of transition. He served as a government official for 10 years during the reign of Hyŏnjong and then mostly engaged in the scholastic research and writings out of power. He was branded a Samunnanjŏk(a despoiler of the true way) by traditional Chu Hsi scholars and later severly criticised by conservative Confucianists.

His scholastic investigation was focused on the study of Lao-Chuang and with his free, critical spirit, which challenged the absolute authority of Chu Hsi philosophy, he was one of the pioneering thinkers who opened the gate to the practical science of the 18th century.

One of his main writings is "Sabyŏnnok", (called "Tongsŏ") which is the interpretation of Sasŏsamgyŏng(the four books and the three classics) without I-Ching. The writings about Lao-Chuang philosophy are DodŏkGyŏngsinju(New annotations to the Tao-te ching) and Namwha-Gyŏng juhaesanbo(Annotations to and explanations of the Chuang-tzu) and there is SaekGyŏng, the agriculture book.

He was born in Namwon where his father worked in 1629 (the

7th year of king Injo reign). His family was of the typical aristocratic class and his grandfather, Park Dongsŏn and his father, Park Jŏng participated in king Injo restoration.[1] His grandfather served as a Joachamchan(vice minister). And his father was a vassal of merit from king Injo restoration, receiving the title of Namwon Busa(local minister) and Ijochampan(minister).

When he was 3 years old, his father passed away at the age of 37. At his age of 8, he had to move to Chungchŏngdo province and Gyŏngsangdo province for shelter with his grandmother and his mother. He started learning from his uncle, Jŏng Samu, at the age of 13~14. When he was 17 he married Nam gu man's sister, whose house was crowded with the scholars like Nam, yi sŏng. He was indulged in discussion with them.[2] Due to this matrimonial relationship, he was classified as Sŏin(Westerner), So-Ron(Young doctrine).

At 24, he passed the Jŏnsi(the special civil service examination) first on the list, and at 32, the second in Saeng won chosi(minor civil service examination). At the same winter, he passed the other civil service examination(Jeunggwang gapgwa) first and was assigned Sŏnggyungwan jŏnjŏk (executive office). When he was 39, he revised the book of So Hak by the order of King Hyun Jong. Even Song Si Yeol was satisfied with his work.

Since he was 40, he had done farming for himself at Sŏkchŏndong, the foot of Mt. Surak in Yangju, Gyeonggido province and engaged in the academic research and lecture. He wanted to live free from the main stream, the learning the cultivation for others(Wiinjihak) of the

---

1 Kim mangyu, 「Sŏgye Park Sedang ŭi jŏngchisasang」, 『Dongbanghakji』 Vol. 19, p. 195.
2 『Sŏgye chŏnsŏ』 1, p. 441, Vol. 22.

circle of academy and politics, which was to gain the political power and authority by flattering. He tried to pursuit the learning the cultivation of himself(Wigijihak).

The 2nd half of the 17th century when Park Sedang worked most actively was the period of the various conflicts between each political circles about Bukbŏlnon(the idea of subjugating the north), Yesong(Ritual controversy) and their social & economic policies. These conflicts were caused not only by the fight for political power but also by the difference between the scholastic philosophies.[3]

During the 2nd half of the 17th century in Chosŏn dynasty, there were much turmoil in the diplomatic relationship with China, (at that time, Ching dynasty) ; there were 3 different stands. One was that Chosŏn should attack Ching dynasty back, another that it should accept the new dynasty of Ching instead of Ming, and the other that it should temporarily admit the situation and pursue the long reformation plan for the independence of Chosŏn dynasty.[4]

The traditional Chu Hsi scholars such as Song Siyŏl insisted that Chu Hsi philosophy was perfect so that they didn't need no further study and research about it and they should clarify the interpretation of Chu Hsi's Writing in order to get rid of the power-gaining heathen theories.[5]

The reason Park Sedang was blamed by them was that he insulted Chu Hsi in his writings. This originated in his epitaph for Baekhŏn

---

3 Jŏng okja, 「17segi sasanggye ŭi jaepyŏn gwa yeron」, 『Hankukmunhwa』 10, 1989, p. 43.
4 Kim mangyu, Ibid, p. 198.
5 Jŏng Jaehoon. 「17segi huban noronhakja ŭi sasang」, 『yŏksa wa hyŏnsil』, 1994. 4. han kuk yŏksa yŏnguhoe, p. 60.

Lee, Gyŏngsŏk, where he criticised Song Siyŏl, Song for "Being obedient to lie and falsehood. He said that the owl is different from a Chinese phoenix, so they can get angry with each other or blame each other. But it is nothing with the great man to hear a mean person affront him."[6]

According to the appeal to King Sukjong from his 180 opponents such as No-Ron Kim, Chang Hyŏp and the Confucianist, Hong, Gye Jŏk, he was considered to have insulted the Great Sage and have disgraced the justice by expressing his opinions about Chu Hsi and Song, Siyŏl."[7] King Sukjong agreed on these appeals and commanded to deprive him of his official duty and incinerate all his writings. Originally he was supposed to be exiled to Ok Gwa, Jeolla do, but the plea that beseeched charity for his old age, political fidelity and his son's loyal death saved him out the exile. Before long, he passed away.

1) The interpretation of the scripture by the anti-Chu Hsi philosophy

① Epistemology(Gyŏkmulchiji sŏl)

Sŏgye's philosophic criticism can be shown in the critical opinions against Chu Hsi's epistemology and new interpretations. The followings are from his writings ;

The first, he opposes Chu Hsi's opinion and asserts that Mul is different from Sa. Mul is an object but Sa is work. Mul can include

---

6 『Sukjong sillok』 Vol. 38, 29nyŏn gyeminyŏn 4wol imjinil.
7 『Sukjong sillok』 Vol. 38, 29nyŏn 4wol imjinil.

the mental objects as well as the physical ones.

The second is Gyŏk Mul is not finding the principles of Sa Mul but finding the righteousness in the objects of recognition. This seems to be similar with Yang Ming's interpretation of Gyŏk, that is **correction**, but it is different in pursuing right principle in objects from practical situation.

The 3rd is that he recognized the existence of natural-born rationality of humans and was aware of the difference between human nature and thing's nature. And he emphasized on human nature as the independent existence for recognition.

The 4th is that he disagreed with the attain enlightenment suddenly for the method of epistemology. Instead he pointed expanding knowledge through the practice in practical lives. In this point, his philosophy was closer to Yang Ming than Chu Hsi.

The 5th is that the training of Mibal(no appearance) should be empty and people should search for the truth only in Giba(appearnace)l, focusing on concrete and practical training and acting.

Sogye's philosophy can be criticised for not providing the ideal that people reach the ultimate level of morals, stay and live it. Nevertheless, his theory has great significance as an anti-Chu Hsi philosophy and his respect for experience build the foundation of practical science.

② I-Gi Theory

Park Sedang took little interest in I-Gi matter because this came from the philosophic character of Chu Hsi, not from the original Confucian matter. He understood that I is the rationality within the human character and denied the system of the preserve the laws of Heaven(Jonchǒnri) and the exclude the human desire(Gǒinyok) from the past. He thought that Chǒnri(the laws of Heaven) and Inyok(human desire) can't stand together and being good can't be bad, being bad can't be good. So he didn't follow that Chǒnri can be divided 2 minds.[8] By the way he sympathized with Lao-Chuang's Gi philosophy and was willing to apply it. This attitude was probably related to his taste for practical science, based on the reality.

The remarkable opinion in Sim-Sǒng(mind and nature) is that he divided Sǒng into 2 things, In-Sǒng(human's nature) and Mul-Sǒng(thing's nature). This suggestion has a meaning to sort things to objective and natural world or subjective judgemental one.

He affirmed human natural Jǒng(emotion) and desire by putting emotion on the same level of sǒng(nature). This made a clue to correct the negative opinions about human desire. But he had no intention to accuse the feudalism of Confucian's three fundamental principles and five moral disciplines in human relations(Samgang Ohryeon) or refuse the system of the king-centered moral(Gunwisingang). His intention was just to view the things free from Chu Hsi philosophy.

It is important that His anti-Chu Hsi attitude about I-Gi Simsǒng became the first step to Chu Hsi criticism in the ethics of practical science of Chosǒn.

③ The point of view for Heaven

In the second half of the 17th century's Chosǒn, there aroused a lot of social problems and accidents which Chu Hsi principles couldn't

---

8 『Sabyǒnnok. Chung Yong』 chapter 1st.

solve. This chaotic period influenced to make Park Sedang's philosophy different from the established Chu Hsi philosophy and the attitude toward Heaven couldn't be the same as ever.

Heaven in Sŏju period was supreme heaven, which explains that the foundation of the dynasty was ordered by Heaven. The most illustrative parts that describes that Heaven is the master of the universe were Shih-ching and Shu-ching. Heaven showed 383 times in the books of Sŏju period. All had the meaning of supreme heaven.[9]

Sŏgye translated Sangjechŏn(the supreme) in the 『Shih-ching』 as "Sincerity moves heaven",[10] which means that only virtue would inspire the heaven. The meaning of the heaven here is to be of the supreme.

"If one could respect the worship of Jongmyo(the royal ancestral shrine) and bring it upto Gyosa(the ritual of Heaven and earth), and if he know how to respect people, he would naturally serve both heaven and people. If one could make efforts to serve the heaven, it wouldn't be a difficult to rule the country. And he will also get Somok(ancestral tablet order), Guichŏn(the noble and the base), Hyŏn Bulcho(worthy and unworthy), and Jang-yu(young and old) in due order. When one does favor to people, Do is already with him.[11]

Chu Hsi limited the meaning of the ritual of Jongmyo to only that people be in right order, where as Sŏgye translated it to that people know how to respect the Heaven. This means that Sŏgye took the

---

9 Herrlee G. Creel, 『The Origin of the Deity Tien, The Origins of Statecraft in China』, The University of Chicaho Press, 1970, pp. 494~495.

10 『Sabyŏnnok. Sangsŏ』, p. 15.

11 『Sabyŏnnok. Chung Yong』, p. 35.

meaning of the Heaven more religiously and more positively as taken in Sŏju Era.

However, his view for the Heaven was not the fatalism not to let people abandon their positive actions. Instead, he translated that his view read out the heaven's will through the people with the view of people-centered Theory. He emphasized that will of the Heaven depends on the people and to know the people is to know the Heaven".

"Heaven helps the people, and the people raises the king and teacher for the heaven. By the divine favor the peace is around, the sinners are punished and the good are protected. How could I go against the heaven's will?"

"The heaven entrusts me and I would do my best."[12] This shows that the political authority was also given by the Heaven.

The Heaven is the powerful existence that gave birth to the people. The Heaven looked under the people and took care of them. For doing this, the Heaven created the nation. And in this point of view, Park Sedang also accepted the order law's opinion, which claimed that the sovereignty of "Ju" was guaranteed by the heaven.

However, he also mentioned that "The above means the heaven, which is not the people. The Heaven is respected because one couldn't follow. emperor is not centered because what the people do is what the heaven is scared of. For follow the will of the heaven, one should respect the people."[13] In other words, he insisted that the politics is based on the respect to the people, and on caring for them.

---

12 『Sabyŏnnok. Sangsŏ』, 『Sŏgye Chŏsŏ』 Vol. 2, p. 197.
13 『Sabyŏnnok. Sangsŏ』, 『Sŏgye Chŏsŏ』 Vol. 2, p. 241.

Thus, he thought that the Heaven meant a lot for the people, not the king. When the nation was suffering from the drought, he presented the appeal to the king. He said "The king has conducted it over times, how come it doesn't take any effect and the heaven and people is getting angry? If it appears that the principals are not proper, the law needs to be amended to defeat the affectation and to respect the practical effect. In that way you could meet the will of the Heaven and take a bow to the people."[14] The meaning of the heaven here was the supreme Heaven(jujaechŏn) and it means the heaven's will that corresponds to the people.

Even though the Supreme Heaven was accentuated in this statement, it wasn't started from the fatalism but was doing all duty of humankind.

His point of view characterizes that it agreed to the will of the Heaven by responding to the people's thoughts. It deserved our attention that the will of the Heaven is depending on the people.

2) Study of Lao-Chuang philosophy

He also studied the Lao-Chuang philosophy, which was one particular philosophical system, for he didn't consumed all his faith onto the Confucianism. However, he couldn't possibly outgrow from the Confucianism, since he was raised in it. In the interpretation work that he did for Lao-Chuang philosophy, it wasn't from the origin of Lao-Chuang and was from the point of the Confucianism. The aim of his study was to break the world view from Chu Hsi Philosophy, by

---

14 『Sŏgye Chŏnsŏ』 Vol. 1, p. 93.

accepting the Lao-Chuang. In other words, he modified the view of Lao-Chuang and took it from the position of the Confucianism. But the point is that he was trying to position himself on a new value by taking the Lao-Chuang philosophy.

"Although the Taoism doesn't agree with the Confucianism, it is to develop oneself and to rule the people. The saying is simple but the meaning stays forever. Since long before Han Dynasty, it was observed by the king keeping the cultivation of civility, by the lieges conducting affairs clearly."[15]

Although Lao-Chuang philosophy became an insincere and useless study later and created disturbances to the morals, Laozi's original lesson was not for this kind of result. Admitting that Laozi was not a sage as great as Confucius, he was respected by some men. The big stream of his lessons is recommending to be modest not be foolish. And the study wasn't taken as a nihilistic thought.[16]

He also carried his point that Laozi is definitely not a study severing the knowledge. "The knowledge has two kinds, which are the knowledge of doing something and the knowledge doing nothing. In other words, they are studying and not studying. Laozi was not foolish, and didn't intend to be fatuated on purpose to become ignorant. And that's why he wrote the Tao-te ching." He believed that Laozi suggested the severance to study to defeat the faithless knowledge, not denying the knowledge itself.

However, he is very critical against Laozi's view, which ignored the Endure-Justice-Manners-Wisdom of the Confucianism. For example,

---

15 「Sinju Dodŏkkyŏng」, 「Sŏgye Chŏnso」 Vol. 1, p. 464.
16 「Sŏgye Chŏnso」 Vol. 1, p. 449.

disagreeing with Laozi which was cynical to the loyalty and filial piety, he claimed that the loyal retainers can make the nation better and the dutiful children can make the family better. We cannot blame on the loyal retainers or the dutiful children for the discord with the nation or the family. He very strongly denies the view that despises the value of the loyal retainers and dutiful children. And in this point of view, it proves that his gave the moral importance to the Confucianism.

Facing the relative sense of value from Chuangzj, Sŏgye disagree with Chuangzi because he thought the good and the evil were all-pervasive, not relative. "Naturally, from the people's real nature, people are partial for the good and they dislike the evil. The good is taken by doing right things, and the evil is taken by doing wrong things. That is the law of the nature. The good and the evil are agreed by the heaven and the earth".[17] He criticize the theory of Chuangzi, which insisted that the good and the evil were relative. He was keeping the faith of the Confucianism.

Probably, his view for the Lao-Chuang philosophy is that he accepts some value and relativity of it just to outgrow from the world outlook of Chu Hsi Philosophy, since the absolute Chu Hsi Philosophy was making the Philosophy field rigid.

Sŏgye also mentioned that "Mohism recognized on things right, which were sorted to be wrong by the Confucianism. And also for the opposite. With the equitable point of view, they are disagreeable with trifle things. The great truth was disturbed by meaningless

---

17 『Namhwagyŏng juhaesanbo』『Sŏgye Chŏnso』Vol. 1, p. 514.

details······The theory that the evil can exist by the existence of the good, was not possibly be understood. 'What can be' and 'what cannot be' is depending on my good and the other party's evil.

This means that something evil can be good to the other party. If the other party is believed to be right and good, it was from his own persistence, it is not that there exists general good and general evil."[18] Similarly, he suggested that there need to be one's own good and evil within any kind of thoughts and the sense of value.

In conclusion, his acceptance of the Lao-Chuang philosophy doesn't mean that he was trying to deny the Confucian's sense of value. At that times, the sense of value from the Confucianism much affected by Chu Hsi Philosophy was trying to outgrow itself from the absolute idolization.

3) The criticism on rites study

When Sŏgye lived, there was a funeral garments case referred to rites controversy. The atmosphere resulted from belief that rites are absolute.

As rites philosophy include the unequal social class theory based on the idea of moral justification, it means fixing the social order to make rites as absolute concept. The Chu Hsi scholars those times, seeing those times as the chaos which destroyed the order, intended to reinforce the social order through putting focus on rites. And that made rites unconditional thing.

Sŏgye's view on rites controversy as follows.

---

18 『Namhwagyŏng juhaesanbo』 『Sŏgye Chŏnso』 Vol. 1, p. 509.

The theorists those times sticked to one principal each, one was three-year funeral garments and the other was one-year funeral garments. Those who claim three-year funeral garments said that though the second eldest son was not originally the first son, but the second son inherited succession because of the eldest son's death, and it can be said as the first son. So naturally the first son wears three-year funeral garments. Those who claim one-year funeral garments said that though the second eldest son could not escape from Jung-Ja(the other sons), and though the second son inherited succession because of the eldest son's death, and it cannot be said as the first son. So naturally he should wear one-year funeral garments of the other sons. Then let people around see to it, those who claimed that he should wear three-year funeral garments told about why king Hyojong should be the second eldest son, and those who claimed that he should wear one-year funeral garments also told about why king Hyojong would be the second eldest son. Some says the second eldest son and others also says the second eldest son. However, the theory of some was that the second eldest son would wear one-year clothes. Even though there was difference between one-year theory and three-year theory, being the second eldest son could not be altered because it was the truth. These were the same. Especially it is strange that when we cannot break two theories with the difference about the clothes, the struggle's still in process."[19]

Sŏgye thought that the difference of clothing period of three-year and one-year have nothing to do with the essence of rites, and still

---

19 『Sŏgye Chŏnsŏ』 1, p. 135.

the fact that king Hyojong is the second son was not changed. Park Sedang stood on the side of the truth which he sought for, and was not relied on the party to which he belonged.

King Injo is to king Hyojong and King Mun is to King Mu. Anyone knows that King Mu is not the first son of King Mun in ancient China. If the eldest son sibling's still alive when King Mu passed away, then would King Mu wear the three-year funeral garments or not? We can't get the answer. Then, not wearing the clothes did bring shame on the authority of King Mu? Those clothes can help the shrine? Would it be possible for them to make the royal family line unclear in those occasions? The second eldest son is called as the first son. It is the same theory wearing three-year funeral garments brings him up. The second eldest son is just the other sons.

And it is the same theory wearing one-year funeral garments brings him down. ……There is no one correct document in the classics, and there is no difference between the appeal letters. It doesn't matter whether to use some or others."[20]

He asserted that this argument came about because of people's not knowing the flexibility of rites and making rites absolute.[21] And he is based on that there was no precise rule about this in ancient manners, so this meaningless argument brought about.

However Park Sedang raised his own voice about the queen dowager Jo's clothing who was the mother-in-law of Queen Insŏn who's wife of king Hyojong, when the second rites controversy about

---

20 『Sŏgye Chŏnsŏ』 1, pp. 135~136.
21 Yun Sasun, 「Park Sedang ŭi silhak sasang e gwanhan yŏngu」, 『Hankook yuhak sasang nongu』, p. 211.

Queen Insǒn's death in 1674. The core of the argument was whether Queen Insǒn was the wife of the eldest son or the wife of the other sons. In the first rites controversy, it didn't matter because there was no difference of the clothing of the eldest son and the other sons. However the clothing of daughter-in-law was defined in 『Uirye』 and also in 『GyǒnggukDaejǒn』 differently. Song, Si Yeol and his followers claim that king Hyojong is the other son, and Kim, Jwa Myǒng and royal servants claim that he's the eldest son.

Park Sedang said that queen dowager Jo already wore on-year garments for the other sons when king Hyojong died, so she should wear 9 months garments k as the other son's wife clothes for king Hyojong's wife.[22]

He belonged to Westerner(Seo In) and their manners gave no importance on the social class in rites which was effected from the general characteristic of 『family riteš』(Ga Rye).[23] But Park Sedang proposed the reduction of one-year clothes to 9 months clothes and it was proved that his proposition was beyond his own party's benefit.

Rites is the rule of the nation and also it makes the rule for families. Park Sedang thought that the luxurious, snobbish manners makes people's living worse, and told his descendant not to do the mourning for three years and to follow not Chu Hsi theory but family rites. He insisted the application of rites not to bother their daily living.

When people died, the mourning for three years is not rites. It was not like that. ······Nobody knows that when it started but Chu

---

22 『Hyǒnjong gesusillok』 Vo. 27, 15nyǒn 2wol imsulil.
23 Lee yǒngchun, Ivid, p. 258.

Hsi said that the funeral in 『family rites』 be generous mourning rites. Afterwards, the gentry families had followed that. Funeral's done and the existence of a person ended in a second, how the coffin in the ground can last long for three years."[24]

In this sense, Park Sedang showed his independent attitude through the criticism on methodical manners and insisted on his position.

4) The pursuit of practical science

① Practical benefit theory

Sǒgye said that the order of the Heaven was not stable, and it was the base of sovereign given to the ethical and powerful country. He thought the replacement of the royal family of Ming China into Ching China as the change of the order of heaven, so the value of the submission to Ming China should be mended and also the view of the heaven's order should be reflected to the policy.

He criticizes that the theory of Chu Hsi, "Being shameful of getting ordered from big country means that he'd like not to have the enemy in the world."[25] sees the status of the strong country and the weak country is permanent, so the theory has possibility of sticking to excuse and not seeing the reality correctly. Sǒgye said that not to have the enemy in the world is same with everyone, how the only getting ordered from big country has this thought, and he raised question about why Mencius recommend the perfect virtue(In) only to

---

24 『Sǒgye Chǒnsǒ』 1, pp. 1~2.
25 『Sabyǒnnok. Mengja』, 『Sǒgye Chosǒ』 Vol. 2, p. 122.

small country, not to large country.[26] The heaven's order is not fixed on the big country, it can be moved to small country, he said. If they hear as the heaven orders, then is the heaven's order in the big and strong country? And he also said that the small and weak country serves the big and strong country is right to follow natural tide, but it's not right to say the heaven's order is on the big and strong country.[27]

The international view of Sŏgye shows that he thought the national security very important and knows it's critical to the people's safety. He claimed that the submission to Ming China theory as unrealistic and encouraged that Ching should be recognized as it is. During he served as public officer, he was criticized about the welcome reception with the ambassador of Ching by Song, Si Yŏl and his followers. This is about whether the officer from the family damaged from the invasion of Ching(1636) should welcome the Ching's ambassador or should quit the job in advance not to meet them. The view of Sŏgye was that even though the Ching people was our enemy, the servants obey to the King and welcome them when our king welcomed them.

He didn't see Ching positively, but the reality was that the King stood the international relationship with them, and the servants should not intend to quit the job for their honor. So we can see it was his realistic choice which is inevitable for him, and he didn't make the relation with Ching actively.

He also objected to the idea of subjugating the north theory. When we look into the history, Shilla, which was the least strongest

---

26 Ibid, p. 122.
27 Ibid, p. 122.

of the three countries among Goguryŏ, Baekjae, survived in the relationship with China. The reason is that Shilla sought for practical benefit realistically. We can hardly overcome the resist power to China as our country is just like one county, village, or town from their view. If we challenge to big country only with terrible terrain and our strength is similar to the crazy dog which is killed because it bites people and to the drowning ant which intended to make hole in the reservoir.[28]

These shows indirectly his thought about the idea of subjugating the north theory which is against Ching and he showed it as very unrealistic and dangerous to the country. He illustrated that serving the falling Ming, because of moral justification, being against Ching which has actual power is the policy to ruin the country with these extreme metaphors.

His historical view showed that it is inevitable that Ching would occupy whole China and then the idea of subjugating the north theory is only a fantasy which cannot be coming true. He wrote as a barbarian(O Rang Kae)[29] instead of Ching. The barbarian's increased power is the cold international situation which he should deal with.

In Yüan and Ming's transition times, Goryŏ's royal servant Poeun Jung, Mong Ju and his antecedent insisted on submission to Ming and the expulsion of Yüan as international policy for Goryŏ's safety.[30] He thought of it highly and insisted that similar to the historical fact of their fathers in the transition of Sung, Yüan. Ming. They should

---

28 『Sŏgye Chŏnsŏ』 Vol. 1, p. 154.
29 『Sŏgyeye Chŏnsŏ』 Vol. 1, p. 316.
30 『Sŏgyeye Chosŏ』 Vol. 1, p. 130.

take Ching-friendly policy for practical benefit of people's independent stands instead of the moral justification.

Park Sedang illustrated that with ancient history when Yüan was the master of China Goryŏ served Yüan for one hundred years,[31] but Yüan fell down and Ming of royal family, Han, developed Goryŏ didn't kill oneself for royalty because it was located far east, so the unequal international relationship with Ching was inevitable thing.

2. The significance of Park Sedang's critical spirit

Facing the wars of invasions of Japan(1592) and Ching(1636) long blessed, peace of Chosŏn dynasty was threatened, and the intellectuals were divided into 2 groups.

One is conservative to strengthen the system from the view of Chu Hsi's thoughts, and the other was aware of the limit of the conservatism, they criticized the blind faith to the Chu Hsi Theory, and was progressively looking for a new sense of value.

Park Sedang was one of those progressive intellectuals who insulted Chu Hsi to be against the people that avoided changes. He was being in disgrace from all others, being one of despoiler of the true way. The criticism and the pureness of his study were denounced in this 17th century of Chosŏn dynasty. We may say that the period was lack of the flexibility and openness which could take in his theory. Although his theory wasn't his own, it was from intellectuals who had taken it as a problem for the age.

---

31 『Sŏgyeye Chosŏ』 Vol. 1, p. 129.

The origin of his view against the Chu Hsi was from the recovery of primitive Confucianism spirit. He criticize the Chu Hsi's doctrines of Wang Yang-ming as to be contrary to the original Confucianism spirit. And his conclusion in this study was based on the primitive Confucianism. The origin of his view again the Chu Hsi was also originated from doctrines of Wang Yang-ming lessons. He never referred to it, but general logic agrees to the Yangming's criticism of Chu Hsi.

He even outgrew from the thoughts that insisted only the Confucianism is the true principals, and he recognized other theories' truthfulness. When he explained the relativity as to "The good and evil cannot be judged by any ultimate standard, it only can be judged when there come on opposite side"[32] This shows that he was uncomfortable with the Chu Hsi's dogma.

Which also deserves our attention is that, generally families were obeying the 3-year funeral garments at that times, but he let his sons stop. And about the funeral garments, he attached greater importance to essentials and spirits than to forms, and the reason need to be found in the old manners, not Chu Hsi.

Based on the Confucianism's harmony and order, he thought that the Confucianism could be realized by researching on various kinds of study, such as Lao-Chuang philosophy and agriculture books, not limited to Chu Hsi.

His Confucianism theories are coherent to the post-Chu Hsi study. Interpreting the epistemology of Daehak, he revised and amended

---

32 『Namhwagyŏng juhaesanbo』, 『Sŏgyeye Chosŏ』 Vol. 1, p. 509.

that Chu Hsi was wrong. He also insisted that Gyeok of GyeokMul is Right, and the efforts to develop oneself to the true principals need to be delivered through routine experiences.

He believed that any study without awakening, such as the training of no appearance is useless. When we try to be sincere to realistic subjects by stressing the appearance, and when we get recognition of the true principals through experiences, it would mean truthfully.

For the I-Gi Theory, he emphasized the Gi over I of the metaphysical principal. And for the Mind Theory, he was more into Gi of Wang Yang-ming theory, and he wasn't taking it from the view of Ri that of Chu Hsi. Gi agreed with the human feeling and greed. His logic system was based on the post-Chu Hsi study and for the approval of it, he quoted the Lao-Chuang and Yangming.

He was free from the law of heaven as Chu Hsi philosophy, and showed the meaning of the worship of Heaven, and this heaven view became the base of democratic theory attached with human being. This heaven view, shows his strong and penetrating theory intended to escape from dogma of Chu Hsi Philosophy which see the order of heaven as the general and unchangeable principle.

Especially in the international relationship, he was skeptical to Sung Ming policy and insists and proposes to develop the relationship with Ching for people' security apart from the past. This comes from heaven view which means the order of heaven is not stable, and no order is given to the falling dynasty. That is, empty theory is second to the safety of the people.

He awakened the China-centered view and helped to being free from the submission to Ming China which was formed in the Chinese civilization and barbarians order, traditional china-centered. Because submission to Sung Ming China has its roots in the respect to Chinese, but peaceful policy for Ching theory denies the absoluteness of traditional civilization and barbarians order.

It is regretful that he was the aim of negative evaluation named as anti-Chu Hsi scholar, as a despoiler of the true way, but it means much for philosopher who are seeking new ethos in the chaos of western and oriental philosophy and religions.

At present, we can't stop asking the philosophical questions about what the truth is. If those investigation can make this society into renewable place, his innocent and free quest to overcome Chu Hsi philosophy's absoluteness, instead of adapting, can be said that as the example of truth-finder who is based on philosophical and critical spirit not as a despoiler of the true way.

서기	제왕 연대	나이	박세당의 사적
1629년	인조 7	1	○ 8월 19일 부친 남원부사의 근무지인 남원부(南原府) 관아(官衙)에서 출생
1632년	인조 10	4	○ 부친 박정 사망
1636년	인조 14	8	○ 병자호란으로 가족과 더불어 원주(原州), 청풍(淸風)을 경유하여 안동(安東)으로 피난
1637년	인조 15	9	○ 안동에서 청주, 천안 등으로 옮김
1642년	인조 20	14	○ 고모부 정사무(鄭思武)에게 수학
1645년	인조 23	17	○ 남일성(南一星)의 딸 의령 남씨와 결혼. 10년간 서울의 정릉동(貞陵洞)에서 처가살이. 처숙부 남이성(南二星), 처남 남구만(南九萬)과 더불어 면학
1647년	인조 25	19	○ 도봉서원(道峯書院)에서 독서
1648년	인조 26	20	○『동행습낭(東行拾囊)』 저술, 장남 태유(泰維) 출생
1649년	인조 27	21	○ 모친(남원 윤씨)상
1652년	효종 3	24	○ 유생(儒生) 정시(庭試)에 합격. 성균관 전적(典籍)으로 발탁
1654년	효종 5	26	○ 차남 태보(泰輔) 출생
1657년	효종 8	29	○『동호록(東湖錄)』 저술
1660년	현종 1	32	○ 증광(增廣) 문과(文科)에 장원급제
1661년	현종 2	33	○ 예조(禮曹). 병조좌랑(兵曹佐郎)
1662년	현종 3	34	○ 사간원정언(司諫阮正言). 병조좌랑(兵曹正郎)
1663년	현종 4	35	○ 사헌부지평(司憲府持平). 병조좌랑(兵曹正郎)
1664년	현종 5	36	○ 홍문관교리 겸 경연시독관(弘文館校理兼 經筵試讀官)
1665년	현종 6	37	○ 11월 부수찬(副修撰)으로 의주(義州) 방문

서기	제왕 연대	나이	박세당의 사적
1666년	현종 7	38	○ 양덕방(陽德坊)으로 이사. 부인 의령 남씨 사망, 장지는 수락산 석천동 ○ 8월 『북정록(北征錄)』 저술
1667년	현종 8	39	○ 수찬(修撰). 부교리(副校理). 교리(校理) ○ 『소학언해(小學諺解)』와 『주설(註說)』 교열 ○ 정시무(鄭時武)의 딸 광주(光州) 정씨(鄭氏)와 재혼
1668년	현종 9	40	○ 수락산 석촌동으로 이거
1670년	현종 11	42	○ 8월 통진현감(通津縣監)
1671년	현종 12	43	○ 석천동으로 다시 귀환
1673년	현종 14	45	○ 삼남 태한(泰翰) 출생 ○ 9월 봉상시정(奉常寺正) ○ 10월 석천동으로 귀환
1676년	숙종 2	48	○ 『색경(穡經)』 저술
1677년	숙종 3	49	○ 차남 태보(泰輔) 선천(宣川)으로 유배
1678년	숙종 4	50	○ 부인 광주(光州) 정씨(鄭氏) 사망
1679년	숙종 5	51	○ 관란정(觀瀾亭). 궤산정(簣山亭) 설립하고 강학
1680년	숙종 6	52	○ 『대학사변록』 저술
1681년	숙종 7	53	○ 『신주도덕경(新註道德經)』 저술
1682년	숙종 8	54	○ 『남화경주해산보(南華經註解刪補)』 저술
1686년	숙종 12	58	○ 장자 태유(泰維) 사망 ○ 동봉사우(東峰祠宇) 건립, 김시습 영정봉안
1687년	숙종 13	59	○ 『중용사변록』 저술
1688년	숙종 14	60	○ 금강산 유람 『북왕록(北往錄)』 저술 ○ 『논어사변록』 저술

서기	제왕 연대	나이	박세당의 사적
1689년	숙종 15	61	○ 차남 태보(泰輔) 사망 ○『맹자사변록』 저술
1691년	숙종 17	63	○『상서사변록』 저술
1693년	숙종 19	65	○『모시사변록』 저술
1702년	숙종 28	74	○ 백헌 이경석 신도비명 작성. 피를 토하는 증세로 누움
1703년	숙종 29	75	○ 신도비명으로 인해 유배형에 처해짐. 유배형 취소되고 석천동으로 귀환 ○ 5월 21일 서거

1. 參考資料

(1) 基本書

朴世堂『稽經』奎章閣所藏 筆寫本

『稽經增集』高麗大所藏 筆寫本

『南華經註解刪補』忠南大所藏本

『新註道經』忠南大所藏本

『西溪全書』(2冊) 影印本, 1979, 太學社

『국역사변록』이병도 역, 1968, 민족문화추진회

(2) 年代記類

『朝鮮王朝實錄』國史編纂委員會, 探求堂

『仁祖實錄』(16冊) 影印本 1993, 사회과학원 민족고전연구소, 평양; 驪江
出版社, 서울

『孝宗實錄』(7冊) 影印本 1993, 사회과학원 민족고전연구소, 평양; 驪江
出版社, 서울

『顯宗改修實錄』(9冊) 影印本 1993, 사회과학원 민족고전연구소, 평양;
驪江出版社, 서울

『肅宗實錄』(24冊) 影印本 1993, 사회과학원 민족고전연구소, 평양; 驪江
出版社, 서울

(3) 經書類

『大學章句大全』; 影印本 1990, 驪江出版社

『大學或問』胡廣 纂

『懸吐完譯 大學. 中庸集註』成百曉 譯, 1991, 傳統文化研究會

『中庸章句大全』; 影印本 1990, 驪江出版社

『論語集註大全』; 影印本 1990, 驪江出版社

『懸吐完譯 論語集註』成百曉 譯, 1991, 傳統文化研究會

『孟子集註大全』; 影印本 1992, 驪江出版社

『懸吐完譯 孟子集註』成百曉 譯, 1991, 傳統文化研究會

『詩傳大全』; 影印本 1990, 驪江出版社

『懸吐完譯 詩經集傳』(2冊) 成百曉 譯, 1993, 傳統文化研究會

『書傳大全』; 影印本 1992, 驪江出版社, 서울

『中庸輯略』

『大學發微』

『二程全書』(3冊) 1969, 中華書局, 臺北

『近思錄』

『朱子語類』(8冊); 影印本 1983, 黎靖德編, 中華書局, 北京

『朱子大全』(3冊); 影印本 1976, 曹龍承, 서울

『性理大全』影印本 1984, 保景文化社, 서울

『北溪字義』影印本 1968, 世界書局, 臺灣

『王文成公全書』影印本 1989, 三輪執齊 講, 早稻田大學 所藏版, 고려서점

『左氏傳說』唐, 呂祖謙 述, 通志堂, 北京

『左氏輯選』朝鮮, 崔錫鼎 編

『漢書』後漢, 班固 撰, 1990, 中華書局, 北京

『論衡』

『呂氏春秋』

(4) 文集類

崔鳴吉(1586~1647): 『遲川集』

宋時烈(1617~1689): 『宋子大全』; 影印本 1985, 保景文化社, 서울

尹　鑴(1617~1680): 『白湖全集』

金昌協(1651~1708): 『農庵集』

南九萬(1629~1711): 『藥泉集』

柳馨遠(1622~1673): 『磻溪隨錄』

崔錫鼎(1646~1715): 『明谷集』

李　瀷(1681~1763): 『星湖全書』(4冊) 1984, 驪江出版社, 서울

朴齊家(1750~1815): 『北學議』

丁若鏞(1762~1836): 『與猶堂全書』; 1985 驪江出版社, 서울

洪大容(1731~1783): 『湛軒書』

(5) 其他

前間恭作 『古鮮冊譜』(3冊) 昭和52, 影印本 1986, 東洋文庫, 東京; 民族
　　文化, 釜山

2. 參考 論著

(1) 著書

加藤常賢, 1974 『中國思想史』東京大出版會 東京

綱島榮一郎, 1907 『春秋倫理思想』早稻田大學出版部 東京

高橋進, 1979 『朱子ど王陽明』國書印行會 東京

金吉煥, 1984 『韓國陽明學研究』一志社

金恒倍, 1992 『莊子哲學精解』佛光出版社

羅　光,　　　『中國哲學思想史』學生書局 臺北a

勞思光, 1987 『中國哲學史』(宋明篇) 友聯出版社 香港

裵宗鎬, 1985 『韓國儒學의 哲學的 展開』下卷 延世大學校出版部

　　　　1989 『韓國儒學의 哲學的 展開』續 圓光大學校出版部

劉明鍾, 1982 『宋明哲學』형설출판사

　　　　1983 『韓國의 陽明學』同和出版公社

　　　　1985 『朝鮮後期 性理學』以文出版社

宋在雲, 1991 『陽明哲學의 研究』思社研

狩野直喜, 1989 『中國哲學史』乙酉文化社

楊國榮, 1994『陽明學通論』宋河璟 譯 博英社

宇野精一 외, 1982『講座東洋思想』2 東京大學出版會 東京

宇野哲人, 1991『中國思想』鄭相九 譯 內外新書

尹絲淳, 1980『韓國儒學論究』玄岩社

李丙燾, 1987『韓國儒學史』亞細亞文化社

李乙浩, 1980『韓國改新儒學史論』博英社

　　　　　『茶山學의 理解』玄岩社

　　　 1989『茶山經學思想』乙酉文化社

任繼愈, 1989『中國哲學史』1 이문주·최일범 譯 청년사

張志淵,　　　『朝鮮儒敎淵源』柳正東 譯 三星美術文化財團

赤塚忠外,　　『中國文化叢書』大修館書店 東京

全海宗 외, 1988『中國의 天下思想』民音社

정성철, 1988『朝鮮哲學史』2 과학백과사전출판사 이성과 현실사

鄭　瑢, 1980『孔子의 教育思想』集文堂

陣鼓應, 1988『明淸實學思想史』齊魯書社 北京

周桂鈿, 1991『中國傳統哲學』北京師範大學出版社 北京

최봉익, 1986『朝鮮哲學史槪要』사회과학출판사 평양 한마당 影印本

韓國東洋哲學會, 1990『朝鮮朝의 哲學思想과 時代精神』第1回 東洋哲學
　　國際學術會議

한우근, 1986『정다산연구의 현황』민음사

韓鍾萬, 1981『佛敎와 儒敎의 現實觀』원광대학교출판국 裡里

玄相允, 1949『朝鮮儒學史』民衆書館(1982년 玄音社 再刊)

金容燮, 1977『朝鮮後期農業史研究』II 일조각

　　　 1988『朝鮮後期農學史研究』일조각

閔成基, 1988『朝鮮農業史研究』일조각

한국정신문화연구원, 2003『서계 박세당의 필첩』이화문화사

한국정신문화연구원 장서각 엮음, 2003『명가의 고문서』경인문화사

J. Legge, 1852 「The Notions of Chinese concerning God and Sprits」 Hong Kong

Fung Yu-ran, 1952 『A history of Chinese Philosophy』(Vol. 2) Prinston University Press

Herrlee G. Creel, 1970 "The Origin of Deity Tien" 『The Origins of Statecraft in China』, The University of Chicago Press

JaHyun Kim Habouch and Martina Deuchler. 1999. 『Culture and the State in late Choson Korea』 1999. Havard University Asia Center. Cambridge, Massachusetts, and London.

(2) 論文(年代順)

千寬宇, 1953 「반계 유형원연구」下 『역사학보』3집

한우근, 1958 「이조後期의 사회와 思想」 『진단학보』19

전해종, 1959 「釋實學」 『진단학보』20

李丙燾, 1966 「朴西溪와 脫朱子學的 意義」 『大同文化研究』3

尹絲淳, 1972 「朴世堂의 實踐思想」 『韓國哲學研究』2

이우성, 1973 「實學연구의 서설」 『實學입문』 역사학회

이을호, 1973 「개신儒學의 經學思想적 본질」 아시아문제연구소주최 제2차 實學연구발표회

尹絲淳, 1974 「朴世堂의 實學思想에 관한 研究」 『亞細亞研究』15

1975 「實學思想의 탐구」 고대아시아문제연구소

裵宗鎬, 1975 「朴世堂의 格物致知說」 『實學論叢』

李離和, 1975 「北伐의 思想적 검토」 『창작과 비평』38

李乙浩, 1978 「脫朱子學的 思想의 擡頭」 『한국哲學연구』 중 동명사

金萬圭, 1978 「西溪 朴世堂의 政治思想」 『東方學誌』19

金興圭, 1980 「西溪 朴世堂의 詩經論」 『韓國學報』20

宋恒龍, 1982 「西溪 朴世堂의 老莊研究와 道家哲學思想」 『大同文化研究』16

千寬宇, 1982 「한국實學思想史」 고대민족문화연구소

강재언, 1982 「實學思想의 형성과 전개」 청아출판사

柳仁熙, 1983 「實學의 哲學的 方法論」 1 『동방학지』 35

鄭眞一, 1984 「道德經에 대한 朴世堂의 新註考察」 건국대학교대학원 석
　　　　사논문

孔泳立, 1986 「朱子의 윤리사상의 본질연구」 成均館大學校 박사학위논문

琴章泰, 1987 「茶山禮學의 祭天儀禮 問題」 『韓國實學思想研究』 集文堂

池斗煥, 1987 「朝鮮後期 禮訟 研究」 『釜大史學』 11

朴天圭, 1988 「朴西溪의 大學新釋」 『朝鮮後期文化』 단국대동양학연구소

安晋吾, 1988 「奇蘆沙의 理哲學에 관한 研究」 동국대학교대학원 박사논문

裵宗鎬, 1989. 「유학에 있어서의 실학」 『한국유학의 철학적 전개』 속 원
　　　　광대학교 출판부

尹錫煥, 1989 「西溪哲學의 脫朱子學的 思辨構造와 時代性」 고려대학교
　　　　석사논문

金松姬, 1989 「朴世堂 南華經註解 逍遙遊遍 研究」 숙명여대 대학원 석
　　　　사논문

李迎春, 1990 「朝鮮後期 禮學의 發達과 禮訟의 展開」 『朝鮮後期 思想界
　　　　의 動向』 第16回 韓國史學術會議發表文 國史編纂委員會

安炳杰, 1991 「17세기 朝鮮朝 儒學의 經典解釋에 관한 研究」 성균관대학
　　　　교박사논문

尹熙勉, 1992 「朴世堂의 生涯와 學問」 『國史館論叢』 34집 국사편찬위원회

高英津, 1992 「朝鮮中期 禮說과 禮書」 서울대학교박사논문

趙駿河, 1992 「禮論의 淵源과 그 展開에 관한 研究」 성균관대학교박사
　　　　논문

李曦載, 1997 「박세당의 노장철학론」 『철학연구』 59집 대한철학회
　　　　2002 「박세당의 신주도덕경연구」 『서지학연구』 23집 한국서지학회
　　　　2004 「The Philosophy of Park Sedang in the 17th Century of chosun」 『국
　　　　제비교한국학회』 12집 국제비교한국학회
　　　　2005 「율곡의 불교관」 『율곡사상연구』 11집 율곡학회

2006 「17세기 박세당의 유불회통적 불교관」,『유교사상연구』25집
    한국유교학회

2007 「박세당의 유교의례관」,『종교학회』46집 한국종교학회

2009 「박세당의 상서사변록의 특징」,『유교사상연구』35집 한국유
    교학회

윤미길, 2001 「박세당의 시론과 시세계」,『국어교육』104권 한국어교육학회

김종수, 2003 「박세당 사단칠정론과 인심도심설 취급태도와 '실천(行事)'
    의 문제」,『서계 박세당의 종합적 검토』의정부문화원

이선자, 2005 「윤휴와 朴世堂의 예설 검토」,『동아문화연구』10집 한남대
    학교인문과학연구소

김영주, 2003 「서계 박세당의 문학론 연구」,『동방한문학』25집 동방한문
    학회

김만일, 2003 「박세당 경학사상의 성격-상서사변록을 중심으로-」,『유교
    문화연구』6집 유교문화연구소

    2005 「윤휴의 '讀尙書' 연구」,『유교사상연구』한국유교학회

    2006 「조선 17~18세기 상서 해석의 새로운 경향-윤휴 박세당 이
        익을 중심으로-」고려대학교 대학원

    2007 「이익의 상서 해석 연구」,『유교사상연구』한국유교학회

최윤정, 2007 「서계 박세당의 문학의 연구」박사학위 청구논문 이화여자
    대학교 대학원 국어국문학과

지은이 | **이희재(李曦載)**

원광대학교 대학원 철학과(문학석사, 철학박사)
고려대학교 교육대학원 윤리학(석사)
동국대학교 불교철학(문학사)
현재 광주대학교 교수
현재 광주대학교 호남전통문화연구소 소장
현재 아시아문화교류재단 이사
현재 한국공자학회 회장

저서『한국의 전통의례』, 한국학술정보(주), 2006
　　『동양문화론』, 형설출판사, 2007

공저『전통사상과 환경』, 경기대학교 출판부, 2004
　　『율곡학과 한국유학』, 예문서원, 2007
　　『초월과 보편의 경계에서』, 동국대학교 출판부, 2008

탈주자학적 실학사상의 선구자
박세당

초판 1쇄 인쇄 2010년 3월 24일
초판 1쇄 발행 2010년 3월 31일

지은이 이희재
표지제자 路石 이준ㅎ
펴낸이 서정돈 **펴낸곳** 성균관대학교 출판부
출판부장 한상만
편　집 신철호 · 현상철 · 구남희
디자인 최미영
마케팅 장민석 · 송지혜
관　리 손호종 · 김지현

등록 1975년 5월 21일　제 1975-9호
주소 110-745 서울특별시 종로구 명륜동 3가 53
전화 02)760-1252~4　**팩스** 02)762-7452
홈페이지 press.skku.edu

ⓒ2010, 이희재

ISBN　978-89-7986-840-1　04150
　　　　978-89-7986-481-6(세트)

＊ 잘못된 책은 구입한 곳에서 교환해 드립니다.
＊ 값은 뒤표지에 있습니다.